# H. J. MAU / H. H. STAPFER

## Lend-Lease-Flugzeuge für die Sowjetunion
## 1941–1945

# UNTER ROTEM STERN

**transpress**

# Vorwort

Mitte der dreißiger Jahre, kaum zwei Jahre nach Hitlers Machtübernahme in Deutschland, wurde die bis dahin im Geheimen betriebene Aufrüstung im Lande forciert. Nicht nur die Aufstellung der Wehrmacht mit ihren drei Waffengattungen, die Einführung der allgemeinen Wehrpflicht und ein umfassendes Rüstungsprogramm wiesen den Weg in einen neuen Weltkrieg …

Die Vorschläge der UdSSR zur Schaffung eines Systems der kollektiven Sicherheit gegen den sich immer aggressiver gebärdenden Faschismus fanden bei den Westmächten kein Gehör. Mit dem Einmarsch deutscher Truppen in Polen begann am 1. September 1939 der zweite Weltkrieg. Hitler und seine italienischen und japanischen Verbündeten trugen den Krieg in viele Teile der Welt. Am 22. Juni 1941 überschritt die Wehrmacht die damalige deutsch-sowjetische Grenze in breiter Front.

Tausende amerikanische Flugzeuge kämpften im zweiten Weltkrieg an der Seite der Sowjetunion. Sie waren Bestandteil von Lieferungen im Rahmen eines Leih- und Pachtgesetzes (Lend-Lease Act) der USA an Staaten der Antihitlerkoalition. Zwischen 1941 und 1945 hatten diese Lieferungen einen Wert von 50,7 Milliarden Dollar angenommen.

Mit dem vorliegenden Typenbuch über Lend-Lease-Flugzeuge haben sich die Verfasser bemüht, zeitgeschichtliche Zusammenhänge in der Chronologie der zweiten Weltkrieges darzustellen und das Zustandekommen und den Ablauf der Waffenhilfe aufzuzeigen.

Im Typenteil werden jene Flugzeuge vorgestellt, die zwischen 1941 und 1945 an die Sowjetunion geliefert wurden. Einbezogen sind auch britische Flugzeugtypen, obwohl diese im Sinne des Gesetzes keine Lend-Lease-Flugzeuge waren. Jeder Typ wird anhand seiner Entwicklungsgeschichte, wesentlicher Produktionsabläufe und ausgewählter Einsatzbeispiele beschrieben. Die technischen Hauptdaten und die Dreiseitenrisse beziehen sich jeweils auf eine bestimmte Version des Musters. Einmaliges Bildmaterial illustriert eindrucksvoll diesen Abschnitt der Luftkriegs-geschichte.

Verfasser und Verlag danken allen, die zum Gelingen dieses Buches beigetragen haben. Besonderer Dank gilt den Institutionen, Firmen und Einrichtungen, die bei der Beschaffung von Unterlagen und Fotos geholfen haben, sowie dem Grafiker Michael Römer für seine farbigen Zeichnungen und die informativen Dreiseitenrisse.

# Einführung

**Kriegsgefahr in Europa** . . . . . . . 9

**Der zweite Weltkrieg beginnt** . . . . . 14
Neutralität der USA . . . . . . . . . 14
Cash-and-Carry-Klausel . . . . . . 14
Finnisch-sowjetischer Konflikt. . . . . 14
Der Krieg im Westen
und Norden Europas . . . . . . . 15
Die USA bereiten sich
auf den Krieg vor . . . . . . . . . 16
Großbritannien bittet um Hilfe . . . . . 17

**Das Lend-Lease-Abkommen** . . . . . 19
Die ersten Lieferungen . . . . . . . . 19
London und Moskau. . . . . . . . . 20
Annäherung UdSSR — USA. . . . . . 20
Vor dem Überfall auf die Sowjetunion 20
Der Plan »Barbarossa« läuft an 20
Wende in der Zusammenarbeit . . . . 23
Britische Unterstützung . . . . . . . 23
Das Abkommen in der Argenta-Bucht 24
Dreimächtekonferenz in Moskau . . . 24
Die antifaschistische Koalition. . . . . 28

Die Lage an der Ostfront . . . . . . . 28
Das erste Kriegsjahr in den USA . . . 28
Casablanca. . . . . . . . . . . . 30
Erstarken der sowjetischen Position . . 30
Außenministerkonferenz in Moskau . . 30
Der Krieg zur See und die Geleite . . . 32
Bis zur Eröffnung der zweiten Front . . 37
Sieg über Deutschland. . . . . . . . 37

**Die Transportwege** . . . . . . . . . 38
Südlich der Eisgrenze —
die Nordroute. . . . . . . . . . . 38
Der weite Weg — die Pazifische Route 42
Vom Iran an die Front —
die Persische Route . . . . . . . . 42
Von Alaska nach Sibirien —
die ALSIB . . . . . . . . . . . 46

**Die Lend-Lease-Verwaltung
in den USA** . . . . . . . . . . . . 59

**Eine Bilanz** . . . . . . . . . . . 61

# Typenteil

**Jagdflugzeuge**

Hawker Hurricane . . . . . . . . . . 66
Supermarine Spitfire . . . . . . . . 71
North American NA-73 Mustang I . . . 75
Curtiss P-40 Warhawk . . . . . . . 78
Bell P-39 Airacobra . . . . . . . . 86
Bell P-63 Kingcobra . . . . . . . . 91
Republic P-47 Thunderbolt . . . . . 95

**Bombenflugzeuge**

De Havilland D.H. 98 Mosquito . . . . 98
Handley Page H.P. 52 Hampden . . . 103
Douglas A-20 Havoc . . . . . . . . 106
North American B-25 Mitchell . . . . 114
Consolidated B-24 Liberator . . . . . 119

**Aufklärungs- und Patrouillenflugzeuge**

Consolidated PBY Catalina . . . . . . 122
Curtiss O-52 Owl . . . . . . . . . 127
Vought OS2U Kingfisher . . . . . . . 130

**Transportflugzeuge**

Douglas C-47 Skytrain . . . . . . . 134
Armstrong Whitworth A.W.41 Albemarle 139
Curtiss C-46 Commando . . . . . . . 142

**Übungsflugzeuge**

North American AT-6 Texan . . . . . 146

**Anhang**

Karten der Lieferwege . . . . . . . . 152
Flugzeugbau der Alliierten
von 1939 bis 1945 . . . . . . . . 154
Vergleich der Kampfstärken
ausgewählter Flugzeuge . . . . . . 155
Sowjetische Kennzeichen an
Lend-Lease-Flugzeugen . . . . . . . 156
NATO-Codes (ASCC-Reporting-Names)
für Lend-Lease-Flugzeuge . . . . . 157
Literaturverzeichnis und Fotonachweis 158

Foto S. 1

Der durch den zweiten Weltkrieg
entstandene Bedarf an Kampfflugzeugen
ließ die Produktion rasch ansteigen.
Letzte Montagearbeiten auf dem
Werksgelände von Douglas in Long Beach.

Foto S. 2/3

Die 850. bei Douglas in Long Beach
gefertigte A-20 bei der Montage in
Abadan. Dorthin sind die Bauteile per
Schiffsfracht transportiert worden.

Foto S. 4/5

Ablieferung der ersten Douglas A-20G in
Ladd Field (Alaska).

Foto S. 6/7

Beim Hersteller Douglas sind weitere
C-47 zur Lend-Lease-Lieferung an
Großbritannien, die Sowjetunion
und China bereitgestellt worden.

Foto S. 8

Erste sowjetische Überführungspiloten
mit einer Li-2 in Abadan.

8

# Kriegsgefahr in Europa

Nur wenige Wochen nach der Machtergreifung Hitlers im Januar 1933 hatte die Reichswehr eine Truppenstärke von 102 500 Mann, die bis Oktober 1934 auf einen Personalbestand von 240 000 Mann anwuchs. Das Reichwehrministerium beschloß am 10. April 1933 einen ersten Luftrüstungsplan, nach dem bis zum Jahre 1937 23 Fliegerstaffeln gebildet werden sollten. Initiator war Hermann Göring, der bereits drei Tage nach dem 30. Januar 1933 zum Reichskommissar für Luftfahrt ernannt worden war.

Schon am 27. April übernahm er das neugeschaffene Reichsluftfahrtministerium. Dort entstand ein Plan, der die Bildung von 51 Staffeln, davon allein 27 Bomberverbände, bis zum 1. Oktober 1935 vorsah.

Der Erlaß über die Reichsluftwaffe vom 26. Februar 1935 ließ einen dritten selbständigen Wehrmachtsteil entstehen. Für den Aufbau der gesamten Wehrmacht fehlte zwar noch die gesetzliche Grundlage, doch am 16. März 1935 war auch das beschlossene Sache, und der Aufstellung eines »Friedensheeres« mit 550 000 Soldaten stand nichts mehr im Wege.

Bereits zu diesem Zeitpunkt beschäftigte sich die Wehrmachtsführung mit einem Plan für die Kriegsstrategie. Eines der ersten Memoranden des Chefs des Wehrmachtsamtes, General von Reichenau, sah einen Überraschungsangriff auf die Tschechoslowakei im Kriegsfall vor.

Im Herbst 1935 war die Aufmarschanweisung »Rot« fertig. Sie enthielt einen sogenannten Defensivaufmarsch gegen Frankreich, die Tschechoslowakei und Polen. Es folgten Planspiele für einen Mehrfrontenkrieg.

Gelegenheit, die neue Luftwaffe in Aktion zu erproben, bot sich, als am 18. Juli 1936 die spanischen Militärs unter Franco gegen die bürgerlich-demokratische Regierung putschten. Als »Legion Condor« flogen Verbände der Luftwaffe ab November 1936 mit Bombenflugzeugen, Transportern und modernen Jagdflugzeugen Kampfeinsätze an der Seite der spanischen Falange. Zu diesem Zeitpunkt sahen die

Eine North American B-25 in Ladd Field (Alaska). Der Schriftzug am Rumpfbug bedeutet: »Bewaffnung in Ordnung 3. Februar 1944, Staff Sergeant Cook«.

Ausbildungspläne aller Wehrmachtsteile bereits das Üben blitzartiger Überfälle vor.

Am 12. März 1938 marschierten deutsche Truppen, verstärkt durch SS und Polizeikräfte, in Österreich ein.

Briten und Franzosen versuchten zu beschwichtigen. Auf dem Höhepunkt politischer Manipulationen trafen sich Chamberlain und Daladier mit Hitler und Mussolini in München. Man sanktionierte die deutschen Forderungen auf Herausgabe eines Grenzgebietes der Tschechoslowakei, das etwa $1/_5$ der Gesamtfläche des Landes entsprach. Damit stärkten die Westmächte Deutschlands Position in Europa beträchtlich. Zugleich begann man aber auch in London und Paris umzudenken und die Gefahr ernster zu nehmen.

In den USA reagierte der im Jahre 1933 gewählte Präsident Franklin D. Roosevelt zunächst zurückhaltend. Die nationale Sicherheit der Vereinigten Staaten wurde durch erhöhte Verteidigungsausgaben gewährleistet. Auf einer Konferenz im November 1938 forderte der Präsident, mehr Waffen herzustellen, darunter jährlich 24 000 Flugzeuge.

Die Geschehnisse in Europa bewegten auch die amerikanische Öffentlichkeit. Eine Umfrage ergab damals, daß mehr als die Hälfte aller Amerikaner bereit waren, Großbritannien und Frankreich in einem Kriegsfall mit Waffen und Munition zu unterstützen.

Die Kriegsgefahr in Europa wurde latent. Die britische Regierung verabschiedete einen in aller Eile beschlossenen Plan für den umfassenden Ausbau der Rüstungsindustrie, vorrangig von Flugzeugwerken. Man war sich bewußt, daß zwischen Plan und Wirklichkeit noch ein weiter Weg lag. Eine andere Möglichkeit war der Kauf von Waffen in anderen Ländern.

Eine durch die Regierung berufene Expertengruppe wurde in die USA gesandt. Unter den Mitgliedern befanden sich vor allem Militärsachverständige wie Air Commander A. T. Harris, der spätere Chef des Bomberkommandos der Royal Air Force (RAF), und Sir Henry Self, der spätere Chef der britischen Luftfahrtkommission in den USA.

Die amerikanische Luftfahrtindustrie befand sich zu diesem Zeitpunkt in einer Phase der Umstellung auf neue Flugzeugmuster. In den meisten Entwurfsabteilungen entstanden Neukonstruktionen, die in vielen Fällen einen Generationswechsel im Flugzeugbau darstellten.

Die bei der US-Army, den amerikanischen Landstreitkräften, eingesetzten 2300 Flugzeuge und die weiteren 1000 Flugzeuge der US-Navy, der amerikanischen Marine, entsprachen in der Anzahl dem festgelegten Ausrüstungslimit, waren aber zum größten Teil technisch veraltet. Der Jahresetat für diese beiden Gruppierungen sah vom Juni 1937 bis Juni

Consolidated B-24A Liberator des Ferrying Command. Mit solcher Maschine flog Mr. Harriman zu Verhandlungen nach Moskau. Die US-Flagge galt als Neutralitätszeichen.

1938 den Kauf von nur 900 neuen Flugzeugen vor.

Um so willkommener war nun der amerikanischen Industrie, die auf Aufträge wartete, der britische Wunsch nach Flugzeugen. Eine der ersten Bestellungen betraf den Kauf von 400 Übungsflugzeugen von der North American Aviation Corporation. Der für die US-Army entwickelte Trainer AT-6 Texan sollte nun auch bei der RAF geflogen werden. Die Lieferungen von mehreren tausend dieser Flugzeuge unter der Typenbezeichnung Harvard I und II an Großbritannien kennzeichnen den dringenden Bedarf der RAF an Flugzeugen zur Ausbildung neuer Piloten.

Eine weitere britische Forderung richtete sich auf einen Langstreckenaufklärer und Bomber. Als die britische Kommission im Frühjahr 1938 nach Burbanks in Kalifornien kam, konnte die Firma Lockheed zunächst kein brauchbares Angebot vorlegen. In dieser Situation forderte der Präsident der Firma, Robert Gross, seine Entwicklungsingenieure auf, innerhalb von 48 Stunden den Entwurf eines Kampfflugzeuges zu erarbeiten. Dies geschah in der vorgegebenen Zeit auf der Grundlage einer vorliegenden Konzeption für ein Verkehrsflugzeug. Die amerikanische Flugzeugfirma Lockheed konnte der britischen Kommission einen modifizierten Bomber und Aufklärer anbieten.

Die Briten bestellten umgehend 200 Maschinen. Das war die Geburtsstunde eines bewährten Kampfflugzeuges des zweiten Weltkrieges, der Lockheed Hudson, von der in der Folgezeit allein mehr als 1300 an Großbritannien geliefert wurden.

Weitere Verträge über Lieferungen von Triebwerken wurden mit den Firmen Pratt & Whitney und Wright Aeronautical Corporation abgeschlossen.

Etwa zur gleichen Zeit verhandelte auch Frankreich in den USA über Flugzeuglieferungen. So schlossen die Firma Curtiss Wright und die französische Regierung einen Vertrag über die Lieferung von 100 Jagdflugzeugen Curtiss P-36.

Amerikanische Regierungskreise betrachteten die Abmachungen ihrer Industrie zunächst mit Distanz. Bald aber war die Regierung gefordert, schnellstens die gesetzlichen Grundlagen für Waffenlieferungen an andere Staaten neu zu regeln.

In der UdSSR konzentrierte der Revolutionäre Kriegsrat alle Kräfte neben dem Ausbau der Grenzbefestigungen im fernöstlichen Raum auf die Schaffung schlagstarker und technisch gut ausgerüsteter Teilstreitkräfte der Roten Armee. Die Luftsteitkräfte wurden selbständiger Truppenteil.

Nachdem bereits 1929 die ersten Jagdflieger-, Schlachtflieger- und Bombenfliegerbrigaden formiert waren, faßte der Kriegsrat diese Einheiten im Jahre 1933 zu Fliegerkorps zusammen, um ihnen mehr Selbständigkeit bei der Lösung von Aufgaben zu geben.

Die Staatsausgaben für die Ausrüstung der Roten Armee erhöhten sich 1932 auf das Zehnfache gegenüber den Jahren 1927 und 1928.

Auf der Grundlage des zweiten Fünfjahrplanes faßte der Rat für Arbeit und Verteidigung im April 1935 den Beschluß zur Erweiterung der Luftstreitkräfte bis zum Jahre 1937. Der Plan sah vor, die Kampfstärke der fliegenden Verbände zu verdreifachen. Die schweren Bombenfliegerkräfte waren weiterzuentwickeln und die Jagdflieger mit modernen Flugzeugen auszurüsten. Insgesamt sollte der Bestand von 3 285 Flugzeugen im Jahr 1932 auf 6672 Flugzeuge im Jahr 1935 vergrößert werden.

Am 20. Juni 1934 wurden die bisherige oberste militärische Behörde aufgelöst und das Volkskommissariat für Verteidigung der UdSSR unter K. J. Vorošilov gebildet. Gegen Ende des Jahres 1935 verfügte das Oberkommando über fünf Fliegerkorps und 19 Fliegerbrigaden.

Die UdSSR gewann zunehmend an internationaler Autorität. Anfang der dreißiger Jahre entstanden diplomatische Beziehungen zu mehr als zehn Staaten.

Die amerikanische Regierung hatte seit dem Jahre 1918 eine Politik der Nichtaner-

Eine Douglas C-47 vor dem Start nach
Great Falls (Montana).

Drei Bell P-39Q-30-BE kurz nach
Fertigstellung in Buffalo.
Die Abgasstutzen sind noch verhangen.
Alle Maschinen sind bereits mit Zusatztanks
für eine Überführung ausgerüstet.

Eine der wenigen Bell P-400 Airacobra I
der RAF in Duxford.
Die meisten der an die Briten gelieferten
P-400 wurden an die UdSSR weitergegeben.

kennung gegenüber der Sowjetunion betrieben. Nun zeigte sich, daß selbst Finanz- und
Industriekreise der USA an der Aufnahme offi-
zieller Beziehungen zur UdSSR interessiert
waren und das im Aufbau befindliche Sowjet-
land als großen Absatzmarkt sahen. Nicht zuletzt betrachtete man einvernehmliche Beziehungen mit der UdSSR als Gegenpol zur
wachsenden Macht Japans.

Im November 1933 wurden erstmals nach
Errichtung der Sowjetmacht Botschafter zwischen der UdSSR und den USA ausgetauscht
und diplomatische Vertretungen errichtet. Am
18. September 1934 begann die Mitglied-
schaft der Sowjetunion im Völkerbund. Die
außenpolitische Wirksamkeit der UdSSR erhielt durch deren Eintreten für ein System kol-
lektiver Sicherheit in der Welt einen besonderen politischen Schwerpunkt.

Die ersten für die RAF bestimmten
Lockheed Hudson.
Hier noch ohne britische Seriennummern.

13

# Der zweite Weltkrieg beginnt

*In den Morgenstunden des 1. September 1939 informierte der Botschafter der USA in Frankreich seinen Präsidenten im Weißen Haus in Washington D.C. über den Überfall der deutschen Truppen auf Polen. William C. Burlitt, im Besitz erster Informationen über die rollenden Luftangriffe deutscher Flugzeuge auf Warschau, erhoffte in diesem Telefonat eine erste Stellungnahme des Präsidenten Franklin D. Roosevelt. Es dauerte zwei volle Tage, bis am 3. September aus dem Weißen Haus offiziell verlautete, man wolle alles Notwendige unternehmen, um die Vereinigten Staaten aus dem Krieg herauszuhalten.*

## Neutralität der USA

Am 5. September 1939 unterzeichnete der Präsident der USA die Neutralitätserklärung seiner Regierung. Dieses wichtige Gesetz untersagte jede Lieferung von Waffen und Kriegsmaterial an kriegführende Staaten.

Inzwischen richteten sich alle Anstrengungen der führenden Militärs darauf, die Streitkräfte zahlenmäßig zu verstärken. Nur einige Tage später erklärte die Regierung einen begrenzten nationalen Notstand, um so die Notwendigkeit entsprechender Maßnahmen zu begründen und die Neutralität zu sichern.

Der Stärkung der Land-, See- und Luftstreitkräfte galten weitreichende Aktivitäten. Die Planungsstäbe befaßten sich mit den erforderlichen Maßnahmen. Durch eine Mobilmachung verstärkte man die Truppen der US-Army um 17 000 Mann auf eine Truppenstärke von 227 000. Die Nationalgarde rekrutierte 43 000 Mann und erreichte einen Personalbestand von 235 000 Soldaten.

Während ein Teil der amerikanischen Bourgeoisie eine strenge Einhaltung der Neutralität forderte — man vertrat den Standpunkt, jegliche Waffenlieferung würde die USA in eine bewaffnete Auseinandersetzung hineinziehen — wollten andere Gruppen Frankreich und Großbritannien durch Waffenhilfe unterstützen. Eine Befragung der Bevölkerung ergab, daß 80 Prozent der Amerikaner für eine Niederlage Deutschlands und für den Sieg Polens, Frankreichs und Großbritanniens eintraten.

Führende Wirtschaftskreise hatten schnell errechnet, daß Rüstungsaufträge der kriegführenden Staaten in Europa die Möglichkeit boten, aus der Wirtschaftsdepression heraus zu kommen. Immerhin waren zu diesem Zeitpunkt über 10 Millionen Amerikaner ohne Arbeit. Forderungen nach Aufhebung des Embargos veranlaßten auch Senator Harry S. Truman, vor dem Kongreß zu erklären, daß die ureigensten Interessen der USA diesem Embargo entgegenstehen. Die große Gruppe der »Interventionisten« war überzeugt, daß der Krieg im fernen Europa den amerikanischen Industriellen Superprofite einbringen würde.

## Cash- and-Carry-Klausel

In den ersten Novembertagen stimmten die Kongreßabgeordneten einer Änderung des Neutralitätsgesetzes zu. Die Cash- and-Carry-Klausel wurde eingeführt. Danach hatten kriegführende Staaten die Möglichkeit, bei Barzahlung Kriegsmaterial und Waffen in den USA zu kaufen und, so sah es das Gesetz vor, mit eigenen Transportmitteln abzutransportieren. Zur Koordinierung der Rüstungskäufe verlangte Washington die Gründung einer britisch-französischen Einkaufskommission.

Schon allein die Aussicht auf Rüstungsaufträge belebte die Konjunktur. Aber bereits im Januar 1940 war der Aufschwung wieder gebremst, denn London und Paris zögerten, nachdem Deutschland Polen besiegt hatte und der Krieg in eine Wartephase eingetreten war. Frankreich und Großbritannien verfolgten die Politik des »seltsamen« Krieges und hofften, noch aus eigener Kraft die Fronten stärken zu können.

## Finnisch-sowjetischer Konflikt

Der Ausbruch des finnisch-sowjetischen Konfliktes Ende November 1939 war Anlaß für die Westmächte, gegen die Sowjetunion vorzugehen. Die USA gewährten Finnland einen Sofortkredit in Höhe von 30 Millionen Dollar und lieferten Waffen. Man warb Freiwillige zur Unterstützung der finnischen Truppen. Auf diplomatischem Wege versuchten die westlichen Mächte, den Ausschluß der UdSSR aus dem Völkerbund zu betreiben.

Der oberste alliierte Kriegsrat beschloß am 19. Dezember 1939, einen bewaffneten Überfall auf die Sowjetunion vorzubereiten. Am 5. Februar 1940 sollte ein britisch-französisches Expeditionskorps mit 150 000 Mann (100 000 Briten, 50 000 Franzosen) eingreifen. Die von britischer Seite geplante Operation sah eine Landung dieser Truppen bei Petsamo vor, um gemeinsam mit den finnischen Truppen zunächst die Eisenbahnverbindung Leningrad—Murmansk lahmzulegen. Gleichzeitig war auch ein Vorstoß von Süden her vorgesehen.

Das französische Kabinett hatte im Einverständnis mit dem Bündnispartner Großbritannien die Generale Gamelin und Darlan mit der Ausarbeitung eines Angriffsplans beauftragt. Die Angriffsrichtung war der Kaukasus und das Hauptziel die sowjetische Erdölindustrie um Baku. Das französische Kommando unter General Weygand in Syrien und im Libanon sollte eine entscheidende Führungsrolle wahrnehmen. Jugoslawien, Rumänien und die Türkei wollte man als Mitstreiter gewinnen.

Die Regierung der USA wurde laufend über den Stand der Angriffsvorbereitungen unterrichtet. Wie aus Archiven des Foreign Office hervorgeht, beabsichtigten Großbritannien und Frankreich, mit Hilfe eines britischen Marineverbandes zunächst das Schwarze Meer unter ihre Kontrolle zu bringen.

Am 12. März 1940 unterzeichneten Finnland und die UdSSR einen Friedensvertrag.

Eine Bell P-63A-9-BE Kingcobra wird auf ihren Standplatz gezogen. Die an die UdSSR gelieferten P-63 hatten keine Hoheitszeichen auf den Tragflügeloberseiten.

Aufspritzen der Hoheitszeichen auf eine Bell P-63 A Kingcobra.

Die UdSSR verweigerte zunächst die Abnahme der Kingcobra wegen technischer Mängel. So stauten sich die Maschinen auf dem Werksgelände in Buffalo.

Zwei Bell P-63C-5-BE während eines Erprobungsfluges über den Niagara-Fällen.
Die Bell P-63A (Seriennummer 43-11489) mußte im Winter 1944 auf einem zugefrorenen See in Alaska notlanden.

## Der Krieg im Westen und Norden Europas

Die Ereignisse in Westeuropa, der Fall »Gelb« des OKH vom 19. Oktober 1939 sah bereits einen Hauptschlag der deutschen Heeresgruppe B gegen Belgien, die Niederlande und Luxemburg vor, ließen die Pläne eines alliierten Feldzuges gegen die Sowjetunion scheitern.

In einer Rede in Washington im Februar 1940 hatte Präsident Roosevelt die diplomatischen Schachzüge seiner Regierung untermauert, eine friedliche Einigung der europäischen Alliierten mit ihrem Kriegsgegner Deutschland gegen die Sowjetunion herbeizuführen. Summer Wells, der stellvertretende US-Außenminister, reiste nach Europa, um mit Daladier, Chamberlain, Hitler und Mussolini Kontakt aufzunehmen. Hinter seiner Mission

Montage von Douglas C-47 Skytrain im Stammwerk Long Beach (Kalifornien).

stand der Plan eines »vierjährigen Waffenstillstandes«, von dem man sich weitere Schritte politischer Zusammenarbeit erhoffte.

Die deutsche Regierung wertete die Reise Wells' als politische Schwäche, während sich der Duce (deutsch: Führer) in Italien durch die Amerikaner geschmeichelt fühlte. Die deutschen Siege in Dänemark, Norwegen, Belgien, den Niederlanden und nicht zuletzt in Frankreich brachten die amerikanische Politik in arge Bedrängnis.

### Die USA bereiten sich auf den Krieg vor

Viele US-Bürger empfanden den deutschen Vormarsch in Westeuropa als eine ernsthafte Bedrohung ihres Landes. An die Stelle einer Befriedung Europas trat nun die Notwendigkeit, sich selbst auf den Krieg vorzubereiten.

So forderte der Präsident in einer Sonderbotschaft an den Senat, die Flugzeugindustrie des Landes so auszuweiten, daß mindestens 50 000 Maschinen produziert werden könnten. Armee und Flotte arbeiteten am Plan

»Rainbow 4«, einer auf die neuen Bedingungen abgestimmten Variante des US-Kriegsplanes »Rainbow«, der vorsah, alle verfügbaren Streitkräfte zur Sicherung des Landes einzusetzen.

Am 30. Juni 1940 wurde ein neues Rüstungsprogramm verabschiedet, in dem unter anderem die Beschaffung von 18 000 Kampfflugzeugen festgelegt war. Die Rüstungsausgaben stiegen erheblich (vom Juni 1940 zum Juni 1941 um 533 Prozent).

Nach einem Bericht des US-Oberkommandos erhöhte sich die Anzahl der Flugzeugwerke in den USA von 1939 bis 1941 von 28 auf 63 Betriebe. Allein bei den Armeefliegerkräften sollte der Personalbestand auf 210 000 Mann erhöht und die Anzahl der verfügbaren Flugzeuge auf 10 000 gesteigert werden.

Mit dem Gesetz vom 16. September 1940 wurde erstmals in den USA in Friedenszeiten eine begrenzte Wehrpflicht verfügt (Selective

Training and Service Act). Nach offiziellen Statistiken (Historical Statistics of the United States) wuchs die Mannschaftsstärke des US Army Aircorps von 43 000 auf 167 000, die in 54 Kampfflieger- und sechs Transportfliegergruppen unterteilt waren. Eine Fliegergruppe formierte sich aus drei Staffeln.

Inzwischen war Hitlers Feldzug gegen Frankreich zu Ende gegangen. Am 22. Juni 1940 gegen 18.50 Uhr unterzeichnete General Huntzinger im Namen der französischen Regierung den Waffenstillstand mit Deutschland. In dieser Niederlage sah man in den USA eine Grundlage für das weitere Erstarken des deutschen Faschismus und zugleich die ernsthafte Gefahr einer weiteren Eskalation des Krieges.

Das berührte die Kapitalinteressen der US-Wirtschaft unmittelbar. Die Lage erforderte, die Bindungen zu Großbritannien weiter zu festigen. Dennoch versuchte die strategische Planung der amerikanischen Streitkräfte, die »Verpflichtungen der USA« nicht allzu großzügig zu erweitern, denn man befürchtete, daß nicht nur die französische, sondern auch die britische Flotte nun in die Hände der Deutschen und der Italiener fallen würden.

Montagehalle der Firma Boeing in Burbanks für den Rumpfbau der B-17G-1-VE.

Noch im Dezember 1940 erklärte Präsident Roosevelt, Amerika würde sich nicht nur aus dem Krieg heraushalten, er würde auch keinen amerikanischen Soldaten nach Europa schicken. Alle Hilfeleistungen an Großbritannien wurden damit begründet, daß sie der Neutralität und der nationalen Sicherheit der USA dienten. Der Präsident erhoffte sich mit diesem Versprechen in allen Kreisen der Bevölkerung Sympathie und eine weitgehende Unterstützung der Hilfsmaßnahmen für das im Krieg befindliche Großbritannien.

## Großbritannien bittet um Hilfe

Inzwischen erging ein britisches Hilfeersuchen um Waffen und Kriegsmaterial an die USA. Nach eingehender Prüfung hielt General Marshall am 24. Juni 1940 dem Präsidenten einen Vortrag. Er betonte, »daß es wünschenswert sei, wenn es Großbritannien gelingen sollte, den Deutschen standzuhalten, und so auch eine Hilfe im Interesse der USA läge«.

Ein erstes Abkommen war am 2. September 1940 zwischen den Briten und Amerikanern ausgehandelt. Im Austausch gegen acht Stützpunkte für die US-Truppen auf den Bahamas, Jamaika, Antigua, Santa Lucia, Trinidad und British Guayana erhielten die Briten 50 veraltete Zerstörer der Flush-Deck-Klasse (Glattdeck-Klasse), die noch aus der Zeit des ersten Weltkrieges stammten und bereits ausgemustert waren.

Ferner umfaßte die Lieferung 20 Torpedoboote, zehn Flugzeuge, darunter fünf Bombenflugzeuge Boeing B-17, und 250 000 Gewehre. Die Zerstörer wurden auf britischen Werften umgebaut und modernisiert. Interessant ist in diesem Zusammenhang, daß Großbritannien der UdSSR in der Zeit von August 1944 bis zum Kriegsende neun dieser Kampfschiffe im Rahmen der Waffenhilfe überließ. Die der Nordflotte unterstellten Zerstörer wurden vorrangig zur Geleitsicherung eingesetzt.

Schon im August 1940 war es zwischen diesen beiden Ländern zum Austausch technisch-wissenschaftlicher Forschungsergebnisse gekommen, vor allem in der Funkmeßtechnik und verschiedenen Zielgeräten für den Bombenwurf.

Immer neue Rüstungsaufträge der Briten gingen in den USA ein. Bald schon überstiegen die Aufträge wertmäßig die britischen Devisen- und Goldreserven. Zwar war man in der Lage, die Rüstungsgüter per Schiff zu transportieren, erfüllte damit aber nur die eine Seite des Cash and Carry.

Am 8. Dezember 1940 schrieb Churchill an Roosevelt, daß der Stand der britischen Finanzen so gesunken sei, daß man bald nicht mehr bezahlen könne. Einem Kreditgeschäft stand die Tatsache entgegen, daß Großbritannien noch Schulden aus dem ersten Weltkrieg an die USA zu begleichen hatte und nach den bestehenden US-Gesetzen dadurch keine neuen Anleihen möglich waren.

Roosevelt erklärte am 17. Dezember 1940, daß ein britischer Erfolg bei der Verteidigung der Insel die beste Verteidigung der Vereinigten Staaten wäre. Es sei an der Zeit, ein neues Verfahren zu suchen, das zwischen Kredit

Im Werk Consolidated in Forth Worth werden B-24 D Liberator montiert.

und Geschenk liegen müsse. Das neue Verfahren, Kriegsmaterial an Großbritannien zu liefern, sollte, so Roosevelt, auf einer Beleihung oder Pacht aufbauen.

Unter diesem Aspekt beauftragte der Präsident am 30. Dezember 1940 seinen Finanzminister Harry Morgenthau, einen Entwurf für ein Lend-Lease-Act (Leih- und Pachtgesetz) auszuarbeiten. (Der eigentliche Entwurf für das Lend-Lease-Gesetz war von Oscar S. Cox, Hauptanwalt beim Anwaltsbüro der Stadtverwaltung New York, ausgearbeitet und von Wirtschafts- und Rechtssachverständigen wie Morgenthau, Stinnson, McCloy, Knox, Hull, Jackson, Rayburn, McCormick, Bloom, Joneson und Foley begutachtet worden.)

Am 2. Januar 1941 begann man im Finanzministerium mit den Arbeiten an einer Gesetzesvorlage. Juristen schlugen vor, das seit dem 15. Juni 1940 für den Kriegs- und Marineminister in der Pittmann-Bloom-Resolution verbriefte Recht, bestimmte Waffenarten an lateinamerikanische Länder zu liefern, als Modell für ein Leih- und Pachtgesetz zugrunde zu legen.

Politisch und ökonomisch ging es bei einer solchen Gesetzgebung darum, dem Präsidenten freie Hand für die Forcierung der Waffenproduktion zu verschaffen.

Nachdem ein erster Entwurf im Finanzministerium auf Ablehnung gestoßen war, konnte bereits am 7. Januar 1941 ein neuer Vertragsentwurf dem Staatssekretär Hull zur Prüfung vorgelegt werden. Eine genaue Liste der Länder, welche Hilfe erhalten sollten, wurde von Hull gestrichen. Dem Präsidenten sollte die Auswahl der Länder vorbehalten sein.

Am 9. Januar 1941 fand eine erste Zusammenkunft im Weißen Haus statt, bei der Vertreter des Repräsentantenhauses und des Kabinetts sowie verschiedener Ministerien gemeinsam mit dem Präsidenten berieten.

Einen Tag später lag der Entwurf beiden Häusern, Kongreß und Senat, zur weiteren Diskussion vor. Im Gesetzentwurf waren dem Präsidenten weitgehende Vollmachten eingeräumt, wie
■ jedes Land, das für die USA von Bedeutung wäre, kann Hilfe erhalten;
■ Waffen und Munition, Flugzeuge sowie Schiffe herstellen oder beschaffen zu lassen;

■ kriegswichtige Güter und Maschinen zu ihrer Herstellung dem jeweiligen Land zu verkaufen, zu übereignen, damit zu tauschen, zu verleihen oder zu verpachten;
■ Bedingungen einer Rückzahlung festzulegen und jede Regierung über die Lieferungen zu informieren.

Der Präsident wiederholte sein Neutralitätsversprechen aus dem Jahre 1940 und täuschte damit nicht nur die Kongreßausschüsse. Nur ein Teil der Mitglieder erkannte den politischen und ökonomischen Zweck und wehrte sich gegen eine Zustimmung zum Gesetzentwurf.

Letztlich aber bestimmte die Notwendigkeit einer Unterstützung Großbritanniens und der anderen, mit Deutschland im Krieg befindlichen Staaten das Handeln der Mehrheit der Abgeordneten, die dem Gesetz am 11. März 1941 zustimmten.

Noch während die Debatten im Kongreß geführt wurden, kam es zu geheimen Absprachen zwischen britischen und amerikanischen Militärs, die einen Bruch der Neutralität Amerikas beinhalteten. Im ABC-Plan der höchsten Kommandostellen ging es bereits um eine militärische Zusammenarbeit, die sich auf Europa und den Atlantik als Kriegsschauplätze bezog.

# Das Lend-Lease-Abkommen

*Nun konnte der Präsident nach Ermessen allen beliebigen Staaten, deren Verteidigung dem Schutz der USA diente, Waffen, Ausrüstungen, andere Güter und Material, ja sogar Lebensmittel, verkaufen, zum Tausch bieten, überlassen oder verpachten.*

*Dem Schutz der USA dienten zu dieser Zeit vorrangig jene Länder, die gegen den faschistischen Block Krieg führten. Schon bald begriff man in amerikanischen Regierungskreisen, daß mit dem Leih- und Pachtgesetz nicht schlechthin amerikanisches Geld ausgegeben wird, sondern daß die Hilfeleistungen Abhängigkeiten hervorbringen, die den Einfluß der USA in vielen Teilen der Welt stärken konnten, dies insbesondere nach einem Sieg über die faschistischen Okkupanten. Damit war der Expansion des amerikanischen Kapitals eine für viele Jahre ausreichende Grundlage bereitet.*

## Die ersten Lieferungen

Zu den ersten Ländern, die nach dem Lend-Lease-Gesetz Hilfe erhielten, gehörte neben Großbritannien auch Griechenland, das sich der Gefahr eines italienischen Überfalls ausgesetzt sah, denn ob der deutschen Erfolge in Europa sah sich der Duce gefordert, nach seinem Kriegseintritt im Juni 1940 den Krieg auf den Balkan und Nordafrika auszudehnen.

Inzwischen rückten im Oktober 1940, auf der Grundlage der vereinbarten Bündnispolitik Deutschlands mit der rumänischen Regierung, deutsche Truppen in Rumänien ein. Hitler hatte damit ein wichtiges Aufmarschgebiet für die Verwirklichung des Plans »Barbarossa« gesichert. Ohne Verständigung mit dem italienischen Achsenpartner wurde die 12. Armee nach Südosteuropa verlegt.

Mussolini sah darin einen Bruch getroffener Absprachen mit Hitler und fiel am 20. Oktober 1940 mit zwei Armeen in Stärke von sechs Infanterie-, einer Gebirgs- und einer Panzerdivision in Griechenland ein. Die 87 000 italieni-schen Soldaten verfügten über 163 Panzer, 686 Geschütze und 380 Kampfflugzeuge.

Diesen Truppen stand zwar eine mit 120 000 Mann zahlenmäßig stärkere griechische Armee in Mazedonien und Epirus gegenüber, von denen aber nur 26 000 schwach bewaffnete Soldaten an der griechisch-albanischen Grenze, der italienischen Hauptstoßrichtung, stationiert waren. Dieser Truppenteil verfügte über 20 Panzer, 220 Geschütze und 36 Kampfflugzeuge.

Bei den Flugzeugen handelte es sich meist um Jagdflugzeuge der Typen PZL P.24 aus Polen und Gloster Gladiator aus Großbritannien. Der Gesamtbestand der griechischen Luftstreitkräfte belief sich auf 125 Flugzeuge, davon waren 20 Seeflugzeuge (britische Fairey III und deutsche Dornier Do 22) in Athen, Candia und Volos stationiert.

Die USA unterstützten Griechenland mit kleinen Kampfschiffen, Panzern und anderen Fahrzeugen sowie militärischen Ausrüstungsgegenständen. Die Lieferungen wurden über Lend-Lease verrechnet.

Trotz der schwachen Ausrüstung der griechischen Truppen stießen die italienischen Okkupanten auf erbitterten Widerstand. »Bereits nach acht Tagen war die Initiative auf die anderen«, gemeint sind die Griechen, »übergegangen ...«, schrieb am 6. November 1940 Graf Ciano in sein Tagebuch.

Entsprechend der Bündnisverpflichtung vom April 1939 griffen nun auch britische Truppen in das Geschehen ein. Churchill glaubte an die Erfüllung seines Traumes vom Brückenkopf auf dem Balkan, doch das britische Kriegskabinett zögerte und stellte zunächst nur vier Fliegerstaffeln zur Verfügung.

Am 1. November 1940 landeten die ersten britischen Truppen auf der Insel Kreta. Die Besetzung wirkte sich zunächst nur auf die Präsens im Mittelmeer aus.

Der griechischen Offensive vom 14. November 1940 in Westmazedonien folgte eine Woche später der Rückzugbefehl von General Soddus an seine italienischen Streitkräfte. Die Lage war so prekär geworden, daß der Oberbefehlshaber der italienischen Armeegruppe seiner Regierung vorschlug, Hitler um Hilfe zu bitten.

Mussolini und sein Außenminister Ciano wollten keine deutsche Unterstützung in diesem Konflikt. Zunächst wurde Badoglio als Chef des Generalstabes abgelöst. Auch diese Maßnahme hatte keinen Einfluß und konnte die italienischen Mißerfolge nicht wettmachen. Eine erneute Offensive im Januar 1941 blieb ebenfalls erfolglos. Der Hauptstoß auf Klisura mit zwölf Divisionen endete mit einem Abbruch des italienischen Angriffs.

In dieser Situation bat die griechische Regierung die USA um weitere Waffenhilfe. Aus einem für die US Navy bestimmten Los wurden daraufhin 30 Jagdflugzeuge Grumman F4F-3 Wildcat abgezweigt. Ende März 1941 waren diese Flugzeuge verladen und wurden als Lend-Lease-Lieferung nach Griechenland in Marsch gesetzt.

Auf hoher See erreichte die Nachricht vom Einmarsch deutscher Truppen in Griechenland den Transport, und das Schiff mit den 30 azurblau gespritzten Wildcat bekam Order, die Route zu ändern und Gibraltar anzulaufen. Die Briten übernahmen dort die F4F-3 als Martlet III für ihre landgestützten Marinefliegerstaffeln 805 und 806.

Was war geschehen? Bereits am 1. März 1941 war Bulgarien dem Dreimächtepakt beigetreten und genehmigte der deutschen Wehrmacht den Einmarsch der 12. Armee unter dem Kommando von Generalfeldmarschall List.

Hitler sah sich zur Hilfe der bedrängten Italiener veranlaßt und beschloß für Anfang April den Vormarsch auf dem Balkan gegen Jugoslawien und Griechenland. Am 6. April 1941 hatte der linke Flügel der 12. Armee den Angriff gegen Griechenland in Richtung Saloniki eingeleitet. Am 27. April 1941 nahmen die deutschen Truppen Athen, und nur zwei Tage später war der Balkanfeldzug beendet, waren Jugoslawien und Griechenland besiegt.

## London und Moskau

Nach dem Fall Frankreichs im Sommer 1940 suchte Großbritannien nach Möglichkeiten für eine Annäherung an die UdSSR. Churchill wandte sich mit einer persönlichen Botschaft an Stalin und wollte so den Argwohn in den gegenseitigen Beziehungen ausräumen. Obwohl die Regierung der Sowjetunion sofort ihre Bereitschaft zur Zusammenarbeit zum Ausdruck brachte, entwickelten die Briten, trotz der Versicherungen Churchills, zunächst nur wenig Initiative.

Dennoch mußte auch auf der britischen Insel die wachsende Expansion des Faschismus in Europa realistisch eingeschätzt werden. Der britische Außenminister Eden bat am 13. Juni 1941 den sowjetischen Botschafter Maiski zum Gespräch und versicherte ihm im Auftrag des Premierministers die Bereitschaft seines Landes, der Sowjetunion bei einem möglichen Konflikt im Nahen Osten Hilfe durch die Air Force zu gewähren. Die drohende Gefahr einer deutschen Invasion der britischen Insel zwang mehr denn je zur Zusammenarbeit.

## Annäherung UdSSR–USA

Die Beziehungen zwischen den beiden mächtigsten neutralen Staaten UdSSR und USA waren bereits seit längerem durch die amerikanische Embargopolitik belastet. Im April 1940 hatte man im Außenministerium in Washington zu Handels- und Wirtschaftsfragen miteinander verhandelt.

Die Sowjetunion forderte, die Bereitstellung von Schiffsraum nicht weiter zu verhindern und bat um Zutritt ihrer Fachleute zu Flugzeugwerken in den USA. Am 1. Juni 1940 bekundete die amerikanische Regierung ihre Bereitschaft zur Zusammenarbeit mit der UdSSR. Am 6. August 1940 wurde das Wirtschaftsabkommen zwischen der UdSSR und den USA von 1937 erneut um ein Jahr verlängert. Weitere Verhandlungen folgten und ließen eine leichte Verbesserung der Beziehungen erkennen.

In der zweiten Januarhälfte 1941 sah sich das State Department veranlaßt, das »moralische Embargo« gegen die Sowjetunion aufzugeben. Dennoch verweigerte man weiterhin Ausfuhrlizenzen und hielt wichtige Exporte zurück. Obwohl die Exportquote nach der Sowjetunion um 30 Millionen Dollar anstieg, war dies nicht von allzu großer Bedeutung, da nach wie vor Lieferungen von Flugzeugausrü-stungen, chemischen Anlagen und Werkzeugmaschinen hintenanstanden.

## Vor dem Überfall auf die Sowjetunion

In dem Maße, wie sich der Krieg in Europa ausweitete und auch die japanischen Militärs in der Mandschurei tätig wurden, wuchs für die Sowjetunion die Gefahr, in einen bewaffneten Konflikt hineingezogen zu werden.

Am 1. September 1939, mit dem Beginn des zweiten Weltkrieges, hatte der Oberste Sowjet die allgemeine Wehrpflicht beschlossen. Neue Dienstzeiten wurden festgelegt — so für die Fliegerkräfte drei Jahre —, und das Alter der Wehrdienstfähigkeit wurde von 21 auf 19 Jahre herabgesetzt. Absolventen der Mittelschulen, dem höheren Schulsystem der UdSSR, konnten bereits mit 18 Jahren in die Armee eintreten.

Zur Reorganisation der Streitkräfte wurden beim Volkskommissariat für Verteidigung Kommissionen für die einzelnen Waffengattungen berufen, so auch eine Kommission für die Luftstreitkräfte. Alle diese Maßnahmen sollten sich unmittelbar auf die Gefechtsbereitschaft auswirken.

Am 8. Mai 1940 hatte auf Berufung des Obersten Sowjets Marschall S. K. Timošenko die Funktion des Volkskommissars für Verteidigung der UdSSR übernommen. Zunächst galt es, zahlreiche Strukturfragen zu überdenken und neue Festlegungen zu treffen.

Ab August 1940 wurde in den Streitkräften die Einzelleitung eingeführt. Jeder Kommandeur erhielt damit alleinige Befehlsgewalt für seinen Dienstbereich. An die Stelle des Kriegskommissars trat nun der Stellvertreter für politische Arbeit.

Auf Beschluß des Zentralkomitees der KPdSU und des Volkskommissariats für Verteidigung wurden bereits ab Juli 1940 die Luftstreitkräfte umgebildet. Danach entstanden als Grundstruktur Fliegerdivisionen mit Flugzeugen gleicher Bestimmung, die in Korps zusammengefaßt wurden.

So organisierten sich nun die Frontfliegerkräfte in Bombenfliegerdivisionen, Jagdfliegerdivisionen sowie gemischte Divisionen, die der Unterstützung der Heeresverbände dienten. Die Aufstellung von Fernbombenfliegerkräften in Stärke von fünf Fliegerkorps folgte im November 1940.

Ein weiterer Schritt in der Reorganisation der Fliegerkräfte war die Schaffung von insgesamt 106 Fliegerregimentern auf der Grundlage eines Beschlusses vom 25. Februar 1941. Zu gleicher Zeit ging man an den forcierten Ausbau der Flugbasen. Im Interesse einer hohen Gefechtsbereitschaft sah man für jedes Regiment drei Flugplätze vor, was vorrangig in den westlichen Gebieten der UdSSR durchgesetzt werden sollte.

Trotz des Einsatzes von 100 Baubataillonen blieb die Fertigstellung dieser Flugfelder weit hinter der Entwicklung der Fliegerkräfte zurück. Ende März 1941 entschied man, 25 000 Arbeiter aus dem Straßenbau zum Flugplatz auf die noch fertigzustellenden 251 Objekte zu verteilen.

## Der Plan »Barbarossa« läuft an

Bis zum Überfall auf die UdSSR am 22. Juni 1941 waren in den sowjetischen Luftstreitkräften 79 Fliegerdivisionen und fünf Brigaden aufgestellt. Weitere 25 Divisionen befanden sich in der Formierung und konnten bis zu diesem Zeitpunkt nicht eingegliedert werden.

Der Kampfwert vieler dieser Verbände war gemindert, weil sich das fliegende Personal in der Umschulung befand. In vielen Fällen war auch die Indienststellung neuer Kampfflugzeuge noch nicht vollzogen, und auf etlichen Flugplätzen fehlten spezifische Wartungs- und Instandsetzungsmittel sowie das Bodenpersonal.

Ein großer Teil der einsatzbereiten Maschinen, wie die Jagdflugzeuge I-152, I-16, I-153 und die Bomber TB-3, DB-3 und SB-2 sowie die Aufklärungs- und Verbindungsflugzeuge R-5 und U-2, waren veraltet. In den Frühjahrs- und Sommermonaten 1941 konnten 2739 moderne Flugzeuge zugeführt werden, darunter Jak-1, MiG-3, LaGG-3, Pe-2 und Il-2.

Auch die in Brigaden und selbständige Regimenter gegliederten Seefliegerkräfte hatten im Juni unter ihren 2581 einsatzfähigen Maschinen einen Großteil Jagdflugzeuge I-152 und I-153, dazu die veralteten Aufklärungsflugzeuge MBR-2 und KOR-2. Neue Flugzeugtypen wurden erst nach Kriegsausbruch zugeführt.

Diese Douglas C-47 (Werknummer 41-1860) der US Army Air Force wurde am 31. Januar 1943 von sowjetischen Piloten überflogen.

Ankunft der ersten sowjetischen Überführungspiloten an Bord einer Lisunov Li-2 in Abadan.

Die B-25C (Werknummer 41-12525) auf dem Werksgelände von North American in Inglewood gehörte zu den ersten in die UdSSR gelieferten Maschinen dieses Typs.

Im Morgengrauen des 22. Juni 1941 flogen Kampfflugzeuge der deutschen Luftwaffe ihre ersten Einsätze gegen Verkehrsknotenpunkte und Truppenansammlungen jenseits der Grenze zur UdSSR. Die deutschen Heeresverbände gingen in breiter Front von der Ostsee bis zu den Karpaten zum Angriff über. Der Plan »Barbarossa« lief an.

## Wende in der Zusammenarbeit

Noch am 22. Juni 1941 forderte der US-Außenminister Hull seinen Präsidenten auf, der UdSSR uneingeschränkt Hilfe zu gewähren. Einen Tag später nahm nach eingehender Beratung mit Präsident Roosevelt der stellvertretende Außenminister Wells erstmals zum Problem der »Rußlandhilfe« Stellung.

Obwohl die amerikanische Öffentlichkeit noch keine offizielle Stellungnahme ihrer Regierung zum Angriff Hitlers auf die Sowjetunion erfahren hatte, erwarteten nach einer Umfrage nur zwei Tage nach dem Überfall 72 Prozent der Amerikaner einen Sieg der Roten Armee über die deutschen Truppen. Erst mit der Veröffentlichung eines Notenwechsels zwischen den USA und der UdSSR durch Wells und den sowjetischen Botschafter Umanski Anfang August 1941 wurde die vom Präsidenten Roosevelt am 24. Juni 1941 erklärte Haltung offiziell.

Dennoch warnten viele, vor allem Konservative und Isolationisten, vor den Gefahren, die ein Sieg der Kommunisten für Amerika bedeuten würde. Auch bei den Demokraten war man dieser Ansicht und meinte, zunächst

Unmittelbar nach der Lieferung aus Großbritannien wurde diese Bell P-400 (britische Seriennummer AH 628) eingehend in Ramenskoe getestet.
Dabei flog die P-400 zunächst noch mit britischen Hoheitszeichen.

Interessanterweise trägt diese Supermarine Spitfire Mk. V die Hoheitszeichen auf der Tragflügeloberseite.

Bell P-400 auf einem Feldflugplatz im Winter 1942.

In einem Fliegerdepot im Raum Leningrad wurden Supermarine Spitfire Mk. IX zu zweisitzigen Trainern UTI umgebaut.

Eine von den Briten gelieferter Torpedobomber Handley Page Hampden bei der Einsatzvorbereitung. Der Torpedo trägt die Aufschrift »Für Kiselev«.

müsse deshalb den Briten alle Hilfe durch das Leih- und Pachtgesetz gewährt werden.

Als erste Maßnahme veranlaßte der amerikanische Präsident am 24. Juni 1941 die Freigabe sowjetischer Guthaben in den USA. Nur zwei Tage später erklärte das Weiße Haus, daß die Neutralitätsgesetze für die UdSSR nicht angewendet würden und somit Waffen aller Art geliefert werden könnten.

General Burns erhielt den Auftrag, eine neue Abteilung in der »Division of Defense Aid Reports« für die Lieferungen an die UdSSR zu schaffen. Bald lag eine erste Lieferliste vor, deren Güter noch nicht unter das Lend-Lease-Gesetz fielen. So wurden erstmals im Juli 1941 Waren im Wert von 6,6 Millionen Dollar an die UdSSR bereitgestellt. Darunter befanden sich auch Flugzeuge vom Typ Vought O-52.

Ende Juli 1941 schickte Präsident Roosevelt seinen politischen Berater Harry Hopkins nach Moskau. Dieser führte dort vom 30. Juli bis 1. August Gespräche zu beiderseits interessierende Fragen. Als wesentlichstes Ergebnis dieser Mission bemerkte Hopkins, die USA müsse »alles erdenkliche tun, um in den nächsten Wochen Material nach Rußland zu schicken«. Noch immer, trotz Aufhebung der Embargobestimmungen, waren führende Wirtschaftskreise Amerikas an einer Hilfe für die Sowjetunion wenig interessiert.

Am 2. August 1941 gab das State Department eine offizielle Erklärung zum Hopkins-Besuch in der UdSSR heraus, in der auf die Notwendigkeit einer Unterstützung hingewiesen wurde. Noch am gleichen Tag forderte Präsident Roosevelt Wayne S. Coy, den Beauftragten für die Hilfe an die Sowjetunion, auf, die Lieferungen umgehend zu beschleunigen.

Der vom Präsidenten auf Anraten seines Außenministers gebildete »Dreierausschuß«, seine Mitglieder waren Harry Hopkins, der britische Handelsbeauftragte Arthur Purvis und der sowjetische Botschafter in den USA K. A. Umanski, tagte ebenfalls am 2. August 1941. Hopkins, der noch in Moskau weilte, wurde von General Burns vertreten.

Botschafter Umanski, der bereits vom Auswärtigen Amt eine Note an die sowjetische Regierung entgegengenommen hatte, verwies nochmals auf die Dringlichkeit von Materiallieferungen. Im Ergebnis dieser Sitzung kam es unter anderem zur ersten Lieferung amerikanischer Jagdflugzeuge vom Typ Curtiss P-40 an die UdSSR. Kriegsminister Stinson, ein entschiedener Gegner jeder Hilfe an die Sowjetunion, mußte auf Weisung des Präsidenten umgehend 200 Flugzeuge aus seinem Bestand abgeben.

## Britische Unterstützung

In London wurde Churchill kurz nach Bekanntwerden des Angriffs auf die Sowjetunion informiert. Für einen Moment schien er erleichtert, wußte er doch, daß mit dem Schlag gegen »Rußland« die akute Gefahr für das britische Mutterland für die nächste Zeit gebannt war. Andererseits würde ein Sieg über die Sowjetunion in kurzer Zeit eine neue Gefahr heraufbeschwören.

Noch am Abend des gleichen Tages wandte sich der Premierminister an seine Landsleute. Er beschwor die Zusammenarbeit: »Jeder Mann oder Staat, welcher gegen den Faschismus kämpft, kann sich unserer Hilfe sicher sein. Aber jeder Mann oder Staat, der sich hinter Hitler stellt, ist unser Feind. Die Bedrohung der Sowjetunion ist auch unsere Bedrohung und jene der Vereinigten Staaten von Amerika. Aus diesen Gründen müssen wir mit vereinten Kräften kämpfen.«

Churchill sicherte zunächst zu, die Bombardierung deutscher Industriezentren zu forcieren und vermehrt auch Jagdflugzeuge zum Schutz der Bomberformationen zum Einsatz zu bringen. Damit sollte die deutsche Luftwaffe gezwungen werden, Flugzeuge und Flak aus der Ostfront zu lösen und zur Verteidigung des Reiches und der besetzten Westgebiete einzusetzen.

Als weitere Geste des guten Willens schlug er die Entsendung von Jagdfliegereinheiten der Royal Air Force in den Hohen Norden an die sowjetische Nordfront vor. Die Vorschläge wurden umgehend vom Leiter der britischen Militärmission in Moskau, General Mac Farlane, dem Volkskommissar für Auswärtige Angelegenheiten, Molotov, unterbreitet.

Sowjetische Militärs erörterten mit General Mac Farlane Einzelheiten des Einsatzes am Polarkreis. Die Briten bekamen Einblick in die Lage an diesem Frontabschnitt und erhielten Angaben über die Beschaffenheit der Landeplätze. Sorgfältig zusammengestelltes Kartenmaterial wurde der britischen Militärmission übergeben und sofort nach London weitergereicht.

Die gemeinsame Operation sah eine Unterstützung der sowjetischen Truppen im Raum Petsamo und Murmansk durch britische Jagdflieger vor. Damit wollte man drei Ziele erreichen: die gegnerische Luftwaffe niederhalten, die Gebirgsjäger am weiteren Vordringen hindern und einen sowjetischen Gegenschlag in die Flanke des Gegners unterstützen.

Obwohl sich der 1. Lord der Admiralität, Sir Dudley Pound, und der Oberbefehlshaber der

RAF, Sir Charles Portal, entschieden gegen die Entsendung einer britischen Expedition wandten, gab der Premierminister Anweisung zur Durchführung des Unternehmens und unterrichtete auch Stalin von seinem Entschluß.

Am 26. Juli 1941 begannen erste Vorbereitungen für den Einsatz einer Wing (Geschwader) mit zwei Squadrons (Staffeln) britischer Jagdflugzeuge vom Typ Hawker Hurricane. Der Transport dieser ersten Waffenhilfe verlief auf dem Seeweg.

Ein erster Konvoi mit dem Tarnnamen »Derwish« lief am 12. August 1941 aus dem Hafen Loch Ewe aus und transportierte einen Teil der Flugzeuge als Decksfracht auf dem nördlichen Seeweg nach Murmansk. Weitere 24 Maschinen der 151. Wing nahm der Flugzeugträger HMS »Argus« an Bord.

Nach dem 7. September 1941 griffen die britischen Piloten mit ihren Hurricane erstmals in das Kampfgeschehen an der sowjetischen Nordfront ein und kämpften dann einige Wochen an der Seite der Roten Flieger. Nach Einweisung sowjetischer Piloten auf die Hurricane wurden die Maschinen an die Rote Armee übergeben, und die britischen Flieger kehrten in ihre Heimat zurück.

Am 16. August 1941 ratifizierten Vertreter der britischen Regierung in Moskau ein Abkommen über die Lieferung von Kriegsmaterial. Man gewährte der Sowjetunion einen Kredit in Höhe von 10 Millionen Pfund bei einer Laufzeit von fünf Jahren und einem Tilgungszins von 3 Prozent. Bis Ende September 1941 erhielten die sowjetischen Luftstreitkräfte aus dieser Vereinbarung 450 Flugzeuge, meist Jagdmaschinen Hawker Hurricane.

## Das Abkommen in der Argenta-Bucht

Anfang August 1941 begab sich Premierminister Winston Churchill mit seinen politischen und militärischen Beratern an Bord von HMS »Prince of Wales«. Das Schlachtschiff nahm Kurs auf den Atlantik.

In der Argenta-Bucht vor der Küste Neufundlands traf der britische Flottenverband auf eine amerikanische Einheit, deren Flaggschiff der Kreuzer USS »Augusta« war. Dieser brachte den US-Präsidenten Roosevelt mit seinem Stab zur vereinbarten Atlantik-Konferenz, die vom 9. bis zum 12. August auf beiden Schiffen tagte. Das Konferenzergebnis war die Atlantikcharta, die die Entschlossenheit der USA und Großbritanniens bestätigte, gemeinsam gegen den Faschismus zu kämpfen und alles zu unternehmen, was für den

Sieg notwendig war. Die Atlantikcharta bedeutete eine wichtige rechtliche Grundlage für den Zusammenschluß möglichst vieler Länder im Kampf gegen Deutschland und die Achsenmächte.

Auf der Interalliiertenkonferenz am 24. September 1941 in London trat die UdSSR der Atlantikcharta bei. Diesen Schritt taten auch Australien, Neuseeland, Kanada, Südafrika und die Bewegung »Freies Frankreich«. Ebenso bekannten sich die Exilregierungen von Belgien, Griechenland, Jugoslawien, Luxemburg, der Niederlande, Norwegens, Polens und der Tschechoslowakei zu diesem Abkommen.

## Dreimächtekonferenz in Moskau

Die Regierung der UdSSR bemühte sich in der Folgezeit, auch mit den Exilregierungen der von Deutschland besetzten Länder diplomatische Beziehungen aufzunehmen. Das Außenministerium anerkannte mit Datum vom 27. September 1941 die Regierung des Nationalkomitees »Freies Frankreich«, die sich unter Führung von Charles de Gaulle in London gebildet hatte.

Von besonderer Bedeutung jedoch wurden die Beziehungen zwischen den drei Großmächten UdSSR, USA und Großbritannien. Eine Dreimächtekonferenz dieser Staaten tagte vom 29. September bis zum 1. Oktober 1941 im Volkskommissariat für Auswärtige Angelegenheiten in Moskau. Im Mittelpunkt dieser Beratungen standen ein Bericht zur Lage sowie weitere Bemühungen um gegenseitigen Beistand und die Lieferung von Kriegsmaterial sowie Rohstoffen.

Die amerikanische Delegation wurde von Averell Harriman geleitet. Ihm zur Seite standen General Chaney, der für die Versorgung mit Flugzeugen verantwortlich zeichnete, und der Militärattaché der USA in der Sowjetunion Oberst Faymonville. Lord Beaverbrook, ein persönlicher Vertrauter des Premierministers, leitete die britische Abordnung, zu der auch Harold Balfour als Flugzeugexperte gehörte. Den Vertretern der Sowjetregierung unter Leitung des Außenministers Molotov standen unter anderem Litvinov als Chefdolmetscher und der Konstrukteur General Jakovlev als Flugzeugsachverständiger zur Seite.

Zu dieser Konferenz schrieb Jakovlev in seinen Memoiren unter anderem: »Die Amerikaner boten uns bei diesen Verhandlungen nichts Konkretes an — weder Flugzeuge, noch Motoren, noch Flugzeugbewaffnung. Sie frag-

ten uns vielmehr aus, was wir in Zukunft benötigen würden. Die Engländer waren nicht abgeneigt, uns« weiterhin »mit Hurricane-Jägern zu versorgen, die sie damals selbst schon nicht mehr verwenden wollten. Diese Hurricane konnten es unmöglich mit Messerschmitts aufnehmen. Als wir ein modernes Jagdflugzeug, die Spitfire erwähnten, erklärte Balfour, die Spitfire sei noch auf der Geheimliste, die dürfe nicht exportiert werden. Wir konnten also praktisch nichts vereinbaren. Es war uns klar: Wenn die Alliierten uns auch irgendeine Hilfe würden zukommen lassen, so erst später. Dies aber bedeutete damals, die Evakuierung gut organisiert und mit möglichst geringem Schaden für die Flugzeugproduktion durchzuführen.«

Am 1. Oktober 1941 wurde das erste vertrauliche Protokoll zwischen der UdSSR, den USA und Großbritannien durch Molotov, Harriman und Beaverbrook unterschrieben. Dem Protokoll war eine Liste beigefügt, aus der das Material, das aus amerikanischer und britischer Produktion bis zum Sommer 1942 geliefert werden sollte, ersichtlich war.

Damit erklärten sich die Bündnispartner gegenüber der Sowjetunion unter anderem bereit, 400 Flugzeuge (200 USA, 200 Großbritannien) und 500 Panzer (250 USA und 250 Großbritannien) je Monat zu liefern. Insgesamt wurde eine Warenlieferung in Höhe von 1 Milliarde Dollar vereinbart. Fast fünf Monate nach dem faschistischen Überfall auf die Sowjetunion wurde so eine Waffenhilfe durch die USA möglich.

Ende Oktober erhielt Stalin die Mitteilung des amerikanischen Präsidenten, daß der Kongreß die vereinbarte Hilfe gebilligt habe. Am 4. November 1941 schrieb Stalin an Roosevelt seinen Dank im Namen des sowjetischen Volkes. Die Sowjetregierung hatte sich inzwischen mit den ausgehandelten Bedingungen einverstanden erklärt. Das amerikanische Volk erfuhr wenige Tage später von der Einbeziehung der UdSSR in das Leih- und Pachtgesetz durch die Veröffentlichung des Notenwechsels zwischen Moskau und Washington.

Insgesamt wurden vier Protokolle über Waffenlieferungen der USA an die UdSSR ausgefertigt: Das erste galt vom 1. Oktober 1941 bis 30. Juni 1942, das zweite vom 1. Juli 1942 bis 30. Juni 1943, das dritte vom 1. Juli 1943 bis 30. Juni 1944 und das vierte vom 1. Juli 1944 bis 12. Mai 1945.

Churchill teilte Stalin am 6. Oktober 1941 in einem Telegramm mit, daß Großbritannien beabsichtige, einen Zyklus von Geleiten einzurichten, die in zehntägigem Abstand auslaufen und Waffen in die UdSSR transportieren

Startvorbereitungen für eine Hawker Hurricane des 151. Wing in Murmansk.

Hawker Hurricane einer sowjetischen Fliegereinheit werden am Platzrand abgestellt.

Piloten der 81. Squadron vor ihrem Kommandostand an der sowjetischen Nordfront.

Britische Hawker Hurricane IIB auf dem Flugplatz von Murmansk.

Eine Curtiss P-40M des 191. Fliegerregiments der Roten Armee.

Ein weiterer Abschuß wird durch einen kleinen Stern gekennzeichnet.

Einsatzbesprechung sowjetischer Besatzungen vor einer A-20B.
Die weiße Nummer »815« steht für die 815. bei Douglas in Long Beach
gebaute Maschine dieses Typs.

Lieutenant Thompson Highfill mit sowjetischen Waffengefährten.
Die Bell P-39 Airacobra im Hintergrund trägt bereits neun
Abschußmarkierungen.

Douglas A-20G auf dem Flugplatz Tula im Winter 1944/45. Der rote
Stern auf dem Seitenleitwerk wurde nachträglich angebracht.

Eine für die Briten vorgesehene aber an die UdSSR gelieferte Boston III
(Seriennummer AL 420) fiel im Kubangebiet in deutsche Hände.
Die Boston III entsprach der Douglas A-20C.

Die B-17 »Polarstern« mit Brigadegeneral Kessler und seiner Besatzung
in Poltava.

Sowjetische Flieger nutzen die Kampfpause zu einem Schachspiel.

sollten. Zu diesem Zeitpunkt war bereits ein Geleitzug unterwegs (P.Q.1), der am 11. Oktober 1941 mit zehn Schiffen ohne Verlust Archangelsk erreichte. Zur Fracht gehörten auch 193 Jagdflugzeuge.

Die britische Admiralität hatte inzwischen Commodore P.Q. Roberts mit der Planung und Durchführung von Geleiten beauftragt. Die Initialen seiner Vornamen wurden zu Kennbuchstaben für die Geleite, denen man eine laufende Nummer als Zähler beifügte. Mit P.Q. kennzeichnete man alle Geleite, die nach Osten liefen. Nach dem Westen zurücklaufende Schiffsverbände erhielten das umgekehrte Kennzeichen Q.P.

Im Dezember 1942 befehligte Kapitän R. Sherbrooke an Bord des Zerstörers HMS »Onslow« den in Richtung Murmansk laufenden Geleitzug J.W. 51. Damit begann, wohl auch aus taktischen Gründen, eine neue Zählweise. Als Kennbuchstaben galten von nun an J.W. für Geleite in die UdSSR und R.A. für alle zurücklaufenden Schiffsverbände. Die neue Zählweise startete mit der 51. Die letzte Passage bestand im Jahre 1945 aus den Geleiten J.W. 67 und R.A. 67.

## Die antifaschistische Koalition

Bis zum 1. Januar 1942 hatten 26 Staaten die Deklaration über den gemeinsamen Kampf gegen die Mitglieder des Dreimächtepaktes Deutschland, Italien und Japan sowie deren verbündete Staaten unterzeichnet. Damit gehörten sie zur antifaschistischen Koalition.

Bald schon zeigte sich, daß der Zusammenschluß zur Antihitlerkoalition das Kräfteverhältnis in der Welt in die richtige Richtung veränderte. Insgesamt verfügten diese 26 Staaten nicht nur über weit mehr Menschen, sie besaßen auch die größeren materiellen Ressourcen gegenüber den Achsenmächten.

Während des Winters 1941/42 hatten die Regierungschefs der Großmächte UdSSR, USA und Großbritannien Briefe ausgetauscht, in denen sie eingehend die Lage analysierten und die Probleme des Zusammenwirkens bei den weiteren Kriegsanstrengungen eingehend behandelten.

Die Forderung der UdSSR richtete sich auf einen Vertrag der gemeinsamen Kriegführung. Die Vereinigten Staaten und Großbritannien dagegen forderten vorrangig, Verfahrensfragen zu klären, um so vom sowjetischen Anliegen abzulenken.

Obwohl Churchill und sein Kabinett, ebenso wie die Politiker im Weißen Haus, die Abmachungen verzögerten, beharrte die Politik

der Sowjetunion auf der Notwendigkeit des gemeinsamen Kampfes. Eine der wichtigsten Fragen dieser Tage war die Errichtung einer zweiten Front im Westen Europas.

## Die Lage an der Ostfront

Im Winter 1941/42 hatte die deutsche Wehrmacht eine erste Niederlage an der sowjetisch-deutschen Front erlitten. Im Frühjahr 1942 zog das Oberkommando der Wehrmacht weiter Truppen aus den besetzten Ländern im Norden, Westen und Süden Europas ab und verlegte diese an die Ostfront.

Abwartend beobachteten die Westmächte diese Vorbereitungen auf einen neuen Feldzug zur Unterjochung der sowjetischen Völker — vielleicht zahlte sich eine erneute Zurückhaltung aus.

Nach dem Fiasko des Blitzkrieges im Winter 1941/42 hatten sich die deutschen Armeen in ihren Ausgangsräumen neu formiert. Erklärte Absicht war, den Siegeszug nach Osten noch vor einer möglichen Landung anglo-amerikanischer Truppen im Westen zu beenden.

Die Kampfhandlungen im Frühjahr und Sommer 1942 wurden vor allem im Südabschnitt der Front vorangetragen. Während die Heeresgruppe A gegen den Kaukasus vorrückte, stieß die Heeresgruppe B bis an den Don und schließlich sogar bis zur Volga bei Stalingrad vor.

Die Kampfhandlungen zogen sich bis in den Herbst hin, und Furcht vor dem nahenden Winter breitete sich wieder aus. Am 14. Oktober 1942 befahl das Oberkommando der Wehrmacht erneut den Stellungskrieg. Dazu sollten die erreichten Abschnitte ausgebaut und über den Winter hin gehalten werden. Hitler und seine Generale erkannten dabei nicht, daß sich die Streitkräfte der Roten Armee umzugruppieren begannen. Die sowjetische Führung arbeitete an einer Gegenoffensive.

Große Anstrengungen in der Volkswirtschaft der UdSSR hatten das Verteidigungspotential der sowjetischen Streitkräfte rasch verbessert. Das Kräfteverhältnis zeigte bereits ein leichtes Übergewicht bei Panzern und Geschützen. Auch die Fliegerkräfte konnten mehr und mehr mit neuen Jagdflugzeugen ausgerüstet werden. Dabei war die Zuführung von Flugzeugen aus dem Lend-Lease-Abkommen eine Hilfe, wenn auch zu keiner Zeit der wirkliche Bedarf der fliegenden Verbände erfüllt werden konnte.

In den Flugzeugwerken der Sowjetunion hatten Konstrukteure und Flugzeugbauer im Verlaufe des Jahres 1942 weitere Verbesse-

rungen der taktisch-technischen Leistungen ihrer Produkte erreicht. Das zeigte sich in einer verstärkten Feuerkraft bei den Schlachtflugzeugen Iljušin Il-2 und den erhöhten Flugleistungen der Jagdflugzeugtypen Lavočkin La-5 und Jakovlev Jak-9.

Die Flugzeugproduktion war vor allem in den Werken No. 18, 21, 26 und 153 konzentriert, die nach der Verlegung in die östlichen Regionen so weit ausgebaut waren, daß sie ihre volle Kapazität erreichten.

Im Zeitraum November bis Dezember 1942 begann die Gegenoffensive mit der Schlacht an der Volga. Ende Januar 1943 kapitulierte die 6. Armee vor Stalingrad. Die Rote Armee hatte eine der stärksten deutschen Kräftegruppierungen vernichtend geschlagen.

## Das erste Kriegsjahr in den USA

Die Vereinigten Staaten von Amerika verfügten 1942 über ein wichtiges kriegswirtschaftliches Potential: ihre Industrie. Das Nationaleinkommen betrug zu dieser Zeit fast 140 Milliarden Dollar.

Bereits am 6. Januar 1942 hatte Präsident Roosevelt in einer Botschaft an den amerikanischen Kongreß sein Siegesprogramm verkündet, das für 1942 unter anderem den Bau von 60 000 Flugzeugen vorsah.

Zum Ende des Jahres 1942 konnte man den Übergang zur Kriegsproduktion in den USA im wesentlichen als abgeschlossen betrachten. Dabei stieg allein die Flugzeugproduktion gegenüber dem Vorjahr auf 250 Prozent. In Zahlen bedeutete das den Bau von 24 864 Kampfflugzeugen, darunter 12 627 Bomber und 10 769 Jagdflugzeuge.

Darüber hinaus fertigten die Flugzeugwerke im gleichen Zeitraum 1984 Transportflugzeuge, 3174 Kuriermaschinen und 17 814 Schulflugzeuge für die fliegerische Ausbildung. Obwohl damit die Zielstellung des Präsidenten längst nicht erreicht wurde, konnte doch eine beträchtliche Anzahl neuer Flugzeuge den Fronten zugeführt werden.

Bei schwierigen Wetterbedingungen machte diese Douglas A-20G (Werknummer 42-53 726) kurz nach dem Abheben Bruch.

Eine Douglas A-20C beim Start an der Karelischen Front.

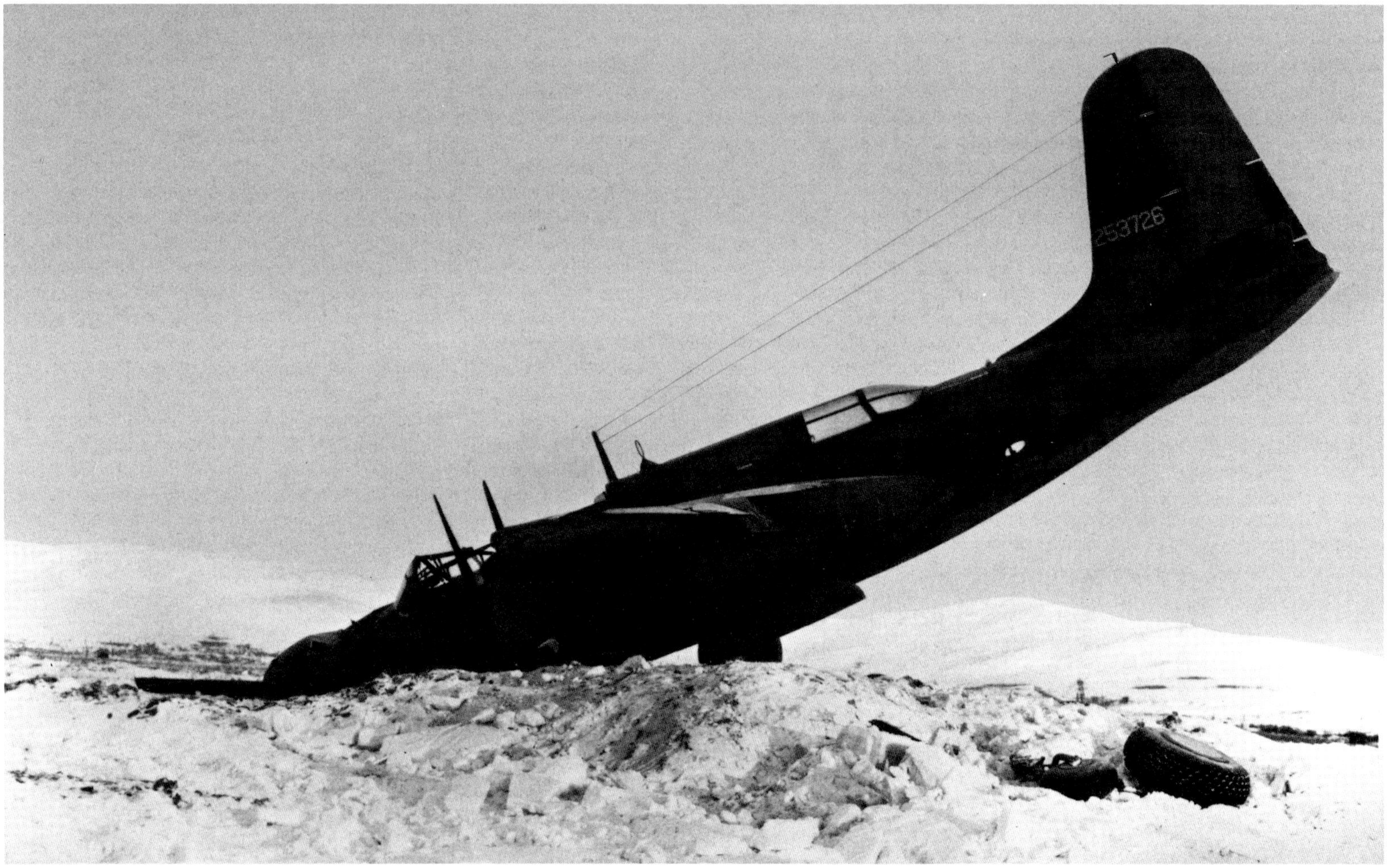
253726

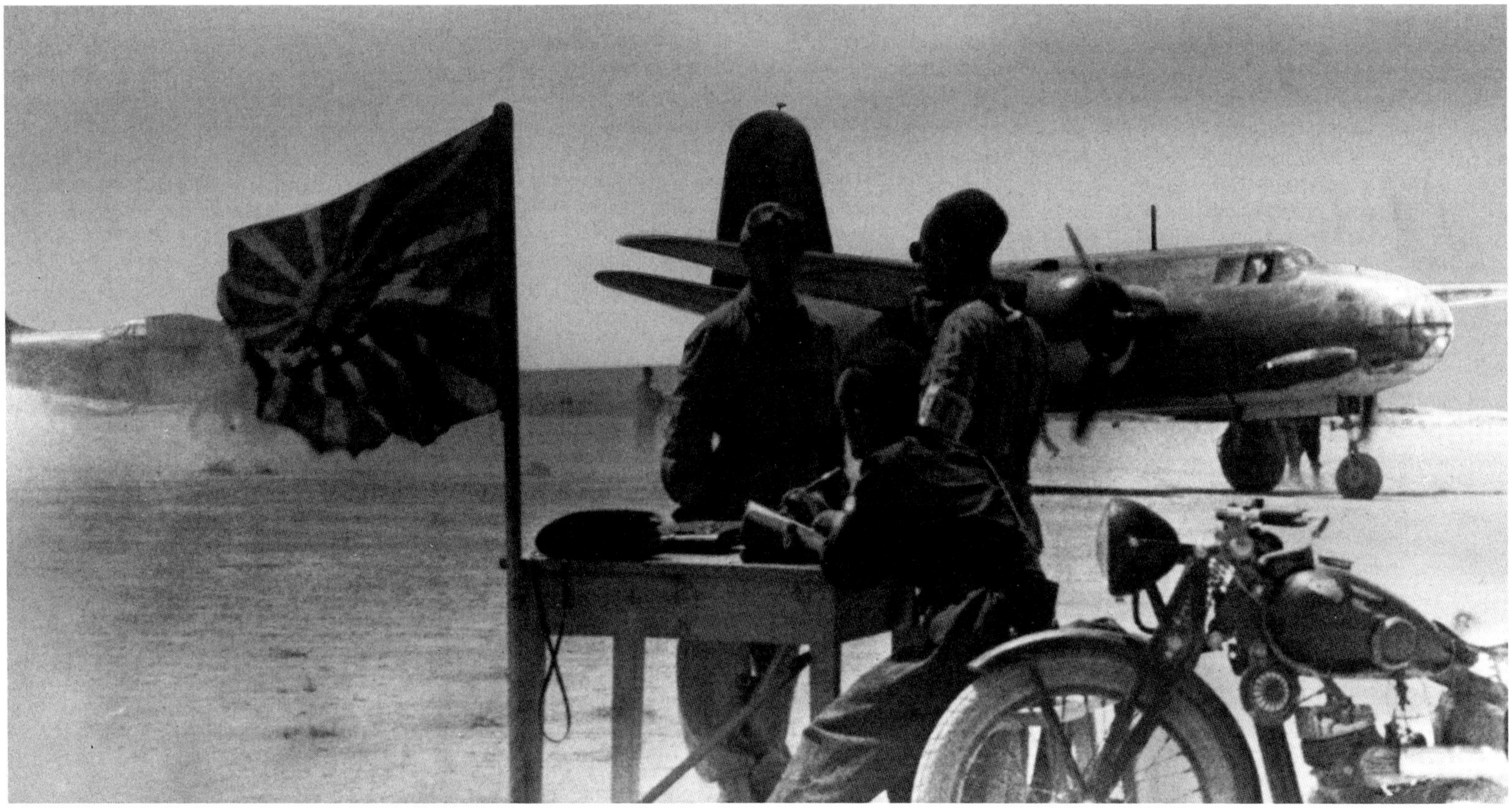

Bis Ende 1942 waren 36 Staaten in das Leih- und Pachtsystem einbezogen. 19,3 Prozent der Jahresliefermenge gelangten in die UdSSR. Das waren Kriegsgerät und andere Güter im Wert von 1351,9 Millionen Dollar. Neben Waffen, strategischen Rohstoffen, Lebensmitteln und Ausrüstungen wurden 2505 Flugzeuge geliefert.

Dazu sei angemerkt, daß durch Einwirkung gegnerischer U-Boote und Flugzeuge das Transportsystem in die UdSSR immer wieder gestört wurde. Nach Richard C. Lukas gelangten in diesem Jahr nur etwa 1550 bis 1650 Flugzeuge aus den USA in die Sowjetunion. Ein ähnliches Verhältnis ergab sich auch bei den anderen gelieferten Gütern.

## Casablanca

Im Januar 1943 hatten die Westmächte während einer separaten Konferenz in Casablanca beschlossen, ihre Kräfte auf den Kriegsschauplatz Mittelmeer zu konzentrieren, obwohl die verbündete Sowjetunion die Bildung der zweiten Front im Westen für dringend erforderlich hielt. Roosevelt und Churchill bekräftigten im Frühjahr 1943 ihre Absicht, eine zweite Front zu eröffnen, bezogen sich aber auf die Abmachungen der Casablanca-Konferenz.

Der Chef des Stabes der US-Streitkräfte, Admiral William D. Leahy, erklärte in Washington, daß der Plan einer Invasion in Frankreich im Jahre 1943 zugunsten von Angriffen auf Schwerpunkte im Mittelmeer, wie beispielsweise Sizilien, zurückgestellt wurde. Dieser Beschluß war für die westliche Kriegführung zudem Anlaß, die Versorgung der Sowjetunion über die Nordmeerhäfen einzustellen. Man begründete es damit, alle verfügbaren Hochseeinheiten für die Sicherstellung der Mittelmeeroperationen zu benötigen.

Am 30. März 1943 informierte Churchill Stalin über den gemeinsam mit den USA gefaßten Entschluß, die Lieferungen über den nördlichen Seeweg zu unterbrechen. Eine Wiederaufnahme machte er auch von der Lage im Nordatlantik abhängig, wo eine Verstärkung der dort operierenden deutschen Flotteneinheiten erwartet wurde.

Auf einer weiteren Beratung in Washington im Mai 1943 bekräftigten die Stabschefs der Westmächte mit ihren führenden Militärs nochmals die Absicht, alle Kräfte auf das Mittelmeer zu konzentrieren. Die Eröffnung der zweiten Front im Westen Europas, die geplante Operation »Overlord«, wurde zunächst auf das Frühjahr 1944 verschoben.

Die anglo-amerikanischen Beschlüsse machten auch eine Neuorientierung der deutschen Abwehr im Nahen Osten erforderlich. Schwerpunkte der Diversionstätigkeit waren nunmehr Anschläge gegen die Transiranische Eisenbahn, um mögliche Lieferungen aus dem Leih- und Pachtabkommen an die UdSSR zu stören.

## Erstarken der sowjetischen Position

Nach den ersten Kriegsmonaten ergaben sich für die Marine- und Fliegerkräfte der sowjetischen Front im Hohen Norden neue Aufgaben zur Gewährleistung des Schutzes der eigenen und der Störung gegnerischer Schiffsverbindungswege. Zudem galt es, die Küsten vor Angriffen von See und Land zu decken. Das traf insbesondere für die Fliegerkräfte zu, die vor allem mit Staffeln von Torpedobombern, Jagd- und Aufklärungsflugzeugen laufend verstärkt wurden.

Das Oberkommando der deutschen Kriegsmarine hatte bis zum März 1943 die im Norden stationierten Flotteneinheiten und die Luftwaffe ihre Torpedofliegerverbände, Bomber und Seeaufklärer gegen die alliierten Geleitzüge und zur Deckung eigener Handlungen eingesetzt. Obwohl die westlichen Verbündeten ab Frühjahr 1943 zunächst keine Geleitzüge über die Nordroute entsandten, hielt es das deutsche Oberkommando für völlig ausgeschlossen, daß die Alliierten ihre Fahrten über die günstige Nordverbindung einstellen würden. So verblieben die deutschen U-Boote auch über den Sommer auf ihren Positionen zwischen Spitzbergen und der südlichen Eisgrenze.

Während der Schiffahrtsperiode nutzten 796 sowjetische Transportschiffe in 432 Geleiten die Möglichkeit, Personen, Fahrzeuge, Lebensmittel sowie Kohle und Baustoffe auf den Binnenwegen zwischen Barentssee, Weißem Meer und Karasee zu transportieren. Zu gleicher Zeit entwickelte die gegnerische Luftwaffe große Aktivitäten. Der Anbruch des Polartages erleichterte die Einsätze erheblich. Die deutschen Flugplätze lagen nur 90 bis 400 km von der Frontlinie entfernt.

Für die Rote Armee bedeutete das, die Luftabwehr der Flottenbasen zu verstärken. Bis zum Jahresende hatten die sowjetischen Seefliegerkräfte der Nordflotte und die 7. Luftarmee der Karelischen Front im gesamten Nordabschnitt die Luftherrschaft errungen.

Die USA und Großbritannien hatten ihre Verpflichtungen zur Errichtung einer zweiten

Front im Jahre 1943 nicht eingehalten. Die Amerikaner drängten immer mehr in eine Führungsrolle bei der Entscheidung politischer und strategischer Pläne. Sie glaubten dazu berechtigt zu sein, da ihr wirtschaftliches und militärisches Potential ständig wuchs.

Dies wiederum förderte das Bestreben der Briten, die Zusammenarbeit mit den USA zu erweitern. Beweis dafür ist unter anderem das am 19. August 1943 in Quebec (Kanada) unterzeichnete Geheimabkommen über die Zusammenarbeit bei der Entwicklung der Atombombe.

Es bestand nun die Möglichkeit, daß die Hilfeleistungen an die UdSSR vernachlässigt werden könnten. Doch die bedeutenden Siege der Roten Armee im Sommer und Herbst 1943 verfehlten ihre Wirkung nicht; das Weiße Haus rang sich durch, weitere Lieferungen nicht von neuen Bedingungen abhängig zu machen.

Das dritte Protokoll über die Lieferungen, das am 19. Oktober 1943 in London unterzeichnet wurde, basierte auf den Festlegungen aus dem Jahre 1941.

Im Jahre 1943 war nach Angaben des Auswärtigen Amtes in Washington die Masse der Lieferungen auf 4,79 gegenüber 2,45 Millionen Tonnen im Jahre 1942 gestiegen. Die Transporte verliefen zu dieser Zeit vorrangig über den Fernen Osten und den Iran. Demgegenüber gingen 1943 die britischen Lieferungen im Vergleich zum Vorjahr um $2/3$ zurück. Wie im dritten Protokoll festgelegt, übernahm nunmehr Kanada die britischen Lieferverpflichtungen an die UdSSR.

## Außenministerkonferenz in Moskau

Zur Abstimmung wichtiger Entscheidungen über die weitere Kriegführung gegen Deutschland und zur gemeinsamen Haltung in einigen internationalen Fragen tagte vom 19. bis zum 31. Oktober 1943 in Moskau die Konferenz der Außenminister der UdSSR, der USA und Großbritanniens sowie weiterer Staaten der Antihitlerkoalition. Eine »Deklaration der vier Staaten über die allgemeine Sicherheit« (UdSSR, USA, Großbritannien und China) wurde beraten und verabschiedet. Die Teilnehmerstaaten einigten sich vor allem auf eine notwendige bedingungslose Kapitulation Deutschlands.

Neben diesen wichtigen Entscheidungen wurden weitere allseitig interessierende Fragen behandelt. Von westlicher Seite wurde die Bereitstellung sowjetischer Flugplätze für amerikanische und britische Flugzeuge ge-

Consolidated PBN-1 Nomad auf
einer Basis an der sowjetischen Küste
(Fotos oben).

North American B-25C während der
Erprobung bei den sowjetischen
Luftstreitkräften in Ramenskoe.
Zusätzliche Hoheitszeichen
hat man auf rechtem Tragflügel
und Seitenleitwerk angebracht.

wünscht. Das war eine Voraussetzung für das »Shuttle Bombing« (Pendelflug-Bombardement) gegen die deutsche Industrie.

Es war vorgesehen, daß Verbände von ihren westlichen Basen starten, über Deutschland ihre Bomben abwerfen und in die Sowjetunion fliegen, dort zwischenlanden und, neu betankt und bewaffnet, wieder über Deutschland zurückfliegen sollten. Mit diesem »Pendeln« konnte die Anzahl der Angriffe aufgrund kürzerer Anflugwege erhöht werden.

Die Sowjetregierung stellte in der Folgezeit den inzwischen wieder zurückeroberten Flugplatz Poltava zur Verfügung. Am 2. Juni 1944 begannen die Pendelflüge von Großbritannien und Italien aus in die UdSSR.

Die deutsche Luftaufklärung konnte bald darauf die amerikanischen Bombenflugzeuge in Poltava ausmachen. Während eines Luftangriffs des IV. Fliegerkorps wurden am 21. Juni 1944 47 amerikanische Bomber zerstört. Diese Aktion führte zur Einstellung der neuen Taktik des Bomberkommandos.

## Der Krieg zur See und die Geleite

Über die Sommermonate des Jahres 1943 drängte die Sowjetregierung die USA und Großbritannien, den Geleitverkehr über den nördlichen Seeweg wieder aufzunehmen. Doch erst zum Herbst wurden die ersten neuen Geleite angekündigt.

Im Zeitraum von November bis Dezember 1943 liefen vier anglo-amerikanische Geleitzüge in Archangelsk und Murmansk mit insgesamt 70 Transportschiffen ein. Im gleichen Zeitraum verließen 52 Schiffe in ebenfalls vier Geleiten die sowjetischen Nordmeerhäfen zur Rückreise. Dabei verhinderten die Marine- und Fliegerkräfte im Norden, daß auch nur eines dieser Schiffe versenkt werden konnte.

Ebenfalls ohne Erfolg blieben die Kampfhandlungen der deutschen U-Boote im Bereich der Bäreninsel. Nur zwei U-Boote konnten die allierten Schiffe ausmachen, aber keine Treffer erzielen.

Bis zum Ende des Jahres 1943 hatte die deutsche Kriegsmarine eine bedeutende Konzentration von Kampfschiffen im nördlichen Seebereich vollzogen. Die Operationen wurden hauptsächlich von Basen in Nordnorwegen aus geführt.

Neben den Schlachtschiffen »Tirpitz« und »Scharnhorst« fuhren in diesem Gebiet 14 Torpedoboote und Zerstörer, mehr als 50 kleinere Einheiten mit Wach- und Räumaufgaben sowie eine Schnellbootflottille. Das Oberkom-

mando der Kriegsmarine verfügte weiterhin in diesem Bereich über 20 U-Boote, die ebenfalls gegen Geleitzüge eingesetzt waren.

Die Luftwaffe flog ihre Angriffe mit mehr als 200 Kampfflugzeugen, vor allem Torpedobomber und Seeaufklärer. Um deren Einsätze zu intensivieren, setzte man oft überraschend neue Waffen und Techniken ein. Dazu zählten akustische Torpedos und verbesserte Funkmeßverfahren.

Ab Herbst 1943 hatten die Westmächte begonnen, ihre Seetransporte neu zu organisieren. Nun lief ein großer Teil der Geleitzüge von Großbritannien in die UdSSR, ohne Häfen in Island zu nutzen. Die bisherige Praxis, die Transporte nur bis zu der Küste Norwegens durch Kampfschiffe zu sichern, wurde aufgegeben, und die Begleitschiffe versahen nun ihre Sicherungsaufgaben bis hinein in die Kola-Bucht.

Dieser Entscheidung lag die Erkenntnis des allierten Marinekommandos zugrunde, daß die gegnerischen Kräfte wesentlich geschwächt waren. Die Kampfstärke der Begleitschiffe hatte sich zudem durch den Einsatz großer Überwassereinheiten, vor allem Flugzeugträger, erhöht. Außerdem kamen auf den über 3000 US-Frachtern und den 245 Transportschiffen anderer Staaten der Antihitlerkoalition Schiffsgeschütze und Fla-Waffen zum Einsatz.

Demzufolge endete ein Überfall deutscher Überwassereinheiten im Dezember 1943 im britischen Überwachungsbereich mit einem Fiasko. Dabei versenkten britische Kampfschiffe am 26. Dezember 1943 das deutsche Schlachtschiff »Scharnhorst«.

Gegen Ende des Jahres 1943 wirkten sich auch die Weisungen zur Verstärkung der sowjetischen Nordflotte aus. So wuchs der Bestand der Torpedofliegergeschwader und Schlachtfliegereinheiten zum Jahresbeginn 1944 auf 353 Maschinen. 23 U-Boote der Nordflotte sicherten die Schiffahrtswege. Sie wurden durch Überwassereinheiten, bestehend aus neun Zerstörern, 20 Küstenschutzschiffen, 63 U-Bootjägern, 13 Torpedoschnellbooten und mehr als 70 Minenleg- und -räumschiffen, unterstützt.

Die Luftabwehr rings um die Kola-Bucht und um die Seehäfen wurde besser mit der Flotte koordiniert. Dabei hatte das Oberkommando der Streitkräfte zeitweise zwei Fliegerdivisionen zur Geleitsicherung befohlen.

Ein wesentlicher Fortschritt war auch die sich ständig verbessernde Abstimmung des sowjetischen Flottenkommandos mit der britischen Marinekommission.

Umfangreiche Mittel und eine straffe Organisation machten sich erforderlich, um die

Liegezeiten der Schiffe zu verkürzen. Die Transportmittel sollten schneller für neue Transporte verfügbar sein. Und das bedeutete auch, die Versorgung für die begleitenden Kampfschiffe zu verbessern.

Als sich Anfang April 1944 über 100 Schiffe der Geleitzüge J.W. 57 und J.W. 58 in der Kola-Bucht befanden, konnten diese Dank der guten Sicherung ohne Zwischenfälle abgefertigt werden. Der gegnerischen Luftwaffe gelang es zu dieser Zeit nicht mehr, in den Luftraum über der Kola-Bucht einzudringen.

Der Befehlshaber der deutschen U-Boote, Admiral Dönitz, hatte inzwischen eine veränderte Taktik befohlen, die einen Angriff in Rudeln vorsah. Seitens der U-Boote forderte man eine verbesserte Luftunterstützung, die aber Görings Luftwaffe nicht mehr realisieren konnte.

In der Zeit von November 1943 bis zum April 1944 erreichten 191 Transportschiffe Murmansk und Archangelsk. Im gleichen Zeitraum liefen 201 Schiffe in Richtung West aus den nördlichen Seehäfen. Die deutschen U-Boote konnten davon nur drei Schiffe versenken.

Mit Anbruch des Polartages 1944 richteten die Fliegerkräfte der Roten Armee mehr und mehr ihre Angriffe gegen die gegnerischen Schiffseinheiten, die Versorgungsaufgaben für ihre Truppe lösten. Neben Waffen, Munition und Verpflegung transportierten sie wichtige Rohstoffe aus Nordnorwegen nach Deutschland, die für die Rüstung zu dieser Zeit von besonderer Bedeutung waren.

Der Umfang der Transporte von den USA nach Kanada und Großbritannien hatte Anfang 1944 stark zugenommen. Auf den verschiedenen Seewegen verkehrten täglich bis zu 1000 Einheiten, die in mehr als 20 Geleiten liefen. Diese strategischen Transporte dienten der ständigen Lieferung von Kriegsmaterial, vor allem Waffen, Munition und Gerät.

Einen wesentlichen Anteil an der Deckung dieser Schiffsbewegungen hatten die Fliegereinheiten der Costal Commands (Küstenkommandos) in den USA, Kanada und Großbritannien. Allein das britische Costal Command verfügte im Januar 1944 über 579 Flugzeuge zum Schutz von Geleiten.

In zunehmendem Maße kamen kleinere Geleitträger zum Einsatz, auf denen sich in der Regel bis zu zwölf bordgestützte Jagdflugzeuge und neun bordgestützte Torpedoflugzeuge befanden.

Auch im Bereich Atlantik versuchte die deutsche Kriegsmarine, durch Einsatz von U-Booten in sogenannten Wolfsrudeln den Geleitverkehr zu stören. Die aus etwa sechs bis 20 Booten bestehenden Gruppen wurden

Die Douglas A-20K-DO (44-550) wird in Edmonton (Kanada) zur Überführung vorbereitet. Zur Reichweitenvergrößerung wurde jeder Maschine ein Zusatztank unter den Rumpf montiert.

Bell P-39Q eines Garderegiments auf der Basis Poltava. Das Gardeabzeichen ist an der Tür zu erkennen. Im Hintergrund landet eine Boeing B-17G der 97. Bombergruppe.

Sowjetische Piloten bei der Übernahme einer North American AT-6G in Ladd Field (Alaska).

Das bekannteste unter den amerikanischen Bombenflugzeugen im zweiten Weltkrieg war zweifellos die Boeing B-17 »Fliegende Festung«. Die hier gezeigte B-17G-VE beim Einfliegen durch einen Werkpiloten hatte mit fast 8 t Bombenlast eine Reichweite von 5200 km. Obwohl im März 1942 die sowjetischen Fernfliegerkräfte neu gebildet wurden, konnte die Strukturänderung das fehlende Potential an Langstreckenbombern nicht kaschieren. Die sowjetische Führung erkannte diesen Mangel, und Stalin forderte immer wieder vom Bündnispartner USA, die Lieferung von »fliegenden Festungen«. Aufgrund des hohen Elgenbedarfs der Amerikaner erfolgten keine Lieferungen an die UdSSR.

durch den Befehlshaber U-Boote des Oberkommandos der Kriegsmarine über Funk geführt. Mit ständigen taktischen Umgruppierungen versuchte man, Erfolge zu erringen.

Da den im Atlantik operierenden U-Booten eine gezielte Luftaufklärung fehlte, mußten sie bei Überwasserfahrt aufklären. Dadurch begünstigt, wurden die Boote oft lange vor einem Angriff durch Funkmeßmittel der Geleite erfaßt, und ihre Angriffe konnten wirksam abgewehrt werden.

## Bis zur Eröffnung der zweiten Front

Im Zeitraum Januar bis März 1944 operierten acht deutsche U-Boot-Gruppen mit fast 100 Einheiten im Seegebiet westlich von Irland. Sie waren auf die zu diesem Zeitraum auf den Weg gebrachten 105 alliierten Geleite mit 3360 Schiffen angesetzt, von denen sie nur drei Schiffe versenken konnten und dabei selbst 36 U-Boote verloren. Statistisch betrachtet, kostete also ein versenktes Schiff der Alliierten der deutschen Kriegsmarine zwölf U-Boote.

Ob der großen Verluste nahm Dönitz im März 1944 seine U-Boote aus dem Atlantik zurück. Nur 17 Boote, die noch voll aufmunitioniert waren, verblieben, einzeln operierend, im Seegebiet zwischen Irland und Neufundland. Bei einem Verlust von zwei Transportern konnten wiederum sieben dieser U-Boote versenkt werden. Obwohl die deutschen Einheiten schon merkbar geschwächt waren, erforderten doch ihre Operationen beträchtliche Flotten- und Fliegerkräfte der alliierten Seite,

um den Gegner aufzuspüren und zu bekämpfen.

Aufmerksam verfolgten die Westmächte die Kampfhandlungen der sowjetischen Armeen. An verschiedenen Abschnitten der sowjetisch-deutschen Front hatte die Rote Armee den Okkupanten große Verluste beibringen und dabei die deutschen Truppen aus weiten Räumen des Landes vertreiben können.

So hatten die USA und Großbritannien bereits etwa ab Herbst 1943 kaum mehr etwas von Deutschland zu befürchten. Dennoch verzögerten sie immer noch die Bildung einer zweiten Front.

Sie begannen vielmehr, ihre eigenen Streitkräfte auf den pazifischen Raum zu konzentrieren. Noch vor Jahresende verlegten die Amerikaner vier Divisionen und eine große Anzahl von Spezialtruppen und Fliegereinheiten nach Südostasien. Dadurch verdoppelte sich fast ihre Militärpräsenz in diesem Teil der Erde.

Anfang 1944 umfaßte die Kräftegruppierung der USA im Fernen Osten mehr als 15 Divisionen Landstreitkräfte und Marineinfanterie, an deren Seite 32 Gruppen der Army Air Force Luftangriffe flogen. Zur Flotte mit mehreren hundert Kampfschiffen gehörten auch 28 Flugzeugträger. Insgesamt verfügte man über 6676 Flugzeuge bei Army und Navy.

Im Morgengrauen des 6. Juni 1944 schließlich landeten alliierte Truppen in der Normandie und eröffneten die zweite Front in Europa.

Zu diesem Zeitpunkt hatte die Rote Armee bereits das Territorium der UdSSR von den Okkupanten befreit. Bis Ende 1944 erreichten die Truppen die obere Weichsel, standen in Bulgarien und Rumänien sowie in weiten Teilen Ungarns.

## Sieg über Deutschland

Zum Jahreswechsel 1944/45 standen die anglo-amerikanischen Streitkräfte bereit, den Rhein zu forcieren und weiter in das deutsche Reichsgebiet einzudringen.

Im Januar 1945 hatten die Kampfverbände der Roten Armee Polen und weite Teile Südosteuropas befreit. Die Armeen bezogen an Oder und Neiße Stellung.

Die Ausrüstung der sowjetischen Fliegerkräfte bestand bereits vorwiegend aus Kampfflugzeugen eigener Produktion. Die Zuführung von Lend-Lease-Flugzeugen nahm ab.

In den ersten Monaten des Jahres 1945 wurden noch jeweils etwa 200 Flugzeuge aus den USA über die Alaska-Sibirien-Verbindung an die UdSSR geliefert. Ab April 1945, als der Sieg der sowjetischen Truppen endgültig war, verlangsamten die verantwortlichen sowjetischen Dienststellen die Abnahme von Lend-Lease-Lieferungen.

Am 29. April 1945 hatten Truppen der 1. Belorussischen Front und der 1. Ukrainischen Front den größten Teil Berlins eingenommen.

Am 8. Mai 1945 erklärten die von Dönitz, dem Nachfolger Hitlers, bevollmächtigten Generale den Vertretern der Oberkommandos aller führenden Mächte der Antihitlerkoalition die bedingungslose Kapitulation Deutschlands. Der Krieg in Europa war zu Ende. Die Kämpfe der Alliierten konzentrierten sich nun auf die Japaner im südostasiatischen Raum.

Am 21. August 1945 befahl Präsident Harry S. Truman im Zusammenhang mit der Beendigung des zweiten Weltkrieges die Einstellung aller Lend-Lease-Lieferungen.

Ein Geleitzug sammelt sich im britischen Überwachungsbereich.

Letzte Anweisungen durch einen Signalgast an einen Geleitfrachter.

U-Boote der deutschen Kriegsmarine waren gefährliche Gegner der alliierten Geleitzüge.

# Die Transportwege

Die größten Schwierigkeiten bei der Realisierung der Lieferungen an die UdSSR bereiteten immer wieder die Transportwege und die Sicherung der zum Transport auf See eingesetzten Schiffe.

Während Rüstungsgüter mit Geleitzügen über die Nordroute, durch den Atlantischen Ozean, das Europäische Nordmeer und die Barentssee, die UdSSR erreichten, verschiffte man auch Kriegsgerät und Material über die Pazifische Route über den Pazifischen Ozean nach Vladivostok.

Unter Ausnutzung britischer und amerikanischer Stützpunkte sowie mit Hilfe befreundeter Staaten entstand die Persische Route mit langen Seewegen von den USA bis in den Nahen Osten. Im letzten Abschnitt ging diese Route über Landwege und Eisenbahnverbindungen bis an das Kaspische Meer und von dort in den südlichen Raum der Sowjetunion.

Unter Nutzung von Basen der US Army Air Force im nördlichsten Teil Amerikas entstand eine Verbindung von Alaska nach Sibirien im asiatischen Teil der UdSSR.

## Südlich der Eisgrenze – die Nordroute

Bereits im ausgehenden Sommer 1941 hatten erste britische Geleite den Seeweg über das Nordmeer und das nördliche Eismeer befahren. Ziel waren die eisfreien sowjetischen Seehäfen, vor allem Murmansk. Obwohl zu diesem Zeitpunkt die Stadt Murmansk durch faschistische Bombenangriffe bereits größtenteils zerstört war, nutzte man die ausgedehnten Hafenanlagen so gut es ging.

Diese Situation erforderte, einen Teil der Geleite auch in den zwar flächenmäßig noch größeren, aber für Dickschiffe nicht geeigneten Hafen von Archangelsk zu führen. Umgehend faßte das staatliche Verteidigungskomitee der UdSSR den Entschluß, den Hafen von Archangelsk auszubauen und zu erweitern.

In Poljarny hatte sich inzwischen eine britische Marinemission unter S.B.N.O. (Senior British Naval Officer – Oberster britischer Marineoffizier) Rear-Admiral R. Hesketh Bevan eingerichtet. Ihr folgte später eine amerikanische Marinemission unter Leitung von S. Frankley.

In der ersten Hälfte des Jahres 1942 setzte die amerikanische Lend-Lease-Hilfe für die Sowjetunion ein. Zunächst sah man auch in den USA keine andere optimale Transportmöglichkeit als das Verschiffen der Güter über die nördliche Seeverbindung durch den Nordatlantik um Spitzbergen, die Barentssee bis in die eisfreien Häfen von Murmansk und Archangelsk.

Es war der kürzeste Weg von den USA in die UdSSR über eine Seeverbindung. Probleme ergaben sich aus der Tatsache, daß die Route durch das Hauptoperationsgebiet der deutschen Kriegsmarine lief. Nicht zuletzt waren die Schiffe auch von Verbänden der Luftwaffe erreichbar.

Deutsche Dienststellen hatten sehr schnell die strategische Bedeutung dieses Seeweges erkannt, und das Oberkommando der Wehrmacht unternahm alles, um die Stützpunkte seiner Teilstreitkräfte, vor allem in Nordnorwegen, schnellstens auszubauen. U-Boote und Flugzeuge wurden nun zur ernsten Gefahr und griffen die alliierten Geleitzüge ständig an.

Obwohl deren Kurs hart südlich der Eisgrenze lag, war das kein Hindernis für die deutschen U-Boote. Wertvolles Kriegsmaterial ging in der Folgezeit durch versenkte Transportschiffe verloren. Die begleitenden Kampfschiffe der Briten und Amerikaner waren nicht immer in der Lage, den Angriffen Widerstand entgegenzusetzen. Oftmals verließen Begleiteinheiten in der Höhe der Bäreninsel die Geleite und dampften zurück, um neue Aufgaben zu übernehmen.

Über die großen Verluste der Geleitzüge schrieb Winston Churchill in seinen Kriegserinnerungen unter anderem: »... Geleitzug P.Q. 17, der aus 34 Schiffen bestand, hatte insgesamt 200 000 t Material geladen. 23 Schiffe fielen den deutschen Angriffen zum Opfer, und nur 70 000 t erreichten Archangelsk ...«

Die britische Admiralität, für den Schutz der Geleite im europäischen Seeraum verantwortlich, legte Churchill nahe, die Transporte wegen der hohen Ausfälle zu unterbrechen. Im Juli 1942 reagierte die Regierung darauf, und die Versorgung wurde zunächst ausgesetzt. Auch die amerikanische Regierung hegte solche Bedenken und unterbrach vorübergehend die üblichen Transporte auf der Nordroute.

Der Präsident der Vereinigten Staaten sah sich in der Pflicht, das Moskauer Protokoll dennoch zu erfüllen. Um schnell zu helfen, wurden der schwere Kreuzer »Tuscaloosa« und zwei Zerstörer in einem schottischen Hafen beladen. Man staute vor allem Munition, Radargerät und Nachrichtenmittel sowie Medikamente. Der kleine Verband erreichte ohne Zwischenfall den sowjetischen Bestimmungshafen.

Der Präsident wies zwischenzeitlich weiter an, verstärkt Transporte über die Pazifische Route nach Vladivostok zu führen und neue Transportwege zu erkunden, um die Nordroute zu entlasten.

Dennoch blieb der nördliche Seeweg strategisch und zeitlich bedeutsam, zumal Philadelphia der Ausgangshafen der meisten Transporte war. Die Formierungsräume für die Geleitzüge waren vorrangig New York und

In Reih und Glied warten britische Supermarine Spitfire Mk. VB auf ihre neuen Piloten.

Corporal E.J. Cook beim Aufmalen sowjetischer Hoheitszeichen.

Sergeant K. Hammond kontrolliert die Propellerblattverstellung einer Supermarine Spitfire Mk. VB.

Drei Supermarine Spitfire Mk. VB werden zu einem Testflug vorbereitet.

Letzte Kontrollarbeiten am Triebwerk Rolls & Royce »Merlin« vor der Ablieferung.

Auftanken einer Curtiss P-40 vor dem Überführungsflug.

Auf einem Prüfstand in Abadan werden die Bordwaffen eingeschossen.

Douglas A-20B, Curtiss P-40K, North American AT-6 Texan und Bell P-39 Airacobra nach der Endmontage an der Persischen Route.

North American B-25 Mitchell und Curtiss P-40K in Abadan.

Norfolk. Auch von Charleston, Jacksonville und New Orleans kamen Transportschiffe. Letztere formierten sich vor Key West.

Aus Boston auslaufende Schiffe vereinigten sich oftmals mit kanadischen Transportern in Halifax und traten, gedeckt von Kampfschiffen und Flugzeugen, den Weg über den Atlantischen Ozean an. Die Hauptroute verlief zunächst zu Häfen auf den britischen Inseln, in denen für Großbritannien bestimmte Güter entladen oder weitergehende Transporte neu zusammengestellt wurden. Gefahr drohte auf diesem Abschnitt vor allem von deutschen U-Booten, die im Seegebiet zwischen Kap Farvel und den Azoren operierten.

Am 7. Juli 1941 besetzten amerikanische Truppen Island. Damit wurde Reykjavik zu einem wichtigen Stützpunkt an der Geleitzugstrecke, bevor die Verbände mit Nordkurs auf die letzte Etappe zu den sowjetischen Nordmeerhäfen ausliefen.

Im Seegebiet von Jan Mayen wurden Geleite aus unterschiedlichen Abgangshäfen zusammengeführt. Dort verlief auch die Trennungslinie zwischen den festgelegten Verantwortungsbereichen der amerikanischen und britischen Flotte. Im europäischen Nordmeer, dem britischen Überwachungsgebiet, befand sich ein Großteil der Operationsräume der deutschen Kriegsmarine, deren Flottenbasen zumeist im natürlichen Schutz der norwegischen Fjorde lagen.

Die deutsche Luftwaffe verfügte über Flugplätze in Stavanger, Bardufoss, Banak, später auch in Kirkenes und Petsamo. Hier waren hauptsächlich Staffeln des »Löwengeschwaders« (KG 26) und des »Adlergeschwaders« (KG 30) der 5. Luftflotte mit ihren Torpedoflugzeugen der Typen Heinkel He 111 und Junkers Ju 88 stationiert.

Küstenfliegergruppen operierten mit torpedotragenden Schwimmerflugzeugen Heinkel He 115. Aufklärungsstaffeln mit Fernaufklärern, vor allem Flugboote Dornier Do 24 und Blohm & Voss BV 138, erkundeten den Seeraum bis an die Eisgrenze.

Östlich der Bäreninsel verlief in Nordsüdrichtung die Trennungslinie der Überwachungsräume der britischen und der sowjetischen Seestreitkräfte. Von hier ab übernahmen Einheiten der Nordmeerflotte der UdSSR die Geleitsicherung.

Sie wurden durch Fliegerkräfte unterstützt, die das Gebiet der Barentssee zwischen der Treibeisgrenze im Norden und einer südlichen Linie zwischen den Halbinseln Kola und Novaja Semlja aufklärten. In diesem Seegebiet lagen die berüchtigten »Wolfsrudel« der deutschen U-Boote auf der Lauer. Diese wurden von Kampfflugzeugen der Fliegerkräfte,

die von Poljamy und Iokanga starteten, unterstützt.

In den Haupthäfen Murmansk und Archangelsk löschten die meisten Frachter ihre Ladungen. Gelang es den deutschen U-Booten, Geleite zum Auseinanderlaufen zu zwingen, suchten einzelne Schiffe auch noch östlicher liegende Häfen wie Russkaja Gavan oder Pomorskoe zu erreichen.

## Der weite Weg – die Pazifische Route

Die Geleitzugwege durch den Stillen Ozean dienten den Amerikanern in erster Linie der Versorgung der eigenen Stützpunkte in Alaska (Seward), auf den Aleuten und Pearl Harbor. Transportiert wurden vorrangig Truppen, Waffen, Fahrzeuge und Gerät.

Zur Sicherstellung von Lend-Lease-Lieferungen an die Sowjetunion liefen Geleitzüge von San Francisco und dem kanadischen Vancouver über Dutch Harbor, die Südspitze von Kamčatka nach Vladivostok und nach Magadan. Auf dieser Route sicherten ausschließlich amerikanische Kampfschiffe die Geleite. Nach Pearl Harbor war mit Angriffen japanischer U-Boote der 5. Flotte zu rechnen.

Eine große Liefermenge von Lend-Lease-Material wurde über die Pazifische Route an die Verbündeten der Antihitlerkoalition Australien und Neuseeland geliefert. Für diese Güter verlief der Geleitweg von Los Angeles über die Samoa-Inseln nach den Haupthäfen Sydney in Australien und Auckland auf den Neuseeländischen Inseln.

Bereits im Sommer 1942 begann man, die Hilfeleistungen für diese beiden Länder zu verstärken. Sie wurden zu wichtigen Ausgangsbasen für die amerikanischen Operationen im pazifischen Raum. In die Ausrüstung der australischen Armee und in die Armee der Neuseeländer gelangten vor allem Flugzeuge, Panzer und schwere Waffen sowie Lastkraftwagen und Jeeps aus den USA. Im Jahre 1942 erreichten Lend-Lease-Lieferungen von 500 Flugzeugen und mehr als 1000 Panzern den fünften Kontinent.

## Vom Iran an die Front – die Persische Route

Nach dem Überfall auf die Sowjetunion sah es die deutsche Abwehr als dringend erforderlich an, das Agentennetz nach dem Osten weiter auszudehnen. Bereits im Sommer 1941 tummelten sich zahlreiche Agenten in den

südlichen Anrainerstaaten der Sowjetunion. Dies wurde um so mehr notwendig, da das Einschleusen in die Sowjetunion und ein dortiger Einsatz äußerst schwierig waren.

Zu dieser Zeit verstärkte sich besonders die Tätigkeit der deutschen Abwehr im Iran. Dabei erwies es sich als hilfreich, daß der Schah von Persien mit den Achsenmächten sympathisierte.

Die Alliierten waren bei der Suche nach neuen Transportwegen in die Sowjetunion auch auf Möglichkeiten der Versorgung über den Iran aufmerksam geworden. Nach gemeinsamen Absprachen besetzten britische und sowjetische Truppen am 25. August 1941 dieses Land. Der Schah Reza Chan Pahlewi mußte am 6. September 1941 abdanken und das Amt des Staatsoberhauptes an seinen Sohn übergeben. Die neue Regierung tolerierte die Zusammenarbeit mit den Alliierten und sah sich gezwungen, die Einrichtung einer Versorgungslinie zwischen dem Persischen Golf und dem Kaspischen Meer zu unterstützen.

Von Beginn an stellten sich der Eröffnung der Verbindung große Schwierigkeiten in den Weg. Es gab kaum nutzbare Straßen. Das Gelände war unwegsam, karg und sehr felsig. Die von den umherziehenden Nomaden benutzten Wege waren für die Lend-Lease-Transporte nicht brauchbar. Außerdem mußte ständig mit räuberischen Überfällen durch die Nomaden gerechnet werden.

Bereits im Jahre 1928 hatte der Bau der Transiranischen Eisenbahn begonnen. Am 20. Februar 1938 hatten die Iraner unter großen Mühen die 450 km lange, eingleisige Strecke von Teheran nach Bandar-e Shah am Kaspischen Meer fertiggestellt. Der durchgehende Verkehr auf der normalspurigen Bahn vom Kaspischen Meer über Teheran zum Persischen Golf nach Bandar-e Shapur über eine Entfernung von insgesamt 1392 km wurde am 26. August 1938 in Betrieb genommen.

Von Teheran zum Persischen Golf existierte auch eine Autostraße mit teilweise äußerst schlechten Abschnitten. Unter diesen Bedingungen galt es nun für die Alliierten, die Voraussetzungen für den Weitertransport der

Amerikanische Testpiloten bei der Auswertung von Einflugergebnissen der Douglas A-20C-10-DU (Werknummer 42-33244) in Abadan.

Die Douglas A-20C ist mit einer zusätzlichen Peilantenne vor dem hinteren MG-Stand ausgerüstet.

Douglas A-20B warten in Abadan auf die Übernahme.

Lend-Lease-Güter durch den Iran zu schaffen.

Die Briten schifften ihren Nachschub bis nach Basra am Schatt el-Arab. Die alte Handelsmetropole Basra lag noch auf irakischem Gebiet. Eine Entladung in iranischen Häfen, etwa in Khorramshahr oder in Bandar-e Shāpūr, war nicht möglich.

Bandar-e Shāpūr war zwar der Endpunkt der Transiranischen Eisenbahn, aber Bahnanlagen und Hafen waren viel zu klein, um die erforderlichen Mengen umzuschlagen. Zudem fehlte es an jeglichen technischen Hilfsmitteln für das Umladen. Auch der Hafen von Khorramshahr reichte gerade für die einheimischen Fischerboote und einige kleine Frachtsegler.

Die Eisenbahn selbst war, obwohl erst wenige Jahre in Betrieb, ein Problem für sich. Die Strecke war nur eingleisig, und es fehlte an Lokomotiven und Güterwagen. Viele Tunnelbauten waren in dem gebirgigen Land zwar notwendig, brachten aber Schwierigkeiten, weil die Tunnelmaße mit den Lademaßen, die sich für den Transport von Kriegsgerät ergaben, nicht übereinstimmten.

Pioniertruppen, Techniker und Soldaten der Alliierten begannen nun, gemeinsam mit einheimischen Arbeitskräften, mit dem Ausbau der Lieferwege. Aus den USA, Großbritannien, Indien und Kanada wurden Gerät und Baumaterial herangeschafft, und 1000 britische Lastkraftwagen wurden zum Transport eingesetzt. Teilweise transportierten die Kfz-Einheiten bereits Lend-Lease-Material bis Teheran.

Der amerikanische General Wheeler befehligte Bautruppen und Spezialisten, welche die Ausbauarbeiten im Hafen von Khorramshahr voranbrachten. Neben neuen Kaianlagen entstanden Krananlagen, Lagerschuppen und Lagerplätze. Für notwendige Schiffsreparaturen an ankommenden Transportern sorgte eine eigens errichtete kleine Werft.

Anfang Herbst brachten Geleitzüge 96 Diesellokomotiven und 2000 geschlossene und offene Güterwagen aus den USA für die Transiranische Eisenbahn. Alle Baumaterialien, Gestehungs- und Versorgungskosten wurden ebenfalls aus Lend-Lease-Mitteln bezahlt.

Andere Spezialisten waren damit beschäftigt, in Abadan eine Flugzeugwerft mit einem großen Flugplatz zu errichten. Damit schuf man eine Basis zur Montage amerikanischer Flugzeuge, insbesondere Maschinen der Firma Douglas vom Typ A-20 Boston.

Die vorgefertigten Bauteile und Triebwerke kamen per Schiff aus dem amerikanischen Flugzeugwerk, wurden hier montiert und eingeflogen. Eine nahe gelegene Ölraffinerie versorgte die Basis mit notwendigem Treibstoff. Sowjetische Besatzungen übernahmen dann die fertigen Maschinen und flogen sie nach Norden an die Fronten.

Pionier- und Spezialeinheiten der US Army gingen daran, die Eisenbahnstrecke zweigleisig auszubauen. Das Gleismaterial für Hunderte von Kilometern wurde aus den USA herbeigeschafft und verlegt. Straßenbaukolonnen erneuerten und verbreiterten die Straßen und übernahmen forthin Unterhaltungsarbeiten. Um einen reibungslosen Transport zu gewährleisten, richtete man an bestimmten Straßenabschnitten Tankstellen ein.

Auch um den Lufttransport war man bemüht. Zunächst wurde die transafrikanische Luftstraße von Kairo nach Basra verlängert. Dadurch war es möglich, leichtere Güter per Luftfracht einzufliegen.

Inzwischen hatte sich die Lage im Fernen Osten weiter verschlechtert. Großbritannien mußte seine Kräfte abziehen, da diese vor allem in Indien gebraucht wurden, um die Versorgung nach China von Karatschi aus zu organisieren. Ab Oktober 1942 übernahmen die Amerikaner das Kommando im Iran. Das bedeutete zugleich, weitere US-Truppen dorthin zu verlegen.

In vielen iranischen Regierungsstellen und bei Handelseinrichtungen fungierten mehr und mehr amerikanische Berater. Insgesamt waren etwa 30 000 Mann, Offiziere und Soldaten, Spezialisten und Ingenieure, aus den USA mit Lend-Lease im Iran beschäftigt.

Die Organisation der Transporte von Lend-Lease-Lieferungen lag in den Händen mehrerer Organisationen, so unter anderem die »Iransovtrans« (Sowjetische Transportgesellschaft im Iran), die »United Kingdom Commercial Corperation« (Britische Handelsgesellschaft) und das US Army Road Transport Command (Straßentransportkommando der US-Armee).

Im Mai 1943 erreichten die Transportmengen monatlich die 100 000-t-Grenze. Insgesamt wurden von Sommer 1942 bis Sommer 1943 3 Millionen t Versorgungsgüter über die Persische Route bewegt. 1943 konnten 241 Schiffsladungen umgeschlagen werden. Etwa die gleiche Zahl erreichte man auch 1944.

Als besonders wichtig erwies sich die Tatsache, daß die Transportverluste durch Feindeinwirkung von 15 auf 2 Prozent durch entsprechende Abwehrmaßnahmen sanken. Die Aktionen von Störtrupps waren kaum noch spürbar.

In den Jahren 1941 bis 1945 wurden 25 Prozent aller Lend-Lease-Lieferungen an die Sowjetunion über die Persische Route abgefertigt, das waren 646 Schiffsladungen mit über 4 Millionen t Kriegsmaterial. Dabei mußte man die relativ weiten Schiffahrtswege von den amerikanischen Atlantikhäfen um das Kap der Guten Hoffnung und von den Pazifikhäfen durch den Panamakanal ebenfalls um das Kap zum Persischen Golf befahren.

Die Geleitzüge von der Ostküste benötigten etwa 76 Tage für die 14 500 Seemeilen weite Reise. Die Route von der Westküste war sogar noch 3200 Seemeilen länger.

## Von Alaska nach Sibirien – die ALSIB

Besondere Probleme ergaben sich bei der Lieferung von Flugzeugen. Voraussetzung für eine Verschiffung war, die Maschinen transportfähig zu machen, also zu demontieren. Das bedeutete, zusätzliche Kapazitäten an Montageplätzen und entsprechendem technischen Fachpersonal an den Abgangsorten und den Zielhäfen bereitzustellen. So suchte man einen Weg, Flugzeuge in ihrem eigentlichen Element, also durch die Luft, fliegend, zu überführen.

Schon Mitte 1941 hatte das Oberkommando der US Army Air Force eine Sondereinheit, das spätere Ferrying Command (Transport-Kommando), beauftragt, die Überführung fabrikneuer Flugzeuge von den Herstellerwerken zu den entsprechenden Stützpunkten der Streitkräfte fliegend vorzunehmen. Alle Flüge waren bei Tage und nur nach Sichtflugregeln zu absolvieren.

Als kürzeste Verbindung, mit relativ kurzem Weg über See, bot sich eine Ferry-Verbindung (wörtlich bedeutet ferry über Wasser führen) von Alaska nach Sibirien. Die Amerikaner konnten dazu ihre nördlichen Luftwaffenstützpunkte in Alaska nutzen.

Zur wichtigsten Ausgangsbasis wurde zunächst Fairbanks. Die vorgesehene Luftstraße für die Lend-Lease-Überführungen verlief über Nome, nördlich Anadyr (Sibirien), Jakutsk bis nach Krasnojarsk. An der Luftstraße lagen Flugplätze für technische Landungen,

Amerikanische und sowjetische Soldaten bei den Startvorbereitungen an einer Douglas A-20G.

Diese bereits vor dem Krieg an die UdSSR gelieferte DC-3 brachte am 14. August 1942 die erste Gruppe sowjetischer Spezialisten über Nome nach Ladd Field.

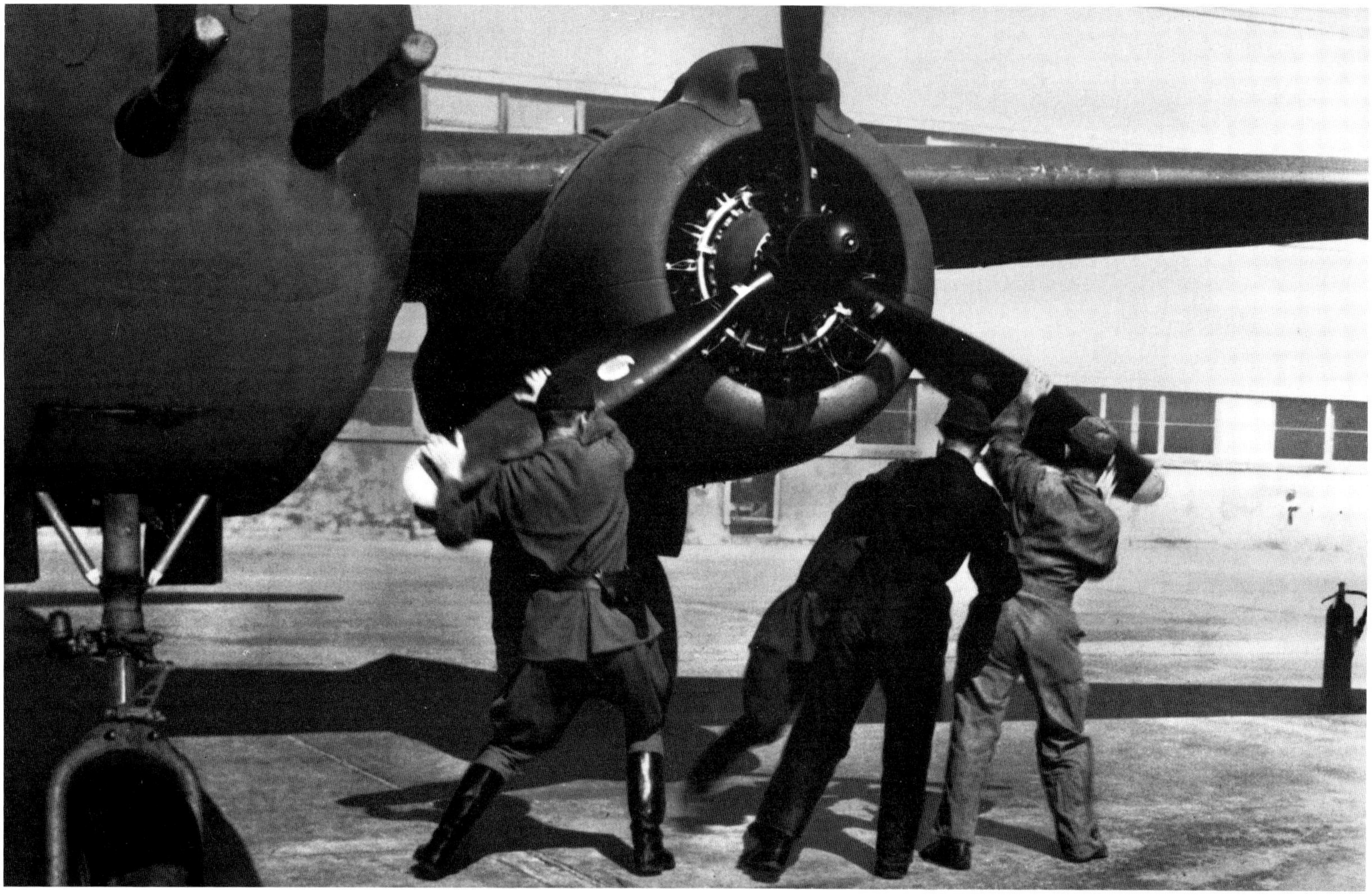

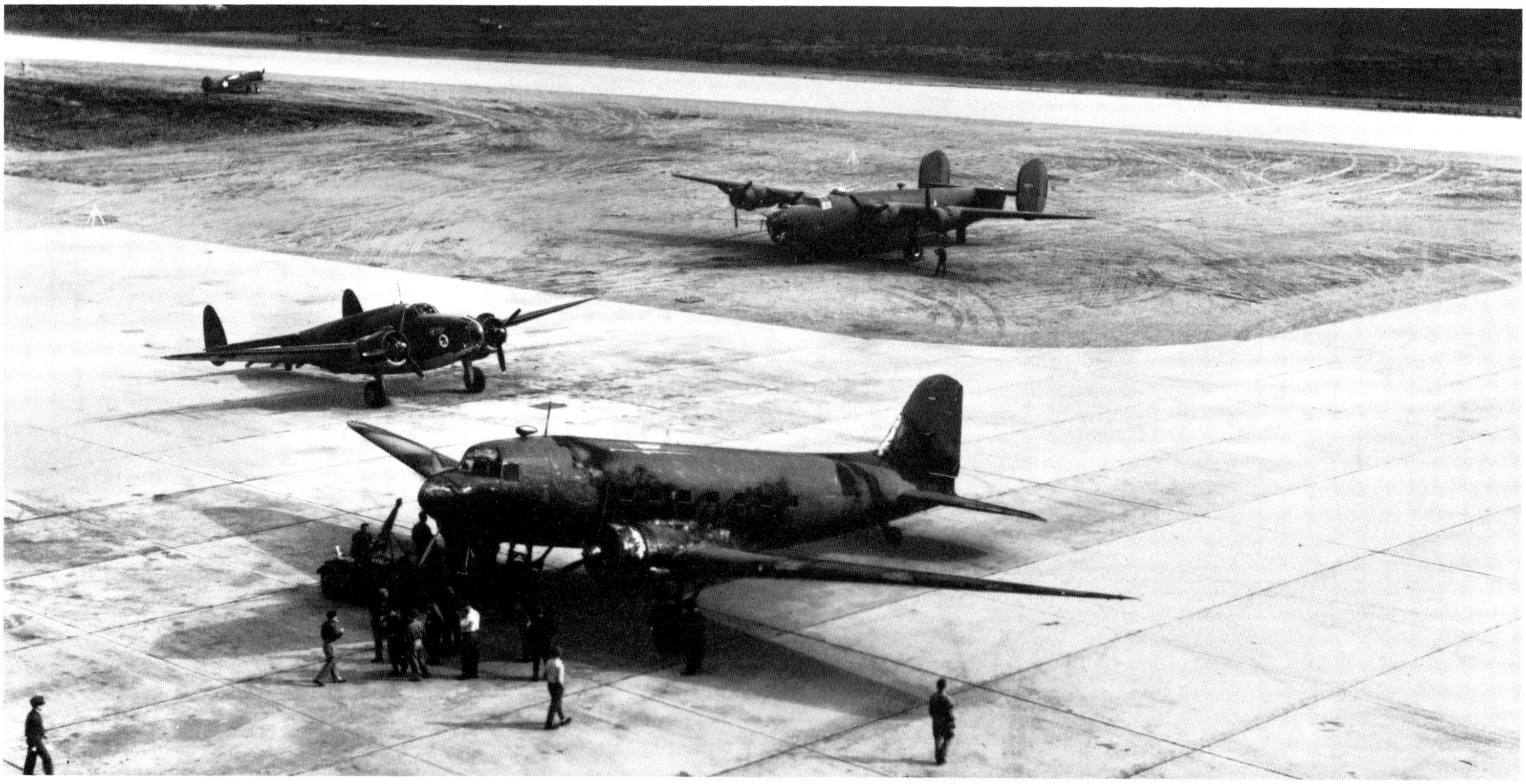

Die Curtiss P-40K-1-CU gehörte zum ersten Kontingent dieser Version, das im Oktober 1942 auf der ALSIB in die UdSSR geflogen wurde.

A-20 und P-39 im Juli 1943 in Ladd Field. Die im Werk angebrachten weißen Kreise um den roten Stern wurden hier zum besseren Sichtschutz übermalt.

Im Kommandoraum des Flugplatzes Ladd Field in Alaska versehen sowjetische und amerikanische Offiziere gemeinsam Dienst (Oktober 1942).

Vorwärmen der Triebwerke im arktischen Winter.

In Ladd Field treffen weitere sowjetische Offiziere, Techniker und Fachpersonal ein. Die Li-2 trägt weißen Wintersichtschutz.

Douglas C-47 Skytrain und North American B-25 werden bei eisigem Winterwetter für den Flug nach Sibirien vorgewärmt.

Bei klirrender Kälte werden auf dem Flugplatz von Ladd Field die Triebwerke einer A-20G angelassen. Die Maschinen waren für die Überführung mit Zusatztanks ausgerüstet.

also vorrangig zum Auftanken. Von Krasnojarsk erfolgte die Verteilung an die Fronten und die einzelnen fliegenden Verbände. In den meisten Fällen übernahmen sowjetische Piloten die Maschinen auf den amerikanischen Basen in Alaska.

Diese fliegende Verbindung lag außerhalb der Reichweite feindlicher Angriffe. Während der Nutzung der Ferry-Verbindung über die ALSIB wurden 7926 Maschinen in die UdSSR geflogen. Darunter waren 2618 Jagdflugzeuge Bell P-39 Airacobra, 2397 Bell P-63 Kingcobra, 48 Curtiss P-40 und drei Republic P-47 Thunderbolt; an Bombenflugzeugen 1363 Douglas A-20 Havoc und 732 North American B-25 Mitchell; an Transportflugzeugen 710 Douglas C-47 und eine Curtiss C-46 Commando sowie 54 Übungsflugzeuge North American AT-6 Texan. Bei allen Angaben sind die Verluste nicht eingerechnet.

In der Gesamtzahl sind 30 Flugboote Consolidated PBY-6A nicht enthalten, die durch die US Navy 1945 vom Stützpunkt Kodiak über die Bristol Bay, die Numiwak Inseln, das Behring Meer nach Anadyr geflogen worden sind.

Das amerikanische Air Transport Command ATC (Kommando Lufttransport) verfügte bereits über die 3200 km lange Nordwest-Route von Great Falls (Montana) nach Anchorage (Alaska). Auf dieser Strecke waren Edmonton (Alberta) und Whitehorse (Yukon) auf kanadischem Gebiet die wichtigsten Luftwaffenbasen.

Obwohl Great Falls von den Zentren des amerikanischen Flugzeugbaus in Kalifornien und der Atlantikküste weit entfernt war, bot sich ein solcher Zuführungsweg für die Lieferungen in die Sowjetunion als besonders sicher an.

Am 1. November 1941 beriet ein Mitarbeiter der American Special Observer Group (Amerikanische Beobachtergruppe) mit dem Luftfahrtattaché der sowjetischen Botschaft in London, Pugačov, über die Lieferrouten.

Im Winter 1941/42 begannen bereits erste Planungsarbeiten für ein solches Ferry-Unternehmen. Die Aufgabenstellung wurde vom ATC unter Führung von General Arnold vorbereitet.

Zunächst hatte man viele Schwierigkeiten aus dem Weg zu räumen. Vor allem die oft langwierigen Verhandlungen mit zivilen Dienststellen gestalteten sich komplizierter als erwartet. Unter anderem mußten mit dem kanadischen Verkehrsministerium erweiterte Überflugrechte geklärt werden. Entlang der Flugroute sollte eine umfangreiche Organisation aufgebaut und wichtige Nachrichtenverbindungen installiert werden.

Besondere Schwierigkeiten gab es in den unwirtlichen Regionen aufgrund des langen Winters mit Temperaturen bis −50 °C. Zusätzlich störten in diesen Breiten auftretende Naturerscheinungen, insbesondere das Nordlicht, außerordentlich den Funkverkehr. Dennoch sah man zuversichtlich auf das Jahr 1942.

Inzwischen hatte der japanische Angriff auf Pearl Harbor am 7. Dezember 1941 die Lage wesentlich verändert. Amerika trat in den Krieg ein und mußte Überlegungen anstellen, Alaska auch als mögliche Basis für Angriffe auf den Feind im Fernen Osten zu nutzen. Militärkreise hofften sogar, daß sich eine Bomberoffensive der US Air Force von Alaska aus gegen Japan fördernd auf den Ausbau der nördlichen Stützpunkte auswirken würde.

Noch war auch ungeklärt, ob Nome oder Fairbanks als Hauptstützpunkt für die Lend-Lease-Lieferungen ausgebaut werden sollte. Obwohl Nome 700 km näher an der Sowjetunion lag, fiel letztlich die Wahl auf Fairbanks. Nome lag günstiger in der Entfernung nach Japan, was schließlich den Ausschlag gab.

Nachdem Lieutenant Colonel George F. Brewer Ende April 1942 die Route nach Alaska inspiziert hatte, unterbreitete er der Kommandobehörde der US Air Force am 30. April 1942 in einem Report den Vorschlag, zunächst in Edmonton und in Whitehorse Kontroll- und Verbindungsoffiziere einzusetzen. Weiterhin sollte ein verantwortlicher Offizier mit einem kleinen Kommando für Wettermeldungen und Nachrichtenverbindungen verantwortlich gemacht und ebenfalls in Edmonton stationiert werden. Gleichzeitig wäre auf dieser Basis eine zusätzliche Wetterstation zu errichten. Entsprechendes Personal sollte auf den vorgesehenen Versorgungs- und Wartungsplätzen in Whitehorse (25 Mann), Fort St. John (15 Mann), Watson Lake (fünf Mann) und Fort Nelson (fünf Mann) seinen Dienst aufnehmen.

Brewer drängte auch darauf, alle Angestellten von zivilen Fluglinien in dieser Region militärischem Befehl zu unterstellen.

Alle Informationen über die Stationierung des Militärpersonals an der Ferry-Route wurden an das Permanent Joint Board for Defense (Ständiges Verbindungsamt für Verteidigung) übermittelt.

Unmittelbar darauf nahm General Arnold weitere Kontakte mit kanadischen Dienststellen auf, insbesondere mit dem verantwortlichen Direktor für Zivilluftfahrt (Air Service) und mit der Royal Canadian Air Force (RCAF), um alle noch offenen Fragen zu klären.

Am 26. Juni 1942 erhielt Colonel de Arce von der 7. Ferrying Group (Überführungs-

gruppe) in Great Falls den Befehl, die ALSIB-Route zu organisieren und zu betreiben:

»You will take necessary action to organize and operate a ferrying route between Great Falls, Montana, and Fairbanks, Alaska, through Lethbridge, Calgary, Edmonton, Fort St. John, Fort Nelson, Watson Lake and Whitehorse, Canada, and through Northway and Big Delta, Alaska.« (Sie erhalten alle notwendige Handlungsvollmacht, eine Ferry-Route zu organisieren und zu betreiben zwischen Great Falls (Montana) und Fairbanks (Alaska) über Lethbridge, Calgary, Edmonton, Fort St. John, Fort Nelson, Watson Lake und Whitehorse in Kanada und Northway und Big Delta in Alaska.) Als weitere Ausweichbasen wurden noch Kamloops und Prince George genannt.

Bereits am 16. Juni 1942 hatte General George in einer Direktive des Ferrying Command Headquarter (Hauptquartier des Überführungskommandos) an den Commander (Kommandeur) des Domestic Wing (Landesgeschwader) Einzelheiten über die Eröffnung der Route festgelegt. Gleichlaufend begann die Aufstellung des Domestic Wing.

Nun machten sich auch von sowjetischer Seite konkrete Verhandlungen zwischen den Beauftragten der sowjetischen Regierung, General A. I. Beljaev, und den beteiligten amerikanischen Stellen wie Air Staff (Luftwaffenkommando), Air Service Command (Technisches Kommando), dem Material Command (Versorgungskommando) und dem ATC notwendig.

Es folgte eine Reihe von Verhandlungen zwischen den beteiligten Partnern, dabei ging es vor allem um Übergabeformalitäten und technische Fragen. Ein besonderer Schwerpunkt waren Beratungen über die Methodik der Einweisung sowjetischer Piloten auf die amerikanischen Flugzeuge.

Als Leiter des Ferrying Command in Fairbanks wurde Lieutenant Colonel George Brewer berufen. Colonel Hart wurde kommandierender Offizier in Ladd Field.

Inzwischen waren die Verhandlungen so weit gediehen, daß man theoretisch mit der Überführung von Flugzeugen auf der ALSIB beginnen konnte. Noch mußten die praktischen Voraussetzungen realisiert werden.

Schneefälle in Alaska erschwerten die Arbeiten. Die Maschinen mußten von der »weißen Pracht« befreit werden.

Heftiges Schneetreiben behinderte oft den Flugbetrieb.

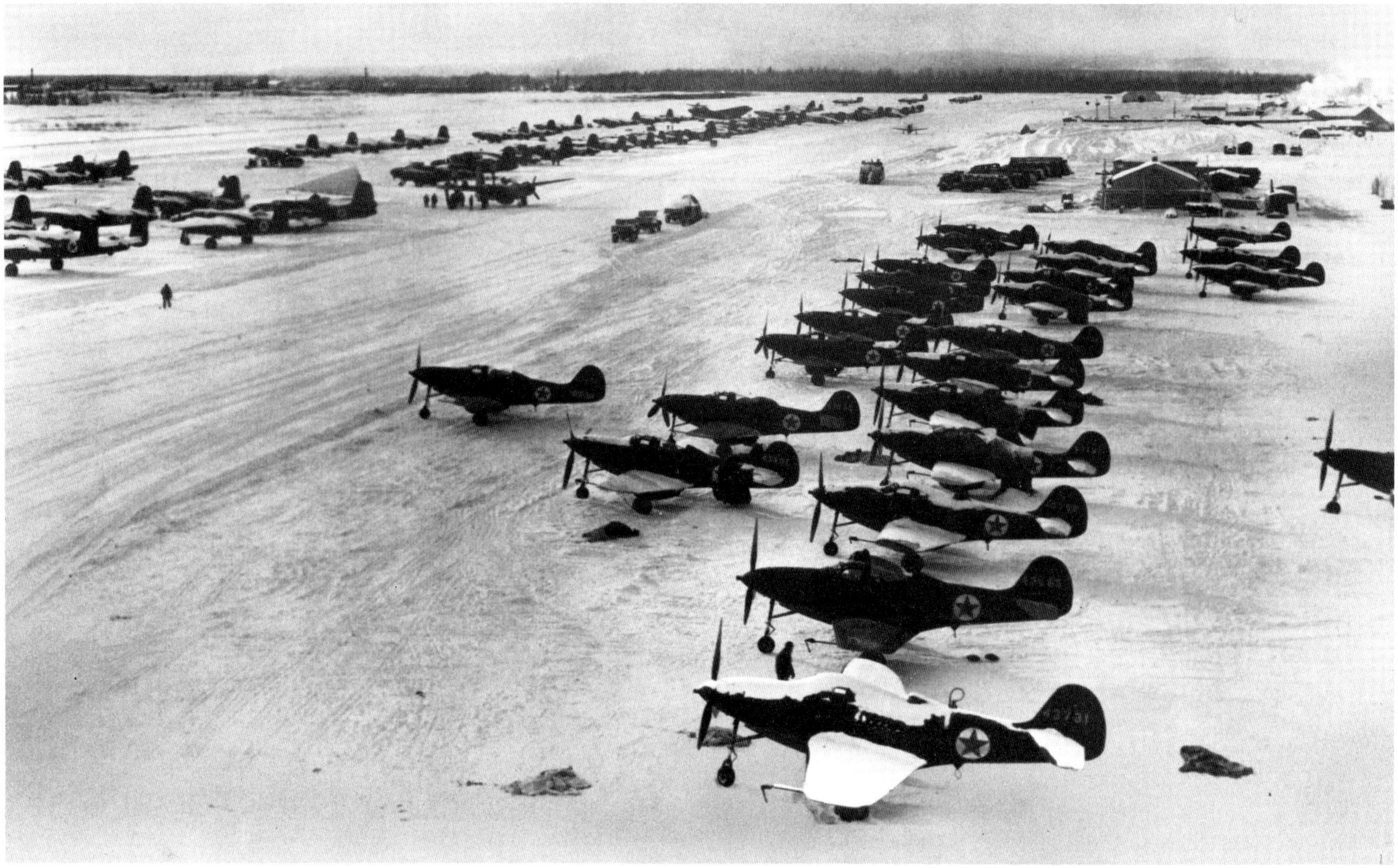

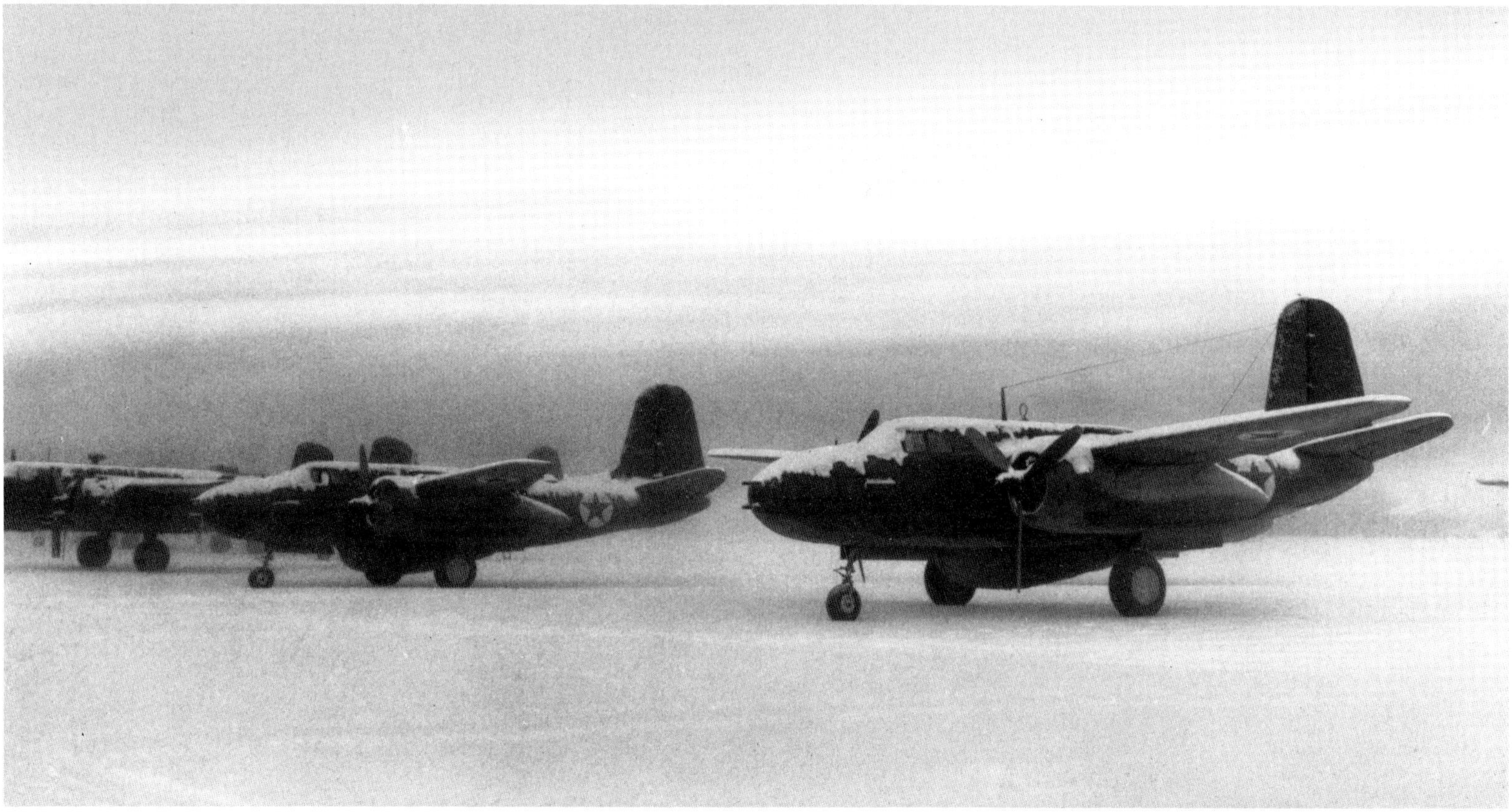

Eine der ersten an die UdSSR gelieferten North American B-25C. Die DC-3 im Hintergrund brachte die erste Gruppe sowjetischer Spezialisten nach Ladd Field.

Die Douglas C-47 wurden von Werkpiloten nach Great Falls überflogen und dort von Militärpiloten der 7. Überführungsgruppe übernommen.

Kingcobra und Airacobra in Ladd Field.

Kontrolle am Funkgerät einer Bell P-39L-1.

Alaska im Sommer 1944:
Bell P-39 Airacobra in Ladd Field.

Drei Bell P-63C-5-BE beim Überfliegen des amerikanisch-kanadischen Grenzgebietes im Spätherbst 1943.

Flight Officer C. D. Markle überfliegt mit seiner Bell P-63A-10-BE (Werknummer 42-70594) auf dem Weg nach Alaska den Canyon Creek im kanadischen Yukon-Territory.

Flight Officer Andrew Traverso vor der Bell P-63A-7-BE (Werknummer 42-69596) während eines Tankstopps in Fort Nelson (British Columbia, Kanada).

Eine Formation Bell P-63 verläßt unter Führung einer North American B-25J Ladd Field in Richtung Sibirien.

Startvorbereitungen an einer Bell P-63 Kingcobra in Ladd Field.
Im Hintergrund eine Bell P-39 Airacobra.

Die Bell P-39Q »gelbe 67« über dem Frontgebiet. Man beachte das Staffelemblem hinter der taktischen Nummer. Die Seriennummer auf dem Leitwerk wurde übermalt und ein zusätzlicher Sowjetstern aufgebracht.

Die zweisitzige Trainerversion TP-39.

Bell P-63A Kingcobra stehen in der Vorstartlinie in Bereitschaft.
Kabine und Triebwerkbereich wurden vorsorglich abgedeckt.

Diese Bell P-63A, Seriennummer 42-69188, wurde bei der Erprobungsstelle der sowjetischen Luftstreitkräfte getestet. Die Kennzeichen auf den Tragflügelunterseiten zeigen noch den roten Stern im weißen Rondell.

Bei der Firma Bell in Buffalo wird das 10000. Jagdflugzeug, eine P-63A Kingcobra, aus der Produktionshalle gerollt.

Am 26. August 1942 war eine erste Gruppe sowjetischer Spezialisten in Ladd Field eingetroffen. Es waren die Zivilangestellten der sowjetischen Einkaufskommission S.A. Piskunov und A.A. Anisimov. Ihnen folgte am 4. September ein Kontingent Armeeangehöriger, meist Piloten und Mechaniker. Sie wurden in Ladd Field stationiert. Ein kleiner Teil der Gruppe kam nach Marks Field. Ende des Monats waren bereits 133 Mann Personal eingetroffen.

Obwohl im Sommer die ersten 50 Douglas A-20, zwölf North American B-25, 43 Curtiss P-40 und 50 Bell P-39 in Great Falls für die Übergabe vorbereitet waren, traf ein Vorauskommando, befehligt von Lieutenant J. Edmund Averman jr. (Operational Order 619 vom 28. August 1942), mit fünf Bombenflugzeugen Douglas A-20 erst am 3. September 1942 in Ladd Field ein. Nur Tage später flogen die ersten P-40 von Ogden (Utah) unter Befehl von Second Lieutenant Anderson Richtung Fairbanks. Am 24. September 1942 startete die erste B-25 mit einer sowjetischen Besatzung in Fairbanks Richtung Sibirien.

Noch verzögerte sich der Ausbau der Stützpunkte. Den ganzen Sommer über hatten Spezialisten des ATC vornehmlich den Ausbau der Basen in Kanada betrieben. Erst Ende August 1942 trafen die lange erwarteten ATC-Leute in Ladd Field ein. Hier gab es noch besonders viel vorzubereiten, weil dieser Platz ebenfalls neu ausgebaut wurde.

Wieder stockte die Überführung. Zwölf Tage lang mußten weitere Maschinen in Edmonton (Kanada) festgehalten werden, weil riesige Waldbrände mit starker Rauchentwicklung zur Sperrung der Luftstraße führten.

Am 19. September 1942 unterrichtete General Beljaev den amerikanischen General Arnold, daß seine Regierung in Moskau entschieden hatte, die ALSIB unter den Bedingungen laufender Verzögerungen nicht zu nutzen, es sei denn, man würde akzeptieren, daß Flugzeuge auch in Ladd Field übernommen werden konnten.

Das ATC erklärte sich einverstanden, auch Ladd Field als Abflugbasis zu nutzen. Inzwischen hatten amerikanische Inspektoren, unterstützt von eiligst aus allen Himmelsrichtungen zusammengeholten Dolmetschern, begonnen, sowjetische Piloten mit dem neuen Fluggerät vertraut zu machen.

Am 24. September 1942 landete eine sowjetische Transportmaschine in Ladd Field und brachte weitere Piloten, die auf neue Flugzeuge eingewiesen werden sollten.

Am 29. September, also nur fünf Tage später, starteten die ersten Lend-Lease-Flugzeuge Douglas A-20 Havoc unter dem Kom-

mando von Oberstleutnant P. V. Nedosekin in Richtung Nome nach Sibirien. Zu dieser Zeit war es in Alaska bereits sehr kalt, das Thermometer sank weit unter 0 °C. Auch diese Unbilden der Natur trugen mit dazu bei, daß in den ersten drei Monaten nur 129 Flugzeuge überführt werden konnten.

Ein großer Teil des amerikanischen Personals war auf den im Hohen Norden rasch hereinbrechenden Winter nicht vorbereitet. Es fehlte an warmer Kleidung ebenso wie an diversem technischen Gerät, um die Flugzeuge bei Minusgraden startklar zu machen. Major Raymond F. Kitchingman, Kommandeur der 384. Staffel und einer der verantwortlichen Offiziere in Ladd Field, mußte sogar einen Teil seiner Mannschaft aus gesundheitlichen Gründen zurückschicken.

Die Douglas A-20B mit der Seriennummer 41-3235 ist die 565. in Long Beach gebaute Maschine dieses Musters.
Die Kennzeichnung war werksintern.

Wenige Augenblicke vor dem Start.
Die beiden Wright-Triebwerke der Douglas A-20B laufen bereits warm.

Die Bugkanzel dieser Douglas A-20G wurde auf der sowjetischen Reparaturbasis verändert. Die »gelbe 10« trägt einen schwarzen Sichtschutz auf den Unterseiten, was auf Nachteinsatz hindeutet.

Diese Douglas A-20B besaß eine spezielle Peilantenne in aerodynamischer Verkleidung oberhalb des Heckstandes.

Stützpunkte in Alaska den geplanten Stand. Im Juli 1944 arbeiteten 949 Offiziere und 8347 Mann an der Organisation und Durchführung von Lend-Lease im Hohen Norden.

Neben den Hauptbasen Fairbanks, Ladd Field und Nome waren inzwischen auch die kleineren Stützpunkte in Galena, Northway, Tanacross und Big Delta weitgehend ausgebaut.

Der August 1944 brachte mit erstmals 403 Maschinen die größte Überführungsrate auf der ALSIB. Seit dem August 1942 war die Rate der abgehenden Flugzeuge ständig gestiegen. 1944 erreichte man einen monatlichen Durchschnitt von 264 Maschinen, das blieb auch des folgenden Jahres so. Die Liefer - menge des Jahres 1944 betrug insgesamt 3001 Flugzeuge für die Sowjetunion.

Im April 1945 stand noch eine beträchtliche Menge einsatzfertiger Flugzeuge auf den Ab- flugplätzen, doch im Hinblick auf das nahe Kriegsende in Europa verlangsamten die so- wjetischen Fliegerkräfte die Überführungen. Im August 1945 wurden nur noch 37 Maschi- nen abgenommen, von denen unmittelbar nach Einstellung der Lieferungen durch die USA 20 Flugzeuge wieder zurückgeführt wur- den.

Ab September 1945 kam es ganz zur Ein- stellung der ALSIB-Verbindung, und kurz dar- auf kehrten die sowjetischen Fachkräfte aus Alaska in ihre Heimat zurück.

In den Kriegsjahren wurde die ALSIB auch hin und wieder für offizielle diplomatische Rei- sen genutzt. Zu den Passagieren auf dieser Flugroute zählten der Volkskommissar für Auswärtige Angelegenheiten (Außenminister) M. Molotov und der Botschafter der UdSSR in den USA A. Gromyko sowie der Präsident- schaftskandidat der USA Wendell Willkie und der Vizepräsident Wallace.

Präsident Roosevelt beabsichtigte, sich im Mai 1944 mit Stalin und Churchill in Fairbanks zu treffen, doch der Plan wurde bald aus Zeit- gründen fallengelassen. Das Dreiertreffen fand schließlich erst am 4. Februar 1945 auf Bitte Stalins in Jalta auf der Krim statt.

Oftmals gab es auch Schwierigkeiten bei der Beschaffung von wichtigen Ausrüstungs- gegenständen wie Radiokompasse, Fallschir- me, Funkgeräte, Sauerstoffmasken und -be- hälter.

Bis Ende Oktober 1942 hatten 686 Angehö- rige des ATC ihren Dienst an der ALSIB aufge- nommen. Ein Inspektionsbericht des Haupt- quartiers des ATC vom September 1942 sagt aus, daß zu diesem Zeitpunkt noch viele Un- terkünfte und Diensträume erst spärlich ein- gerichtet waren. Kaufläden, Bäckereien, klei- ne Läden für den täglichen Bedarf und für Reparaturen persönlicher Gegenstände, Waschhäuser, weitere Unterkünfte und sani- täre Anlagen entstanden erst nach und nach und verbesserten die Lebensbedingungen im Winter 1942/43.

Nach einem Jahr, im zweiten Halbjahr 1943, zeigte sich eine gut organisierte Zusammen- arbeit zwischen sowjetischen und amerikani- schen Fachleuten. Dabei wurden die sowjeti- schen Mechaniker und Piloten ob ihrer Sorg- falt und Sachlichkeit bei der Arbeit hoch ge- schätzt. Dennoch blieb das Verhältnis zwi- schen den Menschen relativ kühl und oftmals auf das Notwendigste beschränkt.

1943 wurden insgesamt 2649 Flugzeuge (nach anderen Quellen 2662 Flugzeuge) auf der Nordwestroute nach Alaska überführt. 2335 davon gingen über die ALSIB, vor allem von Ladd Field aus, als Lend-Lease-Lieferung in die UdSSR. 294 Maschinen, darunter Boeing B-29, wurden an die 11. Air Force in Elemendorf Field überstellt.

Im Sommer 1944 erreichte der Ausbau der

# Die Lend-Lease-Verwaltung in den USA

Eine wichtige Voraussetzung für den Ablauf der Lend-Lease-Hilfe war ein gut funktionierender Verwaltungsapparat. Alle Hilfeersuchen mußten zunächst auf ihre Berechtigung hin geprüft werden. Aus der Feststellung der Bedürftigkeit ergaben sich die Zuteilungen der Güter und die Festlegungen zur Dringlichkeit. Bereits bei der Planung von Leih- und Pachtmöglichkeiten hatte man fünf Verantwortungsbereiche vorgesehen, in denen Regierungsstellen und Ministerien der USA die Verantwortung für die Beschaffung der Güter wahrnahmen.

Dem Kriegsministerium fiel die Aufgabe zu, Waffen aller Art, insbesondere Flugzeuge, Panzer und Geschütze, zu beschaffen. Das Marineministerium war für Kampfschiffe und Treibstoffe, insbesondere Öl, verantwortlich. Der Maritime Comission (Schiffahrtskommission) oblag es, Handelsschiffsraum bereitzustellen, ferner für Neubauten von Transportschiffen und Schiffsreparaturen zu sorgen. Mit der Bereitstellung von Nahrungsmitteln und landwirtschaftlichen Erzeugnissen hatte man das Landwirtschaftsministerium beauftragt. Alle Rohstoffe, Halbzeuge sowie Produktionsmittel für die Industrie wurden vom Schatzamt der Regierung beschafft.

Für die Verwaltung des Gesetzes insgesamt zeichnete der Präsident der Vereinigten Staaten persönlich verantwortlich. Nur ihm kam es zu, Vollmachten zu erteilen, über Hilfsmittel und Finanzen zu verfügen. Jede einzelne Lend-Lease-Maßnahme erforderte somit seinen persönlichen Zuspruch und seine Beglaubigung. Der Präsident war dem Kongreß darüber rechenschaftspflichtig.

Zur Bewältigung der schnell anwachsenden Aufgaben legte man unverzüglich Maßnahmen fest, die dem Präsidenten die Arbeit erleichtern sollten. So wurde die Hauptverantwortung für die Verwaltung und Durchführung von Lend-Lease dem Berater des Präsidenten, Harry Hopkins, übertragen. Ihm zur Seite standen etwa 20 Mitarbeiter.

Mit Wirkung vom 2. Mai 1941 bestätigte der Präsident die Division of Defence Aid Reports (Abteilung für Berichterstattung über die Verteidigungshilfe). Zum Leiter dieser Abteilung wurde General James H. Burns berufen.

Nach drei Monaten übernahm Eduard R. Stettinius dieses Amt. Hopkins blieb weiter Berater für alle Lend-Lease-Fragen und hielt vor allem die Verbindung zum Präsidenten, der bis zur Übertragung der Vollmacht an Stettinius im August 1941 alle Anweisungen selbst unterzeichnen mußte.

Bald schon wuchsen die Arbeiten so an, daß sie kaum noch von der Verwaltung realisiert werden konnten. Eine Verbesserung brachte die am 28. Oktober 1941 ins Leben gerufene Lend-Lease-Verwaltung durch das Office of Lend-Lease Administration O.L.L.A. (Amt für Leih- und Pachtverwaltung).

Stettinius übernahm nun diese neue Dienststelle und damit auch die Gesamtverantwortung für alle Befugnisse der Lend-Lease-Hilfe. Dem Präsidenten oblag weiterhin, festzulegen, welche Länder Hilfe erhalten sollten. Die notwendigen Verträge mit den Ländern wurden vom Foreign Office (Außenministerium) geschlossen.

Grundlage für alle Lend-Lease-Lieferungen war letztlich die Haushaltssumme, die dazu jeweils für das laufende Finanzjahr vom Kongreß bewilligt wurde. Dieser Etat bestimmte die Liefermengen, die das O.L.L.A. festlegte.

Während des Washingtoner Treffens, der sogenannten Arcadia-Konferenz, im Dezember 1941 zwischen Roosevelt und Churchill wurde nicht nur die Koordinierung der Kriegführung durch die Schaffung eines Combined Chiefs of Staff Commitee (Vereinigtes Komitee der Stabschefs) beschlossen, sondern es wurden auch spezielle Maßnahmen für die Entwicklung von Lend-Lease festgelegt.

Eine besondere Bedeutung kam dem neugeschaffenen Munitions Assignment Board (Zuteilungsbüro für Waffen) zu, das nun im Auftrag der USA und Großbritanniens die Zuweisung von Kriegsmaterial an die Länder bestätigte, die vom US-Präsidenten bestimmt waren. Damit wollte man gewährleisten, daß kein von den amerikanischen oder britischen Truppen dringend benötigtes Kriegsmaterial an andere Länder geliefert würde.

Endmontage von Lockheed Hudson für die britische Royal Air Force.

# Eine Bilanz

*In den Jahren des zweiten Weltkrieges starteten sowjetische Flugzeuge mehr als 3 Millionen mal gegen den Feind. Alle großen Operationen der Fronten wurden entscheidend von den Luftstreitkräften mitbestimmt. Die Menge der abgeworfenen Bomben zählt über 30 Millionen. Vorrangig durch die Jagdfliegerkräfte wurden 74 Prozent aller Flugzeuge, die die deutsche Luftwaffe an der sowjetisch-deutschen Front einsetzte, vernichtet.*

*Während noch bei der Gegenoffensive um Moskau die Verbände der sowjetischen Bombenfliegerkräfte etwa über 1000 Maschinen verfügten, betrug die Zahl eingesetzter Bombenflugzeuge bei der Berliner Operation mehr als 7500.*

Die Hauptaufgabe der Fliegerkräfte bestand für die Dauer des gesamten Krieges vorrangig in der Luftunterstützung der Land- und Seestreitkräfte. Bombenangriffe auf das gegnerische Hinterland galten hauptsächlich Flugplätzen, Verkehrsknotenpunkten und Truppenkonzentrationen in Bereitstellungsräumen.

Große Bedeutung erlangten die Handlungen der Schlacht- und Jagdflugzeuge, die zur Unterstützung der beweglichen Truppen eingriffen und in der Folge Durchbrüche sicherten.

Die Luftaufklärung war oft die entscheidende Voraussetzung für die Kampfhandlungen, insbesondere bei Überraschungsangriffen.

Die Erfolge der Jagdflieger wurden vor allem durch die ständige Verbesserung der Methoden der Handlungen und der Elemente des Luftkampfes wie Angriffsposition, Hinterhalte, Patrouille- oder Sperreflüge erreicht.

Bell P-39 und P-63 in Ladd Field im Spätsommer 1944. Im Hintergrund landet gerade eine Douglas C-47.

Besonderes Augenmerk galt dem Begleitschutz und der Deckung von Kampfhandlungen der Schlacht- und Bombenflieger. Die spezielle Angriffsform des Bombenwurfs aus dem Sturzflug wurde ebenso ständig vervollkommnet. Von großer Wirkung waren die laufenden Angriffe der Störflieger bei Nacht, die in der Regel mit der legendären Podva (Po-2) geflogen wurden.

Ein entscheidender Ausgangspunkt für den Sieg über die Hitlerarmeen war die Sicherung der materiellen Versorgung der Truppen. Die militärische Stärke war weitgehend von der Volkswirtschaft abhängig. Während des Krieges entwickelte sich die Rüstungsproduktion zwangsläufig wesentlich schneller als andere Wirtschaftszweige.

Wichtige Maßnahmen zur Sicherung einer Mobilmachung hatten in der UdSSR in der zweiten Hälfte der dreißiger Jahre dazu geführt, daß neue Betriebe der Verteidigungsindustrie entstanden und vorhandene rekonstruiert wurden. Ein Maßnahmeplan sicherte dabei die schnelle Umstellung der übrigen Industrie auf rüstungsbedingte Aufgaben.

Bereits im zweiten Planjahrfünft (Volkswirtschaftsplan 1933 bis 1937) lag die Produktionssteigerung der Rüstungsindustrie um 170 Prozent höher als in der Industrie insgesamt. Im Gegensatz zu 1930/31 stieg die Flugzeugproduktion in diesem Zeitraum auf 400 Prozent.

Bis zum Sommer 1941 befand sich die entscheidende rüstungsindustrielle Basis in den zentralen und nordwestlichen Landesteilen und in der Ukraine. Zu dieser Zeit wurden in den Rüstungsbetrieben im Ural, dem Volgagebiet und in Sibirien nur etwa 18 Prozent aller Erzeugnisse produziert.

Zu den schwierigsten und dringendsten Aufgaben der sowjetischen Industrie nach dem Überfall im Sommer 1941 gehörten:
■ die Umstellung der Wirtschaft auf kriegsbedingte Produktion,
■ die Umverteilung von Arbeitskräften und Ressourcen,
■ die Militärtechnik ständig quantitativ und qualitativ zu verbessern und
■ die bedrohten Produktionsstätten nach Osten zu verlegen.

Die Zahl der Industriebetriebe, die im zweiten Halbjahr 1941 evakuiert und an anderen Standorten neu eingerichtet wurden, betrug nach unvollständigen Angaben 2593.

Der zeitweilige Verlust von Betrieben und Produktionskapazitäten wirkte sich in den ersten Kriegsmonaten auf allen Gebieten der Versorgung aus. Erst Mitte 1942 konnte die Produktion stabilisiert werden.

Das Jahr 1943 verzeichnete den entscheidenden Aufschwung in der Produktion, in dessen Folge die sowjetischen Truppen mit neuer Militärtechnik beschleunigt ausgerüstet werden konnten. Das galt nicht nur für Waffen und Gerät, sondern vor allem auch für Munition.

Die Produktion von Kampfflugzeugen betrug von Juli bis Dezember 1941 8200 Exemplare. 1942 liefen 21 700 Stück aus der Serienfertigung, und 1943 verließen 29 900 Kampfflugzeuge die Werkhallen. Mit 33 200 Flugzeugen für die Front erreichte die Flugzeugindustrie im Jahre 1944 ihre größte Produktionsrate.

Insgesamt wurden von Juli 1941 bis August 1945 112 100 Kampfflugzeuge gebaut, darunter war das Schlachtflugzeug Il-2 mit etwa 35 000 Maschinen zahlenmäßig am stärksten vertreten. Im Kriegsverlauf wurden 25 neue Flugzeugtypen (einschließlich Modifikationen) und 23 verschiedene Flugzeugtriebwerke in die Serienfertigung überführt.

Die sowjetische Rüstungsindustrie wurde durch die Waffenhilfe der Bündnispartner unterstützt. Vorrangig die USA leisteten durch die Lieferung von Waffen und kriegswichtigem Material sowie Rohstoffen und Nahrungsmitteln einen wichtigen Beitrag zur Sicherung des Sieges über Hitlerdeutschland.

Bedingt durch große personelle Reserven und materielle Ressourcen, konnten die USA ihr kriegswirtschaftliches Übergewicht von

Diese Douglas C-47, weiße »997«, brachte im Jahre 1946 die sowjetische Delegation zur UNO-Sitzung nach New York.

Beginn an in den Krieg einbringen und so auch die Kampfhandlungen der alliierten Streitkräfte zu Lande, zu Wasser und in der Luft sicherstellen oder unterstützen. Die Kriegswirtschaft entwickelte im System ihrer Industrie schnell eine Massenproduktion von Kriegstechnik aller Art.

Da ab Mitte 1941 wesentliche Kräfte der deutschen Wehrmacht an der Ostfront gebunden waren, konnten sich die Westmächte wieder etwas mehr auf die Entwicklung neuer Kriegstechnik konzentrieren. Die Aufgaben der Produktion richteten sich vor allem auf die Ergänzung kriegsbedingt erlittener materieller Verluste. Das betraf in erster Linie Kampfflugzeuge, Waffen und Geräte, die bei Kampfhandlungen und bei Rückwärtsbewegungen des Expeditionskorps auf dem europäischen Festland und in Nordafrika verlorengegangen waren.

Ein Großteil der Rüstungsproduktion der westlichen Länder wurde von privaten Betrieben und Einrichtungen erbracht. In den USA erhielten vornehmlich die großen Konzerne Rüstungsaufträge, welche sich wertmäßig auf etwa 67 Prozent der Gesamtproduktion beliefen.

Wissenschaftliche Institutionen und Einrichtungen sahen ihre Unterstützung der Rüstung in der Forcierung der wissenschaftlich-technischen Entwicklung von Waffen und Gerät.

Die finanziellen Mittel für Militärausgaben erhöhten sich ständig, die Staatshaushalte wurden im wesentlichen durch erhöhte Steuern gedeckt.

Der ständig steigende Umfang an notwendigen Transportleistungen auf Straßen und Schienen zur Bewältigung der Waffenhilfe im Verlauf des Krieges führte zu erheblichen Verzögerungen. Besonders in Großbritannien machte sich das Fehlen von Fahrzeugen, Güterwagen und Treibstoffen bemerkbar.

Die Unterstützung der kämpfenden Truppen seitens der USA und Großbritanniens auf Kriegsschauplätzen in Europa und im Fernen Osten erforderte zahlreiche Seetransporte, die meist in Geleiten vonstatten gingen, um der Gefahr feindlicher Angriffe besser begegnen zu können. Dabei gingen mehr als 5000 Schiffe mit über 20 Millionen BRT durch Feindeinwirkung verloren. Durch entsprechende Maßnahmen, wie beispielsweise den Bau der Liberty-Frachter, konnte der Ausfall schnell kompensiert werden.

Die militärische und wirtschaftliche Zusammenarbeit der Länder der Antihitlerkoalition spielte eine wichtige Rolle beim Sieg über die Achsenmächte Deutschland, Italien und Japan. Mit dem USA-Gesetz über Lend-Lease vom März 1941 wurden die Bedingungen für eine Hilfe festgeschrieben. Dies wiederum trug wesentlich zur Mobilisierung, vor allem

der amerikanischen Industrie bei und förderte die Umstellung auf eine durchgehende Kriegsproduktion mit hohen Profitraten. Die Geschäftsleute in den USA betrachteten es als eine vorteilhafte Form der Kriegsbeteiligung. Das Lend-Lease-Abkommen sicherte vielen Betrieben während des zweiten Weltkrieges einen guten Absatz bei hoher Konjunktur.

Vom März 1941 bis zum 1. August 1945 wurden für Lend-Lease seitens der USA 46 Milliarden Dollar ausgegeben, das entsprach etwa 13 Prozent aller Militärausgaben Amerikas. Von allen Lend-Lease-Lieferungen waren mehr als 65 Prozent, im Wert von 30,269 Milliarden Dollar, für Großbritannien und die Länder seines Commonwealth, insbesondere Kanada und Australien, bestimmt. Die Lieferungen an die UdSSR betrugen 21,3 Prozent und hatten einen Wert von 9,8 Milliarden Dollar. Frankreich erhielt Waffenhilfe im Wert von 1,4 Milliarden Dollar. Weitere Lieferungen in Millionenhöhe gingen an China und Indien sowie an südamerikanische Länder.

Übergabe der 5000. über die ALSIB an den Bündnispartner UdSSR gelieferten Maschine am 16. September 1944. Es war eine Bell P-63 Kingcobra.

Im »reciprocal aid«, der sogenannten umgekehrten Hilfe, erreichten die USA aus der UdSSR Güter, einschließlich notwendiger Dienstleistungen, im Wert von 7,3 Milliarden Dollar. Geliefert wurden unter anderem solch wichtige Rohstoffe wie Mangan- und Chromerze. Ein Teil der Schuld wurde in Gold abgerechnet.

Gemessen am Gesamtwert der Kriegsproduktion der sowjetischen Industrie waren die Lieferungen aus dem Lend-Lease-Abkommen, die die Sowjetunion erreichten, gering. Sie lagen bei etwa 4 Prozent. Dazu kam, daß die Lieferungen oftmals nicht den speziellen Forderungen entsprachen oder erst zeitlich verzögert die Bestimmungsorte erreichten.

Immer wieder wird in der Geschichtsschreibung das Lend-Lease-Gesetz als »Wohltätigkeit« und als »großzügige Unterstützung« für die UdSSR dargestellt. Fakt ist, daß die Lieferungen nicht unmittelbar kriegsentscheidend waren, dennoch stellten sie eine wesentliche Hilfe in bestimmten Kriegslagen dar.

Der 1945 in Washington veröffentlichte Twenty First Report (21. Bericht) des State Department an den Kongreß über die Waffenhilfe an die UdSSR weist aus, daß vom Zeitpunkt der Einbeziehung der Sowjetunion von der amerikanischen Flugzeugindustrie und aus Beständen der US-Streitkräfte

## 14 795 Flugzeuge

an die UdSSR geliefert wurden. Die an den Bündnispartner Sowjetunion tatsächlich abgelieferte Anzahl betrug jedoch 14 018 Flugzeuge. In diesen Angaben sind keine Seeflugzeuge enthalten.

# TYPENTEIL

# HURRICANE

| | |
|---|---|
| Ursprungsland: | Großbritannien |
| Baujahr: | 1935 |
| Verwendung: | Jagdflugzeug, Jagdbomber |
| Besatzung: | 1 |
| Empfängerländer: | Indien, Jugoslawien, Frankreich, Rumänien, UdSSR |
| An die UdSSR geliefert: | 2 952 |

Im August 1934 schrieb das britische Luftfahrtministerium die Forderung F.36/34 zum Bau eines neuen modernen Abfangjagdflugzeuges mit Einziehfahrwerk und geschlossenem Cockpit aus. Die Hawker Engeneering Company in Canbury Park Road entwickelte unter der Leitung von Sydney Camm aufgrund dieser Ausschreibung die Hurricane.

Der Prototyp (Seriennummer K 5083) wurde am 21. Februar 1935 in Auftrag gegeben und flog am 6. November des gleichen Jahres zum ersten Mal. Die Flugleistungen dieses von einem Rolls-Royce-Triebwerk »Merlin« angetriebenen Jagdflugzeuges hinterließen bei der Royal Air Force (RAF) einen solch guten Eindruck, daß man per 3. Juni 1936 600 Exemplare in Auftrag gab.

Die Produktion der ersten Serie der Hurricane Mk. I lief ab Herbst 1937. Das erste Produktionsmuster (L 1547) flog am 12. Oktober 1937. Im März 1938 lag die Produktionsrate bei sechs Maschinen wöchentlich. Im November 1938 wurde erstmals eine Squadron (Staffel) No. 111 in Northolt mit dem neuen Muster ausgerüstet. Anfang September 1939 standen bereits 497 Hurricane bei 18 Staffeln im Einsatz.

Als erste Auslandslieferung erhielt Jugoslawien im Dezember 1938 eine Hurricane. Zwei Bestellungen über jeweils zwölf Maschinen folgten. 100 weitere Hurricane sollten danach bei Rogozarski in Belgrad und bei den Staatlichen Flugzeugwerken in Zmaj in Lizenz gebaut werden. Als die deutschen Truppen in Jugoslawien einfielen, verfügte die jugoslawische Luftwaffe über 48 Hurricane.

Eine Auslieferung von zehn Hurricane an die polnische Luftwaffe konnte, bedingt durch den deutschen Überfall auf Polen am 1. September 1939, nicht mehr realisiert werden. Nur eine Maschine erreichte als Vorauslieferung Polen. Über ihren Verbleib ist nichts bekannt. Der weitere Transport wurde an die RAF in Gibraltar umgeleitet.

Zur gleichen Zeit waren zwölf Maschinen auf dem Weg nach Rumänien. In einer vom Kommando der Luftstreitkräfte des rumänischen Ministeriums für Luftfahrt und Marine zu Beginn des zweiten Weltkrieges herausgegebenen Studie mit der Bezeichnung »Hypothese 32« sind die zwölf gelieferten Hurricane bereits als Bestand in den Jagdfliegerstaffeln ausgewiesen.

Es folgten weitere Lieferungen an die Türkei (29), Persien (zwei), Südafrika (über 180) und Belgien (22).

Nach Beendigung des Winterkrieges zwischen Finnland und der UdSSR erhielt die finnische Luftwaffe zwölf Hurricane Mk. I aus RAF-Beständen. Nachdem die deutsche Reichsregierung Finnland zur Wiederaufnahme des Krieges bewegt hatte, wurden diese Hurricane gegen sowjetische Verbände eingesetzt.

Die eigentliche Feuertaufe erlebten die Hurricane am 10. Mai 1940, als der deutsche Angriff auf Frankreich begann und deutsche Truppen unter Mißachtung der Neutralität auch in Belgien und den Niederlanden einmarschierten. Neben vier Staffeln eines britischen Expeditionskorps in Frankreich flogen auch die belgischen Hurricane gegen die Eindringlinge.

Zu Beginn der Luftschlacht um England im Sommer 1940 erwies sich die Hurricane den deutschen Messerschmitt Bf 109E als leicht unterlegen, doch die britischen Piloten, unterstützt von vielen Freiwilligen anderer Nationen, verteidigten siegreich ihre Insel. Dabei erwies sich die veraltete Rumpfkonstruktion der Hawker Hurricane mit ihrem Metallrohrgerippe mit Längsversteifungen und Spanten aus Holz und stoffbespannt auch als vorteilhaft, denn Beschußschäden aus den Luftkämpfen ließen sich schnell reparieren. Hurricane-Staffeln schossen unter anderem in der Anfangsphase der Luftschlacht 272 Messerschmitts bei 153 eigenen Verlusten ab. Die Luftschlacht zeigte auch, daß eine Leistungssteigerung dieser Maschine unumgänglich war. Die modifizierte Hurricane bekam ein neues Triebwerk, das »Merlin XX« (942 kW). Das erste Muster entstand aus einer Mk I (P 3236) und führte als Hurricane Mk. IIA

am 11. Juni 1940 seinen Erstflug aus. Im September 1940 gelangten die ersten Serienmaschinen der Mk. IIA zu den Jagdstaffeln.

Aus dem gleichen Muster leitete Hawker auch die Jagdbombervariante Hurricane Mk. IIB ab. Der »Hurri-Bomber«, wie die Mk IIB auch genannt wurde, konnte an zwei Unterflügelstationen je eine 120-kg-Bombe tragen.

Ende Oktober 1940 waren die Hurricane-Jagdbomber einsatzbereit. Maschinen der Squadronen No. 607 und No. 402 flogen Angriffe gegen Ziele im besetzten Frankreich. Im Bauprogramm von Hawker folgten die Versionen Mk IID, E und PR. Die letzte, in großer Stückzahl gebaute Version war die Mk. IV, vor der allein 524 Maschinen bei der RAF im Fernen Osten flogen. Die in Kanada gefertigten Hurricane liefen in den Serien Mk. X, XI und XII.

Die britische Navy flog modifizierte Sea Hurricane, die auf den Baureihen Mk. I, IIB und IIC basierten. Etwa 600 Maschinen wurden zu Sea Hurricane umgerüstet, von denen ungefähr 200 im Kriegseinsatz waren.

Nach neun Produktionsjahren waren mit der letzten Maschine, einer Mk. IIC (KZ 232), im September 1944 12780 Hawker Hurricane in Großbritannien und weitere 1451 in Kanada gebaut worden. In diese Zahlen sind andere Lizenzproduktionen nicht eingerechnet.

*Generalmajor A. A. Kusnecov in seiner Hurricane Z 5252. Er wurde für seine Tapferkeit als Held der Sowjetunion ausgezeichnet.*

*Hawker Hurricane Mk. IIB*

| Hawker Hurricane Mk.IIB | |
|---|---|
| **Abmessungen** | |
| Spannweite: | 12,19 m |
| Länge: | 9,75 m |
| Flügelfläche: | 23,92 m² |
| **Massen** | |
| Leermasse: | 2 750 kg |
| Startmasse: | 3 850 kg |
| Flächenbelastung: | 160,9 kg/m² |
| **Triebwerk** | |
| Anzahl: | 1 |
| Typ: | Rolls & Royce »Merlin XX« |
| Leistung: | 942 kW |
| **Flugleistungen** | |
| Reisegeschwindigkeit: | 425 km/h |
| Höchstgeschwindigkeit: | 547 km/h |
| Steiggeschwindigkeit: | 8,5 m/s |
| Reichweite: | 740 km |
| Dienstgipfelhöhe: | 12 200 m |
| | |
| Bewaffnung: | 12 MG Browning 7,7 mm oder 2 Kanonen ŠVAK 20 mm und 2 MG Beresin UB 12,7 mm |
| Abwurfmittel: | 2 Bomben FAB-100 oder 6 Raketen RS-82 |

*Eine Hawker Hurricane Mk. IIB beim Start an der sowjetischen Nordfront.*

*Die Hurricane IIB (Seriennummer BM 959) mit dem Schriftzug »Za Stalina« (Für Stalin) und der Zeichnung des Wolfes von Dvina am Seitenleitwerk nach einer Notlandung.*

Nach dem Einfall deutscher Truppen in die Sowjetunion am 22. Juni 1941 wandte sich Stalin an Großbritannien, um Waffenhilfe im gemeinsamen Kampf gegen den Aggressor zu erhalten. Das britische Königreich befand sich selbst in einer angespannten Lage, doch Churchill zeigte sich bereit, wenigstens mit einigen Jagdflugzeugen Hawker Hurricane Hilfe zu leisten. Das nach langen Verhandlungen und nach Beendigung des Unternehmens

»Benedict« übernommene Kontingent britischer Flugzeuge war die erste Lieferung ausländischer Kampfflugzeuge an die UdSSR während des zweiten Weltkrieges.

Die ersten Hurricane Mk. IIB erreichten die Sowjetunion auf dem Seeweg. Am frühen Morgen des 7. September 1941 starteten 24 Hurricane vom britischen Flugzeugträger HMS »Argus« zur Flugbasis Vaenga. Die Maschinen waren Teil der Wing (Geschwader) No. 151, das von Wing Commander Ramsbottom-Isherwood befehligt wurde und sich aus Piloten der Squadrons No. 81 und No. 134 zusammensetzte.

Weitere 15 demontierte Hurricane gelangten als Decksfracht eines Geleites nach Archangelsk, wurden in Keg-Ostrov montiert und ebenfalls zur Einsatzbasis Vaenga geflogen. Das Geschwader sollte die sowjetischen Fliegerkräfte im Hohen Norden bei der Abwehr feindlicher Angriffe auf die Geleite nach und von der Sowjetunion unterstützen.

Das unter dem Decknamen »Benedict« geführte Unternehmen sah weiter vor, sowjetische Piloten in das Muster Hurricane einzuweisen. Nach Ablauf des Unternehmens gin-

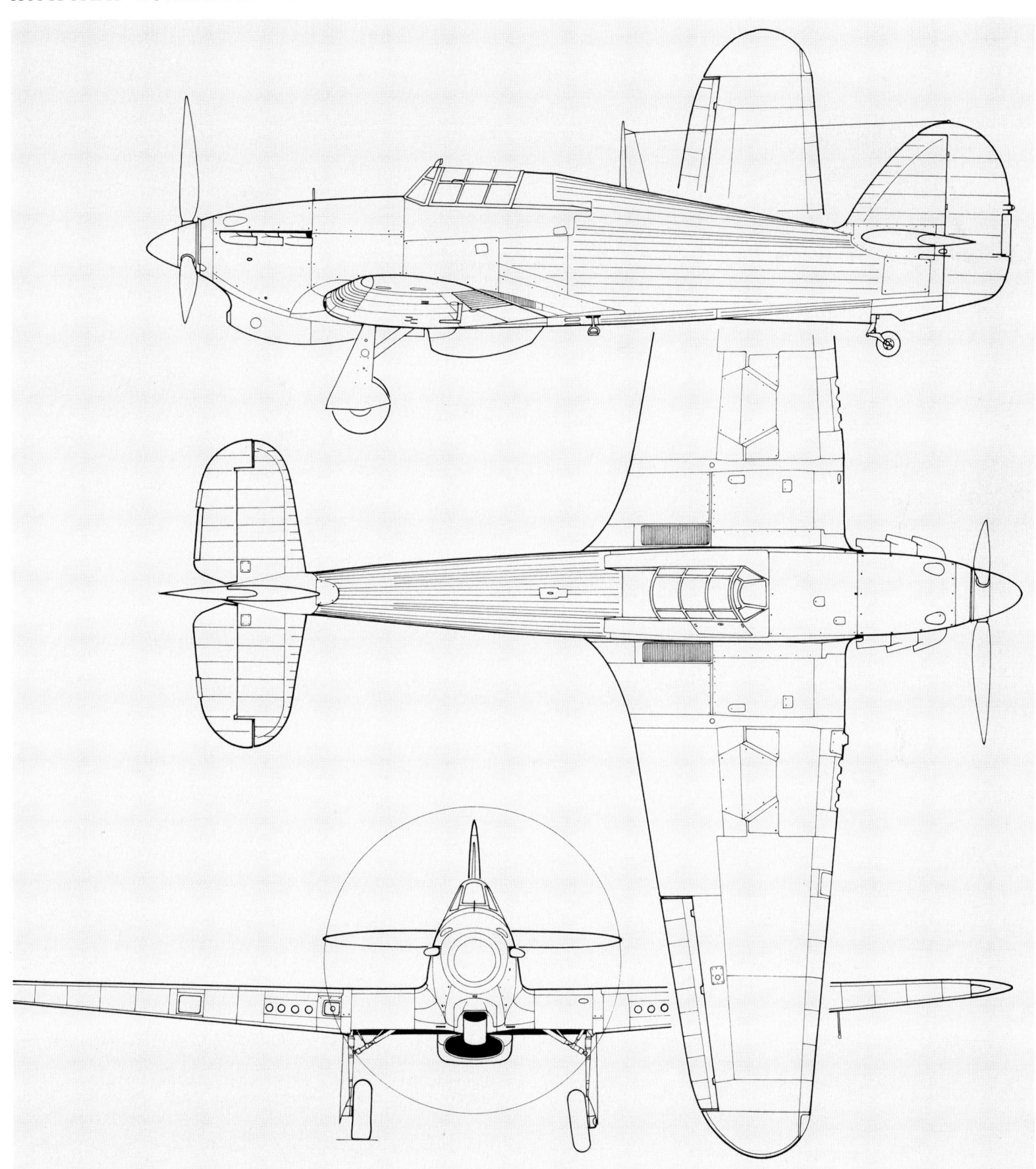

*Hawker Hurricane Mk. IIC*

*Hawker Hurricane Mk. IIB*

gen die verbliebenen britischen Jagdflugzeuge in den Bestand des 72. gemischten Fliegerregiments der Nordflotte über. Diese Hurricane wurden fortan von sowjetischen Piloten geflogen, nachdem am 27. November 1941 die letzten britischen Flieger des 151. Wing von Murmansk per Schiff nach Großbritannien zurückgekehrt waren.

Was sich bereits angedeutet hatte, zeigte sich in der Härte des Winters immer mehr. Triebwerkausfälle verminderten die Einsatzbereitschaft der Hurricane. Ebenso fanden sowjetische Piloten das Muster unterbewaffnet. Hauptmann B.S. Safonov, Staffelführer von Hurricane in Vaenga, ordnete eine Umbewaffnung auf je zwei 20-mm-Maschinenkanonen ŠVAK und 12,7-mm-Maschinengewehre UB an und konnte diese erfolgreich einsetzen.

Den vom 151. Wing zurückgelassenen Maschinen folgten bald weitere Lieferungen. Anfang Dezember 1941 wurde das 1. Fliegerregiment in der Verteidigung Moskaus mit Hurricane ausgerüstet.

Bekannt wurde, daß in mindestens zwei Fällen sowjetische Piloten mit diesen britischen Maschinen bei Rammangriffen erfolgreich gegnerische Flugzeuge zum Absturz bringen konnten. Auch Leutnant N.F. Repnikov vom 152. Fliegerregiment bezwang am 4. Dezember 1941 so einen Gegner bei Medvežegorsk. Leutnant A.V. Sorokin vom gleichen Regiment brachte am 10. März 1942 durch einen Rammeinsatz einen weiteren Gegner zum Absturz und konnte danach bei Rugozero seine Hurricane sicher landen.

Bis Ende Dezember 1942 verschifften die Briten 2002 Hurricane nach Murmansk. Auf den Transporten gingen 321 Maschinen durch Feindeinwirkung verloren. Neben den britischen wurden auch bei Canadian Car & Foundry Ltd. in Fort William (Kanada) gefertigte Hurricane an die UdSSR geliefert. Der Transport auf dem Seeweg geschah jedoch nie direkt, sondern stets über britische Häfen, in denen die Konvois zusammengestellt wurden. Weitere Lieferungen erfolgten über die Persische Route. Es handelte sich meist um Hurricane, die aus den Beständen der britischen Truppen in Afrika, Vorderasien und Indien stammten.

Mit dem Einsatz moderner Jagdflugzeuge der Typen Messerschmitt Bf 109G-6 und Focke Wulf Fw 190 wurden Jagdeinsätze der Hurricane ob ihrer Unterlegenheit immer problematischer; doch als Tiefangriffsflugzeug zur Unterstützung der Bodentruppen waren sie noch gut verwendbar.

Zusätzlich brachte man Unterflügelstationen für zwei Bomben FAB von je 100 kg oder sechs Raketen RS-82 an. Ebenso zur Erdkampfunterstützung kamen Hurricane Mk. IID zum Einsatz, die sich durch je zwei von Rolls & Royce entwickelte 40-mm-Kanonen (je 15 Granaten) besonders gegen Panzer als effektiv erwiesen.

Einige Hawker Hurricane Mk. IIC flogen bei den sowjetischen Fliegereinheiten auch als Nachtjäger in vollkommen schwarzer Bemalung.

Großbritannien und Kanada lieferten dem Bündnispartner Sowjetunion insgesamt 2952 Hawker Hurricane, darunter allein 2776 der Baureihen Mk. II. Diese Liefermenge stellte etwa 21 Prozent der Gesamtproduktion der Hurricane dar.

# SUPERMARINE

## SPITFIRE

| | |
|---|---|
| **Ursprungsland:** | Großbritannien |
| **Baujahr:** | 1936 |
| **Verwendung:** | Jagdflugzeug |
| **Besatzung:** | 1 |
| **Empfängerländer:** | Frankreich, USA, Australien, UdSSR |
| **An die UdSSR geliefert:** | 1 331 + 9 Aufklärer P.R. |

Die Supermarine Spitfire entstand unter Leitung von Reginald J. Mitchell auf der Grundlage der bekannten Hochgeschwindigkeits-Rennflugzeuge der dreißiger Jahre, die mehrmals erfolgreich an den Rennen um den Schneider-Pokal teilnahmen. Die Spitfire wurde das erste freitragende Ganzmetall-Jagdflugzeug, das als Eindecker in Großbritannien gebaut wurde.

Angetrieben von einem Triebwerk Rolls & Royce PV-12 startete der Prototyp am 5. März 1936 zum Erstflug. Die Erprobung der Versuchsmaschine (Werknummer K 5054) verlief zufriedenstellend, und die Royal Air Force (RAF) orderte 510 Maschinen.

Im August 1938 konnten die ersten Spitfire an die 19. Squadron (Staffel) in Duxford übergeben werden. Bei Kriegsausbruch im September 1939 standen 224 Supermarine Spitfire Mk. I bei zehn Staffeln der RAF im Einsatz.

Wie kein anderes Jagdflugzeug wurde die Spitfire zum Symbol der deutschen Niederlage in der Luftschlacht um England im Sommer 1940. Neben britischen Piloten kämpften dabei auch Belgier, Franzosen, Niederländer, Norweger, Polen, Tschechen und Schweizer in den Reihen der RAF. Auch sie flogen mit viel Erfolg den leistungsfähigen und wendigen Jäger.

Nachdem im Juni 1940 das verbesserte Triebwerk »Merlin XII« mit einer Leistung von 865 kW zur Verfügung stand, begann der Bau der ersten 750 Maschinen dieser neuen Serie. Weitere Versionen folgten, die aber nicht immer in Serie gingen. Von der Mk. III wurde sogar nur ein Exemplar gebaut (Werknummer N 3297).

Ein Jahr später lief die nochmals leistungsgesteigerte Spitfire Mk. V vom Band. Neben dem Rolls & Royce »Merlin 45« (1080 kW) erhielt diese Version eine verstärkte Bewaffnung, bestehend aus zwei 20-mm-Kanonen und zwei 7,7-mm-Maschinengewehren in den Tragflügeln.

*Supermarine Spitfire Mk. VB*

**Supermarine Spitfire Mk.IX**

| Abmessungen | |
| --- | --- |
| Spannweite: | 11,22 m |
| Länge: | 9,12 m |
| Flügelfläche: | 22,50 m² |
| **Massen** | |
| Leermasse: | 2 545 kg |
| Startmasse: | 3 402 kg |
| Flächenbelastung: | 151,2 kg/m² |
| **Triebwerk** | |
| Anzahl: | 1 |
| Typ: | Rolls & Royce »Merlin 63« |
| Leistung: | 11 214 kW |
| **Flugleistungen** | |
| Reisegeschwindigkeit: | 521 km/h |
| Höchstgeschwindigkeit: | 657 km/h |
| Steiggeschwindigkeit: | 20,8 m/s |
| Reichweite: | 804 km |
| Dienstgipfelhöhe: | 11 370 m |

| Bewaffnung: | 4 Kanonen Hispano 20 mm oder 2 Kanonen Hispano 20 mm und 2 MG Browning 12,7 mm |
| --- | --- |

Als im Februar 1941 die Auslieferung der neuen Spitfire in die Bewaffnung der 92. Squadron begann, waren dies die ersten Maschinen von insgesamt 6464 Exemplaren der Baureihe Mk. V.

Ende 1941 erkannte man erhebliche Nachteile der Spitfire gegenüber dem inzwischen einsatzbereiten deutschen Jagdflugzeug Focke Wulf Fw 190. In aller Eile wurde in Castle Bromwich ein »Merlin 61« (1220 kW) in eine Mk.-V-Zelle installiert. Wenig modifiziert ging das Muster nach erfolgreicher Erprobung als Mk. IX in die Produktion.

Im Laufe der Serienproduktion gab es Änderungen am Leitwerk, und ein neuer Universal-

*Letztes Handanlegen an die für die UdSSR bestimmten Spitfire. Sowjetische Kennzeichen wurden auf alle Tragflügelpositionen aufgemalt.*

*Der unbewaffnete Aufklärer Spitfire PR. IV mit der weißen »65« wurde vor der Übergabe von den Briten in Vaenga geflogen.*

*Wartungsarbeiten an einer Supermarine Spitfire VB vor der Übergabe an den sowjetischen Bündnispartner im April 1943 in Abadan.*

# SUPERMARINE SPITFIRE MK. IX

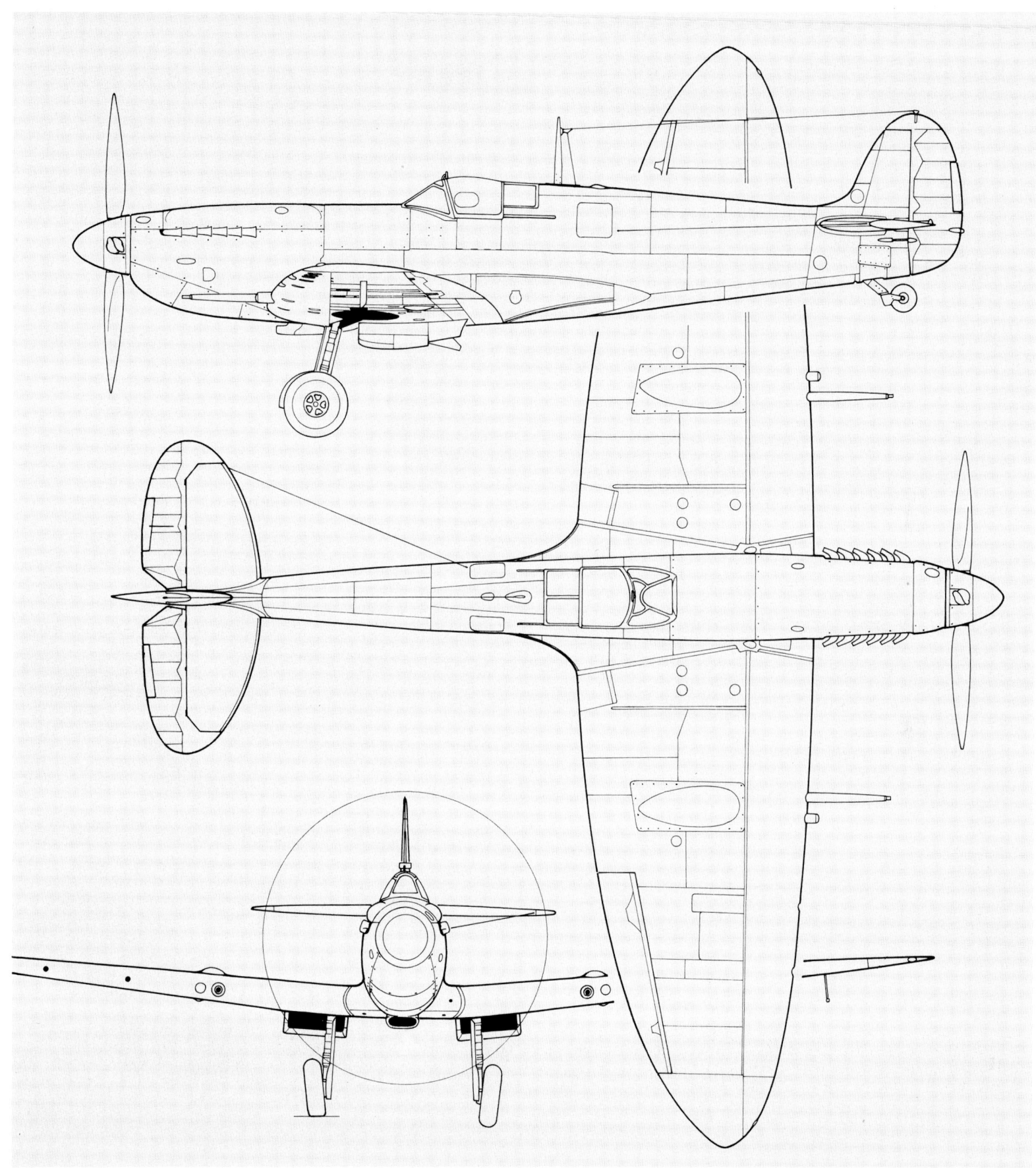

*Supermarine Spitfire Mk. VB (1943)*

*Supermarine Spitfire Mk. IXE (1943)*

*Supermarine Spitfire Mk. IV (Moskau, 1942)*

flügel wurde verwendet. In die Bewaffnung kamen vier 20-mm-Maschinenkanonen Hispano oder zwei Hispano-Kanonen und zwei 7,7-mm-Maschinengewehre Browning. Im Juli 1942 begann die Auslieferung an die Fliegereinheiten. Nach der Mk. V erreichte die Serie Mk. IX mit 5665 gebauten Maschinen die zweitgrößte Bauzahl.

Die Supermarine Spitfire wurde in weiteren Versionen bis zur Mk. 24 laufend verbessert. Als im Oktober 1947, zwei Jahre nach Kriegsende, die letzte Maschine geliefert wurde, waren 20334 Maschinen produziert.

Die hervorragenden Flugeigenschaften der Spitfire blieben auch sowjetischen Fachleuten nicht verborgen. Kurz nach dem deutschen Überfall auf die UdSSR bat Stalin Churchill um die Lieferung von Jagdflugzeugen vom Typ Spitfire. Churchill zögerte, da die RAF jede Spitfire zur Verteidigung der britischen Insel und im Mittelmeerraum benötigte.

Dennoch, dem beharrlichen Drängen des sowjetischen Botschafters Maisky in London war es schließlich zu verdanken, daß im März 1942 die ersten 143 Supermarine Spitfire Mk. V aus Beständen der sieben im Mittelmeerraum operierenden RAF-Staffeln nach Abadan überflogen wurden. Nach Einweisung der sowjetischen Piloten auf das neue Muster verlegten diese Spitfire an die Front.

Einige Maschinen gelangten zu den Luftverteidigungskräften im Raum Moskau. Dort konnte bereits nach kurzer Stationierung die erste Feindmaschine, ein Höhenaufklärer Ju 86, durch eine Spitfire abgeschossen werden.

Zur gleichen Zeit lieferten sich Spitfire im Raum Orel heftige Luftkämpfe mit den Eindringlingen.

An der Kuban-Front flog das 57. Garderegiment unter A. L. Ivanov ebenfalls die Supermarine Spitfire. Immer wieder kam es vor, daß diese Flugzeuge von eigenen Feldtruppen falsch angesprochen und mit der deutschen Messerschmitt Me 109 verwechselt wurden, was zu Verlusten führte.

Die sowjetischen Luftstreitkräfte unternahmen auch Versuche, die Spitfire als Jagdbomber zur Unterstützung der Fronttruppen einzusetzen. Die Resultate führten dazu, die Spitfire nur als Jagdflugzeug zu verwenden.

Im Spätsommer des Jahres 1942 verlegte die RAF unter dem Decknamen »Orator« drei unbewaffnete, mit Aufklärungskameras F.24 ausgerüstete Spitfire P.R. Mk. IV der in Benson stationierten Photografic Reconnaissance Unit No. 1 (Photo-Aufklärungseinheit 1) zunächst nach Afrikanda in der Nähe von Kandalakša am Weißen Meer, um dann von Vaenga aus ab 10. September 1942 Aufklä-

rungseinsätze zur Sicherung der Geleitzüge und der Erkundung der deutschen Flottenbewegungen zu fliegen.

Vor dem Einsatz wurden die britischen Kokarden übermalt und an ihre Stelle rote Sterne aufgebracht. So flogen in Folge britische Piloten mit ihren Spitfire-Aufklärern unter sowjetischen Hoheitszeichen. Weitere drei Spitfire P.R. Mk. IV der 543. Squadron in Benson verlegten Anfang April 1943 nach Vaenga. Diese Operation trug den Decknamen »Source« und hatte die gleichen Ziele.

Ein letztes Aufklärungsunternehmen unter dem Decknamen »Tungsten« fand im Frühjahr 1944 statt. Wiederum drei Spitfire, diesmal P.R. Mk. V der 542. Squadron in Benson, flogen ab 12. März 1944 Aufklärungseinsätze im Hohen Norden. Das Unternehmen richtete sich vor allem auf die Erkundung der schweren deutschen Kampfschiffe, insbesondere des Schlachtschiffes »Tirpitz«.

Nach Beendigung dieser Aufgabe schulten die Briten sowjetische Piloten auf die Maschinen um und kehrten dann in die Heimat zurück. Die Spitfire-Aufklärer wurden in den Bestand der sowjetischen Fliegerkräfte eingegliedert und weiter zu Aufklärungszwecken an der Front verwendet. Eine dieser Spitfire P.R. Mk. V flog bei der Erprobungsstelle der Luftstreitkräfte.

Ab Mitte 1944 zeigten sich die Briten zur Abgabe der Spitfire Mk. IX bereit. Von den 5665 produzierten Mk. IX wurden 1188 an den sowjetischen Bündnispartner geliefert.

Obwohl mit guten Ergebnissen eingesetzt, gab es auf den Feldflugplätzen immer wieder Schwierigkeiten, da Ersatzteile fehlten. Vorrangig bei Garderegimentern im Einsatz, flogen sowjetische Piloten die Spitfire bis 1945.

Das 1. Flugzeugdepot Leningrad rüstete 1945 einige Spitfire Mk. IX zu zweisitzigen Trainingsflugzeugen um.

Zwischen 1942 und 1945 lieferte Großbritannien über Abadan und die Nordroute 1331 Supermarine Spitfire der Baureihen Mk. V und Mk. IX und neun Spitfire-Aufklärer P.R. Mk. IV und Mk. V, die aufgrund ihrer großen Reichweite in die UdSSR überflogen wurden. Kurz nach Kriegsende wurden die meisten noch verbliebenen Maschinen außer Dienst gestellt und durch sowjetische Muster ersetzt.

# NA-73 MUSTANG I

| | |
|---|---|
| **Ursprungsland:** | USA |
| **Baujahr:** | 1940 |
| **Verwendung:** | Jagdflugzeug |
| **Besatzung:** | 1 |
| **Empfängerland:** | Großbritannien |
| **An die UdSSR geliefert:** | 10 |

Im Frühjahr 1940 nahm die britische Einkaufs-kommission mit der amerikanischen Firma North American Aviation Verbindung auf, um den Lizenzbau der Curtiss P-40 Tomahawk zu erörtern. Seitens der Firma schlug man statt des Lizenzbaus die Entwicklung eines neuen Jagdflugzeuges für die Royal Air Force (RAF) vor, das die Flugleistungen der P-40 noch übertreffen sollte. Obwohl die Briten wegen der Kriegsereignisse unter Zeitdruck standen, willigten sie in das Angebot ein.

Nach nur 117 Tagen Entwicklungszeit stand der erste Prototyp der NA-73, bis auf das noch fehlende Triebwerk, fertig in einer Mon-tagehalle in Inglewood (Kalifornien). Die Liefe-rung des Allison-Triebwerkes verzögerte sich. Erst am 26. Oktober 1940 konnte Testpilot Vance Breese zum Erstflug starten. Die briti-schen Fachleute zeigten sich beeindruckt, und man bestellte umgehend 620 Exemplare. Die ersten der nun mit Mustang I bezeichne-ten Jagdflugzeuge trafen im Spätsommer 1941 auf dem Seeweg in Liverpool ein und wurden anschließend auf dem Flugplatz Speke montiert. Als erste Einheit erhielt die 26. Squadron (Staffel) in Gatwick bei London diesen neuen Typ im Februar 1942.

*North American NA-73 Mustang I*

*North American NA-73 Mustang I*

Die Mustang I erreichte eine um etwa 56 km/h höhere Geschwindigkeit als die Spitfire aus eigener Produktion. Allerdings verlor das Triebwerk Allison V-1710-39 des neuen Jagdflugzeuges in Höhen über 4100 m erheblich an Leistung, was die Kampfkraft der Maschinen in größeren Höhen stark reduzierte. Aus diesem Grund kam das Muster dann auch nie ernstlich als Tagjäger für die RAF in Betracht. Dank der hohen Geschwindigkeit und einer guten Manövrierfähigkeit in Bodennähe eignete sich die Mustang I besonders für taktische Aufklärungseinsätze und zur Unterstützung von Bodentruppen. Diese Eigenschaften machten den Typ auch für die sowjetischen Luftstreitkräfte interessant.

Nach dem Einfall deutscher Truppen in die UdSSR im Sommer 1941 versuchte Stalin, von seinen Bündnispartnern diese Flugzeuge zu erhalten. 1942 stimmte die britische Regierung der Lieferung von zehn North American NA-73 Mustang I aus Beständen der RAF an die Sowjetunion zu.

In Speke wurden daraufhin zehn Mustang wieder demontiert und in Kisten verpackt. An Bord britischer Schiffe wurde die Fracht in einem Geleit nach Murmansk überstellt. Nach dem erneuten Zusammenbau erfolgte eine intensive Musterprüfung bei der Erprobungsstelle der sowjetischen Luftstreitkräfte in der

*North American NA-73 Mustang (Seriennummer AG 348) der Erprobungsstelle der Luftstreitkräfte.*

Nähe von Moskau. Die Testpiloten zeigten sich von den äußerst guten Flugeigenschaften und der hohen Geschwindigkeit der Mustang I beeindruckt.

Dennoch kam es zu keinen weiteren Lieferungen, da die Briten die Mustang als taktischen Aufklärer selbst dringend benötigten. Die UdSSR zeigte sich gegenüber den USA während des ganzen Krieges sehr an Lieferungen des Nachfolgemusters der NA-73, der North American P-51 Mustang, interessiert.

Neben den Jakovlev Jak-3 und Jak-9 aus sowjetischer Produktion kann die von einem Triebwerk Packard »Merlin« V-1650-7 angetriebene P-51 als bester Jäger der Alliierten während des zweiten Weltkrieges bezeichnet werden. Da alle Maschinen dieses Typs vorrangig von den amerikanischen Luftstreitkräften für Begleitschutzaufgaben gebraucht wurden, kam es nicht zu einer Lieferung an die Sowjetunion.

**North American NA-73 Mustang I**

| Abmessungen | |
|---|---|
| Spannweite: | 11,29 m |
| Länge: | 9,82 m |
| Flügelfläche: | 21,67 m² |

| Massen | |
|---|---|
| Leermasse: | 2 717 kg |
| Startmasse: | 3 916 kg |
| Flächenbelastung: | 180,7 kg/m² |

| Triebwerk | |
|---|---|
| Anzahl: | 1 |
| Typ: | Allison V-1710-39-F3R |
| Leistung: | 824 kW |

| Flugleistungen | |
|---|---|
| Reisegeschwindigkeit: | 575 km/h |
| Höchstgeschwindigkeit: | 611 km/h |
| Steiggeschwindigkeit: | 11,6 m/s |
| Reichweite: | 1 200 km |
| Dienstgipfelhöhe: | 9 750 m |

Bewaffnung: 6 MG, davon
2 x 12,7 mm
und 4 x 7,7 mm

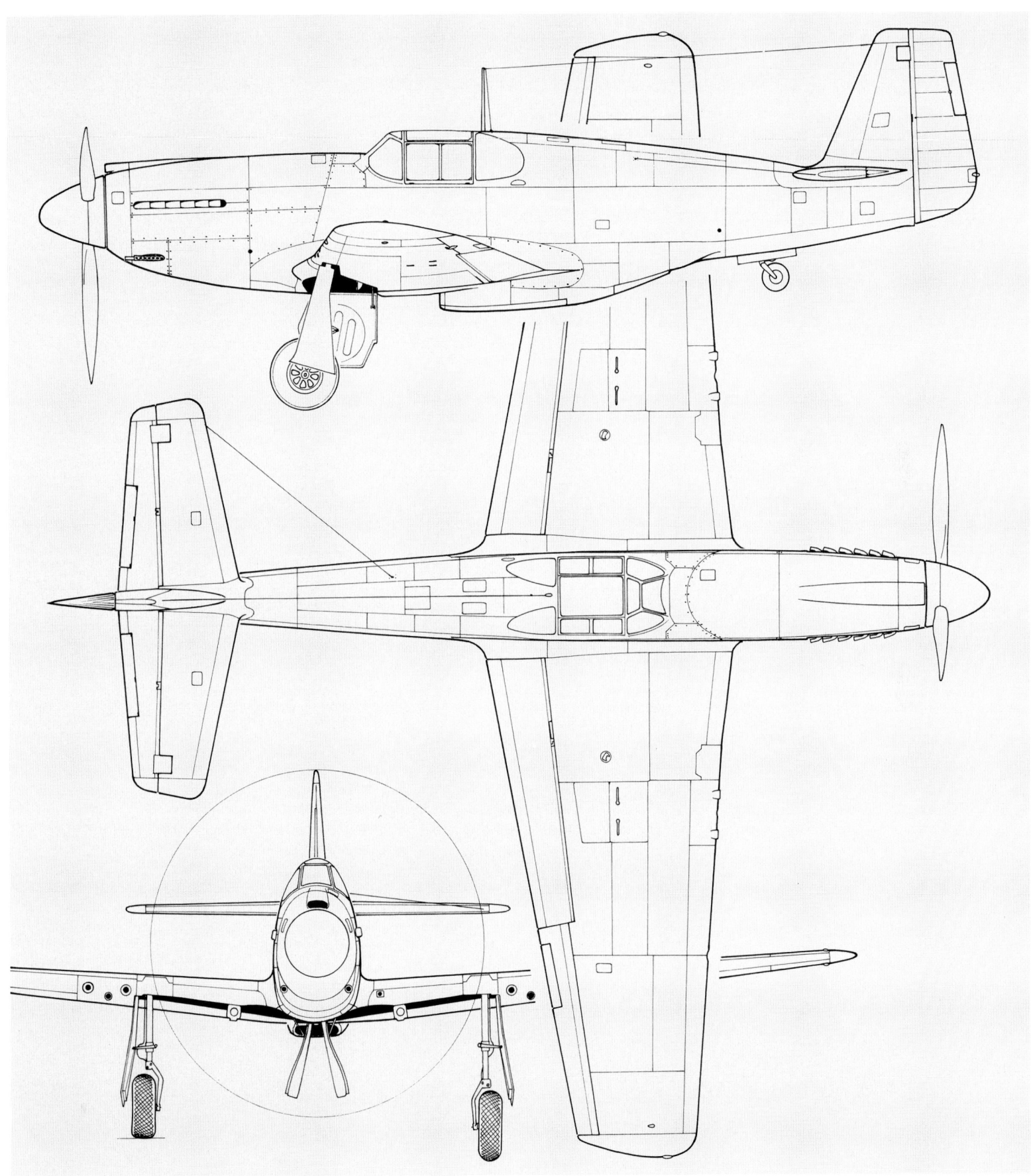

# P-40 WARHAWK

| | |
|---|---|
| Ursprungsland: | USA |
| Baujahr: | 1938 |
| Verwendung: | Jagdflugzeug |
| Besatzung: | 1 |
| Empfängerländer: | Australien, Brasilien, China, Großbritannien Frankreich, Niederlande, Kanada, Neuseeland, UdSSR |
| An die UdSSR geliefert: | bis Serie C: 195 ab Serie E: 2 436 |

Mit dem Auftrag 10 136 des US Army Air Corps vom 30. Juli 1938 wurde Curtiss die Auflage erteilt, ein Erprobungsmuster als Ersatz für die P-36 zu bauen, nachdem die YP-37 als Zwischenlösung erhebliche Schwierigkeiten erkennen ließ. Zu diesem Zweck modifizierte man die Zelle der zehnten Produktionsmaschine der P-36 und rüstete sie mit einem Reihenmotor Allison V-1710 zum ersten Prototyp XP-40 (Seriennummer A.C. 38-10) um. Er startete am 14. Oktober 1938 zum Erstflug.

Aufgrund der guten Testergebnisse gab das US Army Air Corps im Januar 1939 eine Bestellung (Auftrags-Nr. 12414) über 524 Curtiss P-40 im Wert von fast 13 Millionen Dollar auf. Produktionsbeginn war März 1940.

Schon bald interessierten sich auch die britische und die französische Einkaufskommission für das wesentlich modernisierte Jagdflugzeug. Im Ergebnis der Verhandlungen bestellte Frankreich 140 Flugzeuge P-40. Zur Auslieferung kam es nicht mehr, da die deutschen Truppen inzwischen das Land besetzt hatten. Umgehend übernahmen die Briten den Vertrag, weil sie angesichts der Bedrohung ihrer Insel dringend Jagdflugzeuge benötigten.

Die ersten 142 Exemplare (britische Seriennummern BK 852, BK 853 und AH 741 bis AH 880) kamen so in den Bestand der Royal Air Force (RAF), wurden mit dem Merknamen Tomahawk I belegt und erhielten eine Bewaffnung von vier Browning-Maschinengewehren. Obwohl das Muster die geforderten Leistungen nicht erreichte, verblieb ein Teil dieser Flugzeuge in Großbritannien und wurde auf verschiedene Trainingseinheiten verteilt. Der

Curtiss Tomahawk II (Seriennummer AH 976).

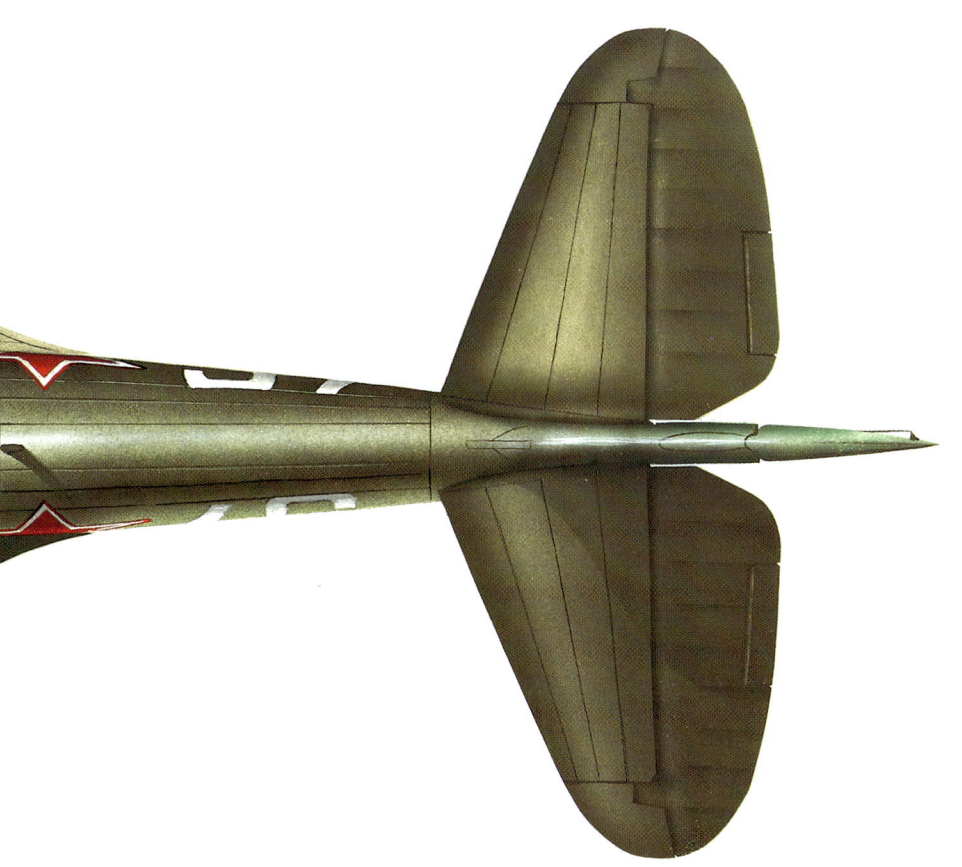

Curtiss P-40N Warhawk

Rest kam auf den nordafrikanischen Kriegsschauplatz zum Einsatz und wurde auch von Piloten der südafrikanischen Luftwaffe geflogen.

Die RAF bestellte 110 weitere Maschinen der Version P-40B, die als Tomahawk II (britische Seriennummern AH 881 bis AH 990) übernommen wurden. Zur gleichen Zeit begann auch die Lieferung von 131 P-40B für das US Army Air Corps (Seriennummern 41-5205 bis 41-5304 und 41-12397 bis 41-13327). Inzwischen entstand im Herstellerwerk die Version H-81A-3 als P-40C, die im wesentlichen der B-Version glich. Das Army Air Corps orderte davon 193 Maschinen, die mit den Seriennummern 41-13328 bis 41-13520 in die Staffeln kamen. Die britische Luftwaffe erwarb 930 Maschinen der C-Version, von denen 100 Stück umgehend vom Hersteller direkt an Nationalchina geliefert wurden. Auch die Türkei soll von diesen P-40C einige als Waffenhilfe erhalten haben. Die in Großbritannien eingesetzten Maschinen erhielten die Seriennummern AH 991 bis AH 999 und AK 100 bis AK 570.

Im Ergebnis der Festlegungen zur Unterstützung des Bündnispartners Sowjetunion wurden 195 dieser Curtiss P-40 von britischen Häfen aus nach Murmansk verschifft. Die Lieferung bestand aus 24 Maschinen Tomahawk II (P-40B) und 171 Tomahawk IIB (P-40C) und wurde von den sowjetischen Fliegerkräften dringend erwartet, da man Ende 1941 jedes verfügbare Flugzeug brauchte. Eine Tomahawk II (Seriennummer AH 975) wurde von der Erprobungsstelle der Luftstreitkräfte bei Moskau geflogen.

Die ersten im Herbst 1941 an die UdSSR gelieferten Tomahawk wurden der Luftverteidigung Moskaus zugeteilt. Weitere Maschinen kamen beim 154. Fliegerregiment im Raum Leningrad zum Einsatz.

Die äußerst harten klimatischen Verhältnisse im Winter 1941/42 führten zu zahlreichen Motorschäden. Die Ersatzteilversorgung der anfälligen Allison-Triebwerke gestaltete sich schwierig, da die Teile erst aus den USA über Großbritannien auf der gefährlichen Nordroute ins Land gebracht werden mußten. Auf dem Seeweg wurden die Frachter mit dem dringend benötigten Material oft Opfer gegnerischer U-Boote und Bombenflugzeuge.

Die etwas komplizierten Flugeigenschaften der P-40 führten besonders beim Landen zu zahlreichen Ausfällen. Im Luftkampf war das

**Curtiss P-40N**

| Abmessungen | |
|---|---|
| Spannweite: | 11,36 m |
| Länge: | 10,16 m |
| Flügelfläche: | 21,93 m² |
| **Massen** | |
| Leermasse: | 2 812 kg |
| Startmasse: | 4 014 kg |
| Flächenbelastung: | 183,0 kg/m² |
| **Triebwerk** | |
| Anzahl: | 1 |
| Typ: | Allison V-1710-V-20R |
| Leistung: | 883 kW |
| **Flugleistungen** | |
| Reisegeschwindigkeit: | 490 km/h |
| Höchstgeschwindigkeit: | 608 km/h |
| Steiggeschwindigkeit: | 10,7 m/s |
| Reichweite: | 1 207 km |
| Dienstgipfelhöhe: | 9 448 m |
| | |
| **Bewaffnung:** | 4 MG Browning 12,7 mm |
| Abwurfmittel: | 1 Bombe 250 kg |

*Eine von Großbritannien weitergelieferte Curtiss Tomahawk II (Seriennummer AH 976) der Erprobungsstelle der Luftstreitkräfte bei Moskau.*

*Eine der ersten gelieferten Tomahawk II im Winter 1941/42. Die britischen Kokarden wurden übermalt und darauf sowjetische Hoheitszeichen angebracht.*

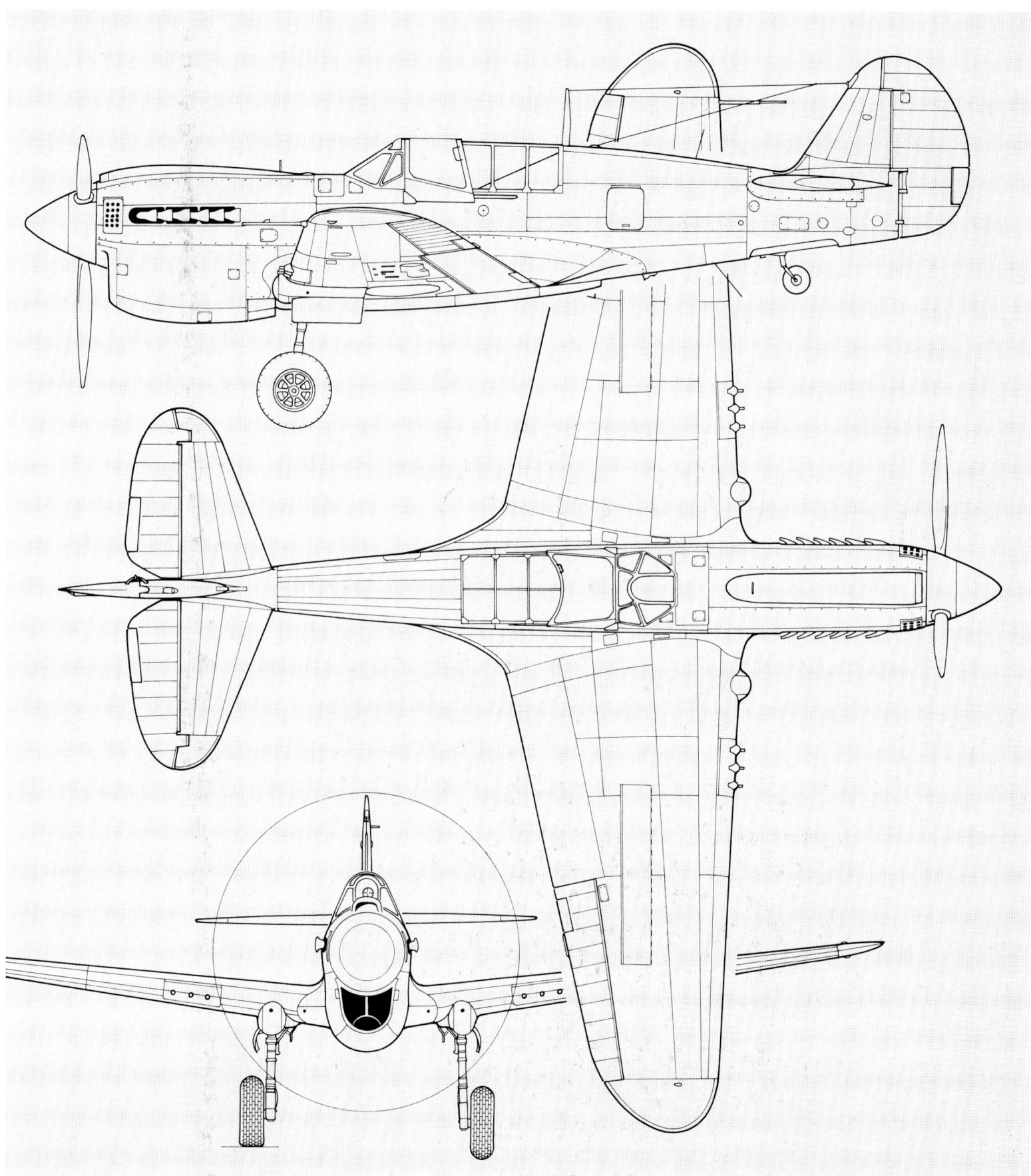

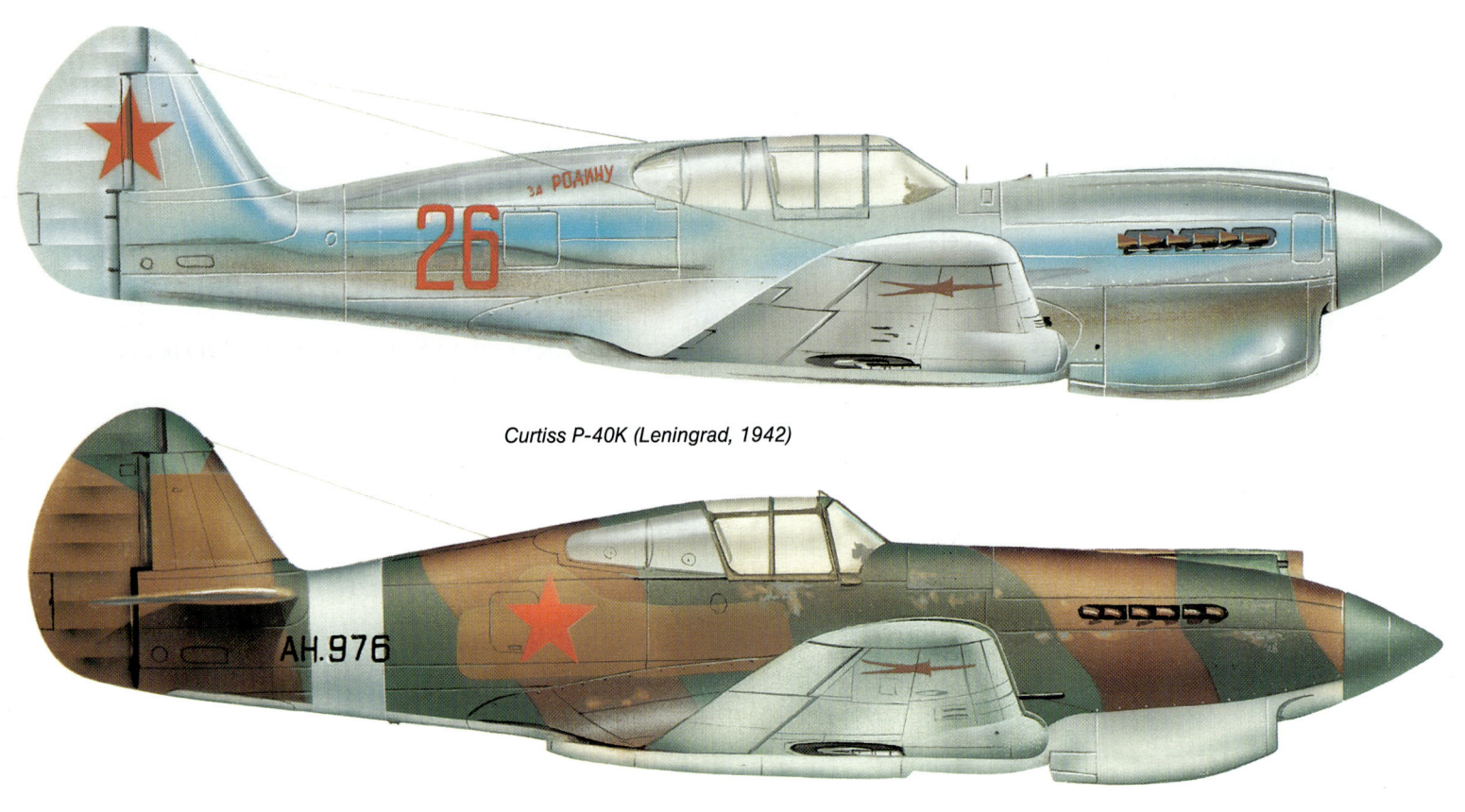

*Curtiss P-40K (Leningrad, 1942)*

*Curtiss Tomahawk Mk. II (P-40B) (Moskau, 1942)*

Muster dem Gegner unterlegen. Daraus ergab sich letztlich die Notwendigkeit, daß die 195 Flugzeuge möglichst bald ausgemustert und durch modernere Versionen der Curtiss P-40 sowie andere Typen ersetzt werden mußten. Da die P-40C aufgrund ungenügender Triebwerkleistung und anderer Mängel jedoch ebenfalls schlechte Flugeigenschaften aufwies, fühlte sich das Herstellerwerk Curtiss in Buffalo zu einer weiteren Modifizierung des Musters bemüßigt. Das ging nicht ohne konstruktive Änderungen: Neben der Installation eines leistungsstärkeren Allison-Triebwerks V-1710-39 verbesserte Curtiss vor allem die Rundsicht für den Piloten und verstärkte die Bewaffnung.

Nur 22 Einheiten dieses als P-40D bezeichneten Jagdflugzeuges wurden im Juli 1941 für das US Air Corps gebaut (Seriennummern 40-359 und 40-361 bis 40-381). Weitere 20 P-40D gingen als Kittyhawk an die RAF (Seriennummern AK 571 bis AK 590).

Das Nachfolgemuster P-40E besaß bereits sechs 12,7-mm-Maschinengewehre in den Tragflügeln und wies weitere aerodynamische Verfeinerungen auf. Neben 820 für das US Army Air Corps gebauten P-40E gingen weitere 240 Einheiten (AK 591 bis AL 230) unter der Bezeichnung Kittyhawk II als Lend-Lease-Hilfe an die RAF in Großbritannien. Vom weiter verbesserten Modell P-40E-1 lieferte Curtiss zwischen Dezember 1941 und Mai 1942 1500 Maschinen, von denen ein Teil in die UdSSR verschifft wurde.

Bereits im August 1941, nur zwei Monate nach dem deutschen Überfall auf die UdSSR, sicherte Washington einer sowjetischen Militärdelegation die Lieferung von 40 der neuesten Jagdflugzeuge P-40 zu.

Die nächsten Lieferungen der P-40E kamen auf dem Seeweg nach Murmansk, wobei man 248 Maschinen durch gegnerische Kampfhandlungen verlor. Wegen der nicht mehr verantwortbaren Verluste verlegte man auf die

Persische Route und zog auch die Alaska-Sibirien-Route (ALSIB) in Betracht.

Der größte Teil der P-40E erreichte nun über den Seeweg den Persischen Golf und wurde dort an die sowjetischen Luftstreitkräfte übergeben. Die ersten 22 Maschinen, die über Alaska nach Sibirien geflogen werden sollten, erreichten am 10. September 1942 Ladd Field.

Die neuen P-40E nahmen sofort an den Kampfhandlungen an der sowjetisch-deutschen Front teil. Am Urteil der Piloten hatte sich kaum etwas geändert. Noch immer waren die Flugleistungen nicht ausreichend und die Anfälligkeit für Triebwerkschäden nicht ausgeräumt.

Dennoch konnten beispielsweise Piloten des im Raum Leningrad kämpfenden 154. Fliegerregiments Erfolge verbuchen. Hauptmann N. A. Zelenov errang 24 Luftsiege und wurde im Februar 1943 Held der Sowjetunion. Weit über ein Dutzend Luftsiege mit P-40 gingen

auf das Konto von Oberstleutnant A. A. Marveev und Major P. A. Pokryšev.

In der Zwischenzeit gelang es im Herstellerwerk, durch den Einbau des neuen Triebwerks Packard-Merlin V-1650-1 (960 kW) eine weitere Leistungssteigerung zu erreichen. Zwischen Januar und August 1942 verließen 699 Einheiten des nun als Curtiss P-40F bezeichneten Jagdflugzeuges die Werkhallen in Buffalo. Neben der amerikanischen Luftwaffe erhielten auch die Fliegerkräfte des Freien Frankreichs in Nordafrika und die UdSSR P-40F.

Die Curtiss P-40K unterschied sich vom Vorgängermuster durch ein erneut leistungsverbessertes Triebwerk Allison V-1710-73. Die

stralien (96), Brasilien (zehn), Großbritannien (94), Kanada (15) und Neuseeland (35).

Die Curtiss P-40N bildete den Abschluß der P-40-Entwicklung. Mit einer drastischen Verringerung der Startmasse sollten die Flugleistungen nochmals deutlich verbessert werden. Mit einer Höchstgeschwindigkeit von 608 km/h war die N-Version die schnellste je in Serie gebaute P-40.

Neben den vorderen Flügeltanks wurden auch zwei 12,7-mm-Maschinengewehre weggelassen. Leichtere Räder und Kühler führten zu weiteren Masseeinsparungen. Eine neue, vergrößerte Cockpithaube verbesserte die Sicht des Piloten, vor allem nach hinten.

Alle Maschinen ab Produktionsblock

Jede neue Version der P-40 wurde eingehenden Prüfungen durch die Erprobungsstelle der Luftstreitkräfte unterzogen. Verbesserungsvorschläge, vor allem von Frontpiloten, wurden dort geprüft und an den Hersteller in den USA weitergegeben, der sie in die Produktion einbrachte.

Es gab wohl kein Einsatzland der P-40, in dem nicht von den Fliegern als Markenzeichen ein Haifischmaul auf den Lufteinlaß gepinselt wurde. Das 29. Garderegiment, das bei Leningrad operierte, war eine der ersten sowjetischen Einheiten, in dem ein Teil der Maschinen mit diesem grimmigen Symbol bemalt wurde.

Die Firma Curtiss in Buffalo produzierte 2430

*Curtiss P-40M (Winter 1943)*

ersten Maschinen wurden als P-40K-1 im Mai 1942 ausgeliefert. Bis November des gleichen Jahres baute Curtiss 1300 Exemplare. Von diesen Jagdflugzeugen gingen 21 als Lend-Lease-Lieferung an die RAF (Seriennummern FL 710 bis FL 730); 313 P-40K wurden an die Sowjetunion ausgeliefert.

Das Flugzeugdepot in Leningrad rüstete im Jahre 1945 einige dieser P-40K zu zweisitzigen Schulflugzeugen um. Beim 7. Fliegerregiment der Schwarzmeer-Flotte erhielten die P-40K einen 640-l-Zusatztank unter dem Rumpf, um Langstrecken-Begleitschutz fliegen zu können.

Von der Serienversion P-40L wurden 700 Exemplare (Seriennummern 42-10431 bis 42-11129) gebaut.

Die Curtiss P-40M war, von Details abgesehen, baugleich mit der K-Version. Neben den 220 Maschinen für die UdSSR gelangten eine Anzahl von P-40M auch als Lend-Lease-Hilfe an andere Staaten der Antihitlerkoalition: Au-

P-40N-10 wurden speziell für den Einsatz in arktischen Gebieten modifiziert und erhielten zusätzliche Geräte, um auch auf den Aleuten, in Alaska und an der nördlichen sowjetischen Front störungsfreie Einsätze zu gewährleisten. Im März 1943 liefen die ersten P-40N-1 vom Band. Viele der 5219 produzierten P-40N gingen wiederum als Waffenhilfe an andere Länder. Mit 980 Maschinen erhielt die UdSSR den größten Teil der N-Version. Weitere Lieferquoten: 546 an Australien, 41 an Brasilien, 456 an Großbritannien, 35 an Kanada, 299 an China, 68 an die Niederlande und 175 an Neuseeland. Alle an die Sowjetunion gelieferten P-40N wurden über die Persische Route via Abadan und die ALSIB ins Land gebracht.

Neben ihrer Primärrolle als Jagdflugzeug kamen auch einige dieser Maschinen als Jagdbomber zum Einsatz. Sie wurden modifiziert und erhielten, meist erst in sowjetischen Depots, eine Aufhängevorrichtung für eine 250-kg-Bombe FAB.

P-40, vorrangig der Baureihen E, F, K, M und N, direkt für die UdSSR. Sechs weitere Maschinen wurden von Großbritannien nach Murmansk verschifft. Insgesamt betrug damit die Liefermenge 2631 Stück, einschließlich der ersten britischen Lieferung von 195 Flugzeugen; 2091 davon erreichten tatsächlich den Bündnispartner Sowjetunion.

Als die ersten P-40 in Großbritannien eintrafen, vergab die zuständige Musterzulassung der RAF den Merknamen Tomahawk für die P-40. Für die Lieferungen ab Version P-40D wählte man den Namen Kittyhawk. Beide Merknamen waren auch in den USA hin und wieder gebräuchlich. Die US Army verwendete für die P-40 in ihren Beständen den Merknamen Warhawk. Warum die P-40 von sowjetischen Fliegern meist als Kittyhawk bezeichnet wurde, ist nicht ganz schlüssig. Wahrscheinlich hing das mit den Lieferungen über Großbritannien zusammen.

Die P-40 stand an fast allen Brennpunkten

**Curtiss P-40C**

| Abmessungen | |
|---|---|
| Spannweite: | 11,36 m |
| Länge: | 9,66 m |
| Flügelfläche: | 21,93 m² |
| **Massen** | |
| Leermasse: | 2 546 kg |
| Startmasse: | 3 335 kg |
| Flächenbelastung: | 152,0 kg/m² |
| **Triebwerk** | |
| Anzahl: | 1 |
| Typ: | Allison V-1710-C-15 |
| Leistung: | 809 kW |
| **Flugleistungen** | |
| Reisegeschwindigkeit: | 435 km/h |
| Höchstgeschwindigkeit: | 555 km/h |
| Steiggeschwindigkeit: | 13,4 m/s |
| Reichweite: | 1 174 km |
| Dienstgipfelhöhe: | 8 990 m |

**Bewaffnung:** 6 MG Browning 12,7 mm

des zweiten Weltkrieges im Einsatz, obwohl ungenügende Flugleistungen, zahlreiche Triebwerkprobleme und ungenügende Ausrüstung für problematische Klimazonen das Vertrauen der Piloten in diesen Typ einschränkten.

Die meisten Maschinen wurden kurz nach Kriegsende außer Dienst gestellt. Nur die Niederlande flogen noch 1948 einige P-40 bei Auseinandersetzungen auf den Ostindischen Inseln.

Als die Produktion der P-40 bei Curtiss in Buffalo am 30. November 1944 auslief, waren 13 733 Maschinen in zehn Grundversionen gebaut, von denen fast 20 Prozent in der UdSSR geflogen sind.

*Diese Curtiss P-40M-10-CU (Werknummer 43-5952) mußte am 27. Dezember 1943 wegen Treibstoffmangels notlanden.*

*P-40 während einer Durchsicht an der Front im Winter 1943/44.*

*Eine P-40 im Einsatz als Jagdbomber. Die Maschine konnte eine sowjetische Bombe FAB-250 tragen.*

*Im Test bei der finnischen Luftwaffe mit der Kennung KH-51.*

*Die Maschine wurde in Finnland repariert und mit dem Propeller einer Curtiss P-36A Hawk ausgerüstet.*

# P-39 AIRACOBRA

| | |
|---|---|
| **Ursprungsland:** | USA |
| **Baujahr:** | 1938 |
| **Verwendung:** | Jagdflugzeug |
| **Besatzung:** | 1 |
| **Empfängerländer:** | Großbritannien, Frankreich, UdSSR |
| **An die UdSSR geliefert:** | 4 924 |

Die Bell P-39 Airacobra kann ohne Zweifel als eine der originellsten Konstruktionen der dreißiger Jahre bezeichnet werden. Um die mächtige, von Oldsmobile entwickelte 37-mm-Kanone aufzunehmen, kamen die Bell-Konstrukteure Robert J. Woods und Harland M. Poyer auf die Idee, das Triebwerk hinter dem Pilotensitz anzuordnen. Für das neue Bell-Modell 4 sah man ein einziehbares Bugradfahrwerk vor, was eine weitere technische Neuheit für diese Zeit bedeutete.

Das US Army Air Corps war von den Entwicklungsplänen für ein Abfangjagdflugzeug begeistert und orderte sogleich den Bau eines Prototyps, welcher unter der Bezeichnung XP-39 (Werknummer 38-326) gebaut wurde und am 6. April 1938 von Wright Field (Ohio) aus zum Erstflug startete. Nachdem einige Mängel, besonders die Überhitzung des Triebwerks, erfolgreich beseitigt werden konnten, bestellte das US Army Air Corps weitere 13 Vorserienmaschinen YP-39.

In der Zwischenzeit wurde die ursprüngliche Forderung überarbeitet, und man verlangte nun ein Jagdflugzeug zur Unterstützung der

Bodentruppen anstelle eines Abfangjägers. Daraus resultierte der Einbau des Allison-Triebwerks V-1710-39 ohne Kompressoraufladung.

Die ersten 20 Serienmaschinen (Werknummern 40-2971 bis 40-2990) gelangten im Januar 1941 zur Truppe. Sie kamen in den Bestand der 31. Pursuit Group (Verfolgergruppe) in Selfridge Field (Michigan).

Der gravierende Mangel an Jagdflugzeugen machte auch die britische Royal Air Force (RAF) auf das neue Muster von Bell aufmerksam. Am 13. April 1940 bestellte die British Direct Purchase Commission (Britische Einkaufskommission) 675 Maschinen unter der Bezeichnung Bell-400 Airacobra I.

Die P-400 unterschied sich von der amerikanischen Serienversion P-39C durch ein stärkeres Triebwerk Allison V-1710-E4 von 845 kW Leistung. Als Bewaffnung verwendete man eine 20-mm-Kanone Hispano Mk. I sowie sechs Browning Maschinengewehre vom Kaliber 7,9 mm.

Für die britischen Flieger war die Airacobra I eine bittere Enttäuschung. Die Flugleistungen lagen weit unter den Erwartungen, dazu gab es noch eine Reihe anderer technischer Probleme.

Zunächst gelangten vier P-400 zur Truppenerprobung in die Squadron (Staffel) No. 601 »County of London« (Grafschaft London) in Manston. Nur ein einziges Mal kamen diese vier Maschinen bei einer Erdkampfmission am 9. Oktober 1941 zum Einsatz.

Im Dezember 1941 nahm die RAF die P-400 aus der Bewaffnung. 179 Airacobra I wurden nicht wie vorgesehen nach Großbritannien geliefert, sondern kamen in den Bestand der amerikanischen Luftwaffe, die wiederum einen großen Teil davon an Australien weitergab.

Das Ende für die Airacobra in Großbritannien bedeutete gleichzeitig den Beginn einer den ganzen Krieg andauernden Nutzung dieses Musters in der Sowjetunion. 212 in Großbritannien ausgemusterte P-400 wurden eiligst demontiert und gelangten mit einem Geleit über die Persische Route nach Abadan. Auf der Überfahrt gingen 54 Maschinen durch Angriffe deutscher U-Boote verloren.

Die ersten Maschinen übernahmen Piloten des 16. Garderegiments unter dem Kommando von A.I. Pokryškin in Abadan. Zahlreiche logistische Probleme hatten die Übernahme der Flugzeuge bereits erheblich verzögert. Um Zeit gut zu machen, entschloß man sich, die Flugzeuge durch Piloten der Einsatzeinheit abholen zu lassen.

Vor den bekannten Problemen mit der Airacobra standen nun auch die sowjetischen Flieger. Die Allison-Triebwerke fraßen sich gern

*Die Bell P-400 Airacobra mit Allison-Triebwerk.*

*Bell P-39D*

fest, was bewirkte, daß man die Maschine schnellstens verlassen mußte. Dazu äußerte ein sowjetischer Airacobra-Pilot: »Dank der großen Autotür geht wenigstens das Aussteigen problemlos.«

Die komplizierte Verbindung zwischen Triebwerk und Getriebe zur Luftschraube erforderte eine intensive Wartung. Bei einer harten Bruchlandung konnte sich das Triebwerk aus seiner Halterung lösen und den Flugzeugführer erdrücken. Eine weitere unangenehme Erscheinung trat beim Schießen mit der 20-mm-Kanone auf: Die Erschütterungen konnten den Kompaß außer Betrieb setzen.

Trotz einer Reihe negativer Punkte war dieser Flugzeugtyp durchaus für den Einsatz an der Front geeignet. Die Piloten lobten besonders die freie Sicht bei Start und Landung, die sich aus der waagerechten Rumpflage, bedingt durch das Bugradfahrwerk, ergab. Flugeigenschaften und Feuerkraft konnten vollauf befriedigen. Um weitere Erfahrungen zu sammeln, wurde im Winter 1942/43 eine Bell P-400 bei der Erprobungsstelle der Luftstreitkräfte intensiven Tests unterzogen.

Neben dem 16. Garderegiment erhielt auch das in Ostkarelien operierende 19. Garderegiment die Airacobra. Diese Einheit bestand aus erfahrenen Fliegern, darunter Hauptmann I. V. Bočkov mit sieben Luftsiegen und P. S. Kutakčov, der als Held der Sowjetunion ausgezeichnet wurde.

Inzwischen begann man in der Firma Bell in Buffalo, die Airacobra weiter zu modifizieren. Die Version P-39D besaß wieder eine 37-mm-Kanone und eine auch insgesamt stärkere Bewaffnung. 108 Maschinen P-39D erhielt die Sowjetunion als Lend-Lease-Lieferung über Abadan.

Bei der P-39F ersetzte man den Curtiss-Electric-Propeller durch eine Luftschraube von Aeroproducts. Diese Version kam nicht zur Auslieferung an die UdSSR.

Die Leistungen der P-39K wurden durch ein Allison-Triebwerk V-1710-63 verbessert. Diese Version wurde in 40 Exemplaren an den Bündnispartner Sowjetunion geliefert. Von der P-39L, die wiederum mit einem Curtiss-Propeller ausgerüstet wurde, gingen 137 Maschinen in die UdSSR.

Mit einer weiteren Modifizierung zur P-39M erzielte man größere Geschwindigkeiten in Höhen von 5000 m. Dies war dem neuen, 883 kW leistenden Triebwerk Allison V-1710-67 zu verdanken. Die Sowjetunion erhielt 157 Maschinen dieses Modells.

Erstmals in größeren Stückzahlen wurde die P-39N an die UdSSR geliefert. Diese Version unterschied sich kaum vom Vorgängermuster. Durch einen verringerten Tankinhalt

**Bell P-39Q Airacobra**

| Abmessungen | |
|---|---|
| Spannweite: | 10,37 m |
| Länge: | 9,18 m |
| Flügelfläche: | 19,79 m² |
| **Massen** | |
| Leermasse: | 2 620 kg |
| Startmasse: | 3 195 kg |
| Flächenbelastung: | 177,0 kg/m² |
| **Triebwerk** | |
| Anzahl: | 1 |
| Typ: | Allison V-1710-85 |
| Leistung: | 883 kW |
| **Flugleistungen** | |
| Reisegeschwindigkeit: | 525 km/h |
| Höchstgeschwindigkeit: | 615 km/h |
| Steiggeschwindigkeit: | 12,5 m/s |
| Reichweite: | 485 km |
| Dienstgipfelhöhe: | 10 620 m |

**Bewaffnung:** 1 Kanone M4 37 mm
und
2 MG Browning 12,7 mm

hatte man ein neues Masse-Leistungsverhältnis angestrebt. Von den insgesamt 2095 bei Bell produzierten P-39N erhielten die Fliegerkräfte der Roten Armee 1113.

Mehrere Serienmaschinen der P-39 wurden zu zweisitzigen Trainern TP-39 (TP = Two Place = zwei Sitze) umgebaut. Auch davon lieferte Bell einige Maschinen in die UdSSR. Die genaue Zahl ist nicht bekannt, wahrscheinlich aber in den allgemeinen Lieferzahlen für die Jagdflugzeuge enthalten.

Den Abschluß der Airacobra-Entwicklung bildete die Version P-39Q. Schon äußerlich unterschied sich dieses Muster durch zwei unter den Tragflügeln angebrachte 12,7-mm-Maschinengewehre, welche die im Flügel montierten Waffen ersetzen sollten. Die amerikanischen Luftstreitkräfte erhielten nur 75 P-39Q, die in der 332. Fighter Group (Jagdfliegergruppe) in Italien von Februar bis April 1944 flogen.

Nach diesem Zeitpunkt ging die P-39 Airacobra aus dem Bestand des US Army Air Corps. Einige Maschinen P-39Q wurden an die Luftstreitkräfte des Freien Frankreich abgegeben,

*Bell P-39M-BE mit 240-l-Zusatztank.*

*P-39Q mit nachträglich montiertem Bremsfallschirm.*

*Der zum Doppelsitzer modifizierte Trainer Bell TP-39.*

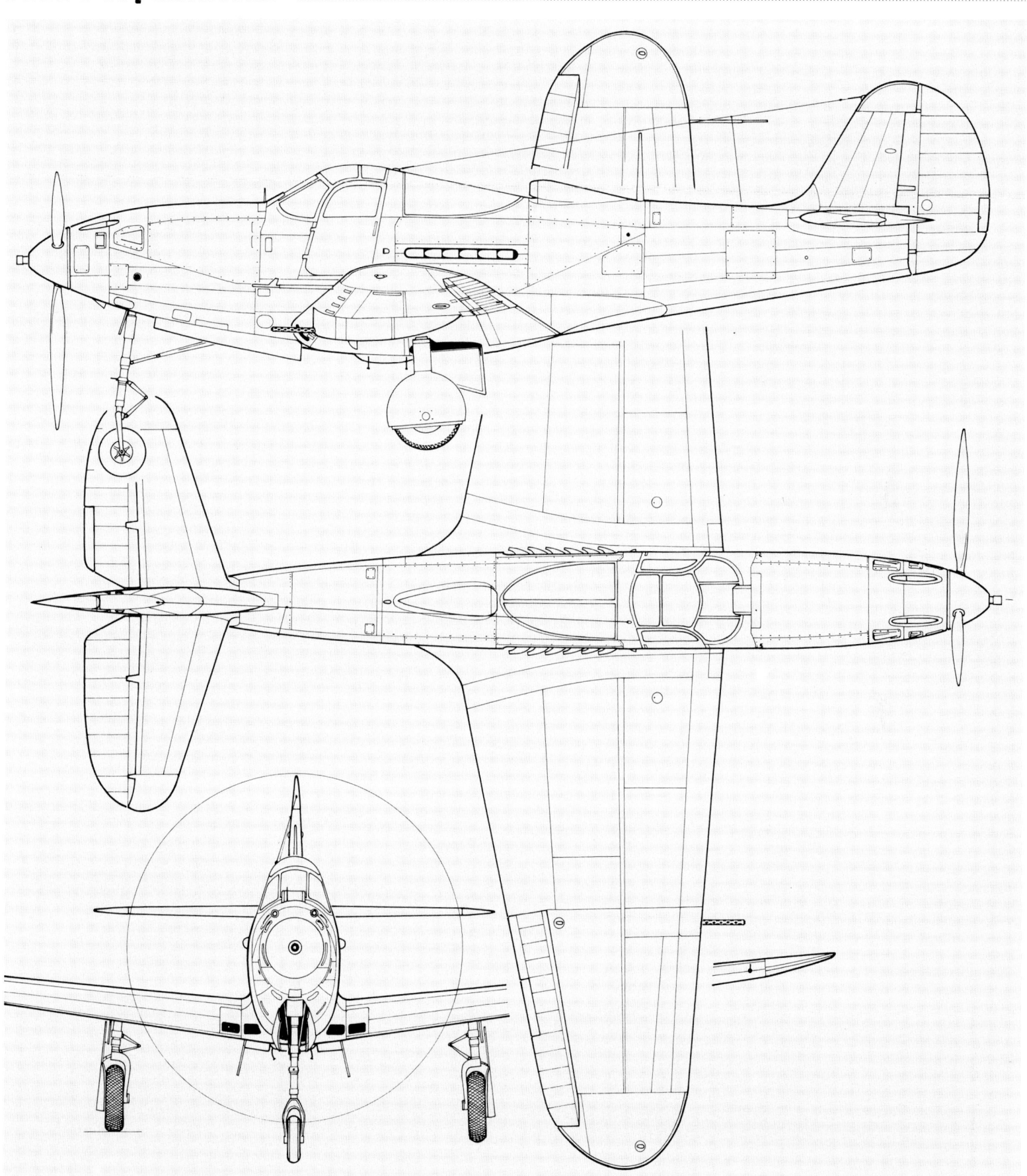

*Bell P-39N (1944)*

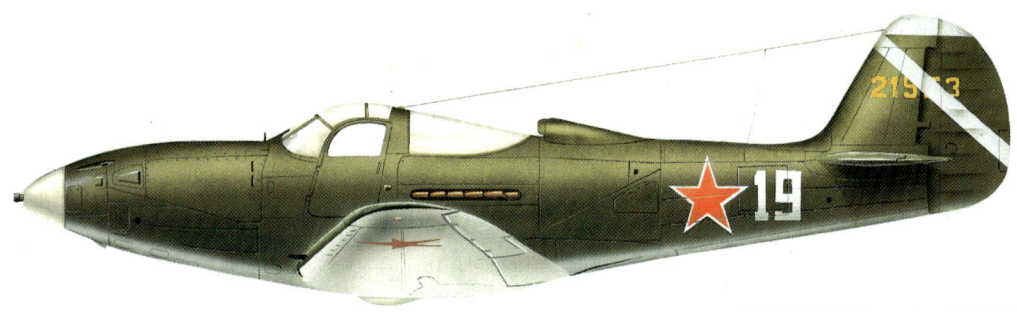

*Bell P-400 Airacobra I (1942)*

andere kamen in den Bestand der Co-Belligerent-Luftwaffe Italiens. Den Hauptanteil dieser Serie erhielt die UdSSR als Lend-Lease-Lieferung. Alle 3291 P-39Q erreichten den Verbündeten über die ALSIB-Route.

Die letzten dieser Maschinen verließen im September 1944 das Werk. Dann wurde die Fertigung eingestellt. Zu diesem Zeitpunkt waren insgesamt 9584 P-39 Airacobra produziert.

Während der gesamten Fertigung standen der Firma Bell sowjetische Konstrukteure und Spezialisten beratend zur Seite, um alle Verbesserungsvorschläge, die von den Frontfliegern kamen, direkt in die Produktion einfließen zu lassen. Vielfach wurden so laufend Verbesserungen in den Produktionsserien ausgeführt, ohne daß es zu einer neuen Serienbezeichnung gekommen wäre.

*Diese P-39Q-25-BE wurden von den öffentlichen Schulen in East Aurora (New York) finanziert, deren Embleme auf den Rumpfvorderseiten aufgemalt wurden.*

# P-63 KINGCOBRA

| | |
|---|---|
| **Ursprungsland:** | **USA** |
| **Baujahr:** | **1942** |
| **Verwendung:** | **Jagdflugzeug** |
| **Besatzung:** | **1** |
| **Empfängerländer:** | **Frankreich,** |
| | **Großbritannien, UdSSR** |
| **An die UdSSR geliefert:** | **2 421** |

Im Februar 1941 unterbreitete die Firma Bell der amerikanischen Luftwaffe einen Vorschlag zum Bau einer verbesserten P-39. Für das neue Modell 23 sahen die Konstrukteure den Einbau eines neuen Tragflügels in den Rumpf einer P-39 Airacobra vor. Drei Prototypen (Werknummern 41-19501, 41-19502 und 42-7164) wurden als XP-39E in Auftrag gegeben.

Die Flugerprobungen brachten keine zufriedenstellenden Ergebnisse, doch konnten

wichtige Erkenntnisse für den Bau einer vergrößerten Airacobra gewonnen werden. Wie die XP-39E sollte das neue Muster mit einem Allison-Triebwerk V-1710-47 (975 kW) ausgerüstet werden. Die vom Herstellerwerk veranschlagten technischen Parameter klangen vielversprechend, und die US Air Force bestellte zwei neue Prototypen (Werknummern 42-15911 und 42-15912).

Die erste Maschine des nun mit XP-63 bezeichneten Jagdflugzeuges (42-15911) startete am 7. Dezember 1942 zum Jungfernflug. Leistung und Flugeigenschaften wurden vom Testpiloten als ausgezeichnet beschrieben. Doch die Erprobung verlief nicht ohne Zwischenfälle.

Am 28. Januar 1943 zerstörte Bell-Testpilot Jack Woolams den ersten Prototyp bei einer Fehllandung. Die zweite XP-63 mußte mit

Triebwerkschaden nach einem Start am 25. Mai 1943 abgeschrieben werden.

Bei der Entwicklung der P-63 Kingcobra wurden auch weitgehend sowjetische Wünsche betreffs der Konstruktion und der Ausstattung berücksichtigt, da sich zu diesem Zeitpunkt bereits abzeichnete, daß ein Großteil der Produktion an die UdSSR geliefert werden sollte. Als weitere Neuerung gegenüber dem Vorgängermuster konnte die P-63 an zwei Unterflügelstationen je einen Zusatztank (248 l) oder je eine 250-kg-Bombe aufnehmen.

Die Bewaffnung der Kingcobra wurde unverändert übernommen. Anstelle des Dreiblatt-Propellers wurde ein Vierblatt-Propeller verwendet. Die Produktion lief bis 1946 und betrug insgesamt 3303 Maschinen verschiedener Versionen.

Die US-Luftwaffe übernahm interessanterweise keine einzige P-63 Kingcobra, da die meisten der zur Bodenunterstützung eingesetzten Verbände die Republic P-47 flogen.

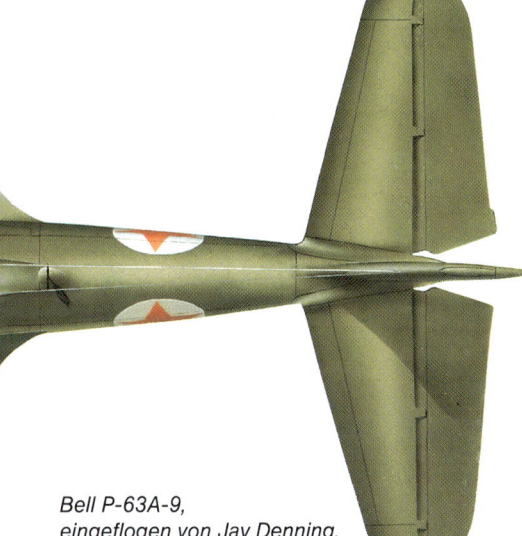

*Bell P-63A-9,*
*eingeflogen von Jay Denning,*
*Testpilot der Firma Bell*

Auch mit dem inzwischen in die Ausrüstung übernommenen Standard-Jagdflugzeug North American P-51 Mustang konnte sich die P-63 in keiner Weise messen.

Obwohl sich die P-63 und die P-39 auf den ersten Blick sehr ähnelten, waren außer der Bewaffnung keine Bauteile austauschbar. Dieser Umstand verlangte eine größere Lagerhaltung an Ersatzteilen bei den Frontverbänden.

Die ersten Produktionsmaschinen P-63A-1-BE bis zum Los A-10-BE unterschieden sich kaum voneinander. Bei den letzten Maschinen dieser Baureihen, die für die UdSSR bestimmt

waren, ließ man bereits den auffälligen weißen Kreis um den roten Stern des Hoheitszeichens weg. Das brachte eine Erleichterung für die Übergabemannschaften in Ladd Field (Alaska), mußten sie doch bislang bei allen neuen Maschinen die weißen Kreise übermalen, da sie sich zu deutlich von der Tarnung abhoben. Alle an die UdSSR gelieferten P-63 wurden in der amerikanischen Standardbemalung oliv/hellgrau ausgeführt.

Die Bell P-63C besaß ein verbessertes Allison-Triebwerk V-1710-117, das bei Vollast 1100 kW lieferte. Die optisch auffälligste Veränderung war das gegen das untere Rumpfheck vergrößerte Seitenleitwerk.

300 P-63C waren für die Luftwaffe des Freien Frankreich bestimmt. Sie wurden ohne Tarnanstrich, metallfarben geliefert.

Die Bell P-63D (Seriennummer 43-11718) erhielt versuchsweise eine Vollsichthaube. Es wurde nur diese eine Maschine gebaut. Weitere 13 Einheiten erhielten die Serienbezeichnung P-63E (Werknummern 43-11720 und 43-11721; 43-11725 bis 43-1 735).

Nur eine mit einem merklich auch nach oben vergrößerten Seitenleitwerk ausgestattete

*21. November 1944 – eine Bell P-63A-9-BE (Werknummer 42-69 683) auf dem Weg in den Hohen Norden.*

Kingcobra wurde als P-63F (43-11 719) gebaut. Alle drei Versionen D, E und F blieben zu Versuchszwecken in den USA und wurden nach Kriegsende verschrottet.

Die ersten an die Sowjetunion gelieferten Bell P-63A-1-BE (1-BE bezeichnet das Los einer Unterserie) erreichten Ladd Field im Juni 1944. Die Kingcobra wurden ausnahmslos auf der Alaska-Sibirien-Route (ALSIB) in die UdSSR überführt. Sowjetische Fliegerregimenter verwendeten die neue Maschine oft neben der P-39 Airacobra.

Allerdings war die Kingcobra bei den Mechanikern weitaus beliebter, da durch die großen Wartungsluken wichtige Teile des Triebwerks und der Bewaffnung besser erreichbar waren. Hatte man bei der Airacobra zum Wechsel der Waffen oft Stunden benötigt, konnte bei der P-63 die gleiche Arbeit in nur 18 Minuten erle-

**Bell P-63A Kingcobra**

| Abmessungen | |
|---|---|
| Spannweite: | 11,68 m |
| Länge: | 9,96 m |
| Flügelfläche: | 22,95 m² |

| Massen | |
|---|---|
| Leermasse: | 2 710 kg |
| Startmasse: | 3 850 kg |
| Flächenbelastung: | 167,7 kg/m² |

| Triebwerk | |
|---|---|
| Anzahl: | 1 |
| Typ: | Allison V-1710-93 |
| Leistung: | 975 kW |

| Flugleistungen | |
|---|---|
| Reisegeschwindigkeit: | 480 km/h |
| Höchstgeschwindigkeit: | 660 km/h |
| Steiggeschwindigkeit: | 12,7 m/s |
| Reichweite: | 725 km |
| Dienstgipfelhöhe: | 13 106 m |

| Bewaffnung: | 1 Kanone M4 37 mm und 4 MG Colt Browning 12,7 mm |
|---|---|

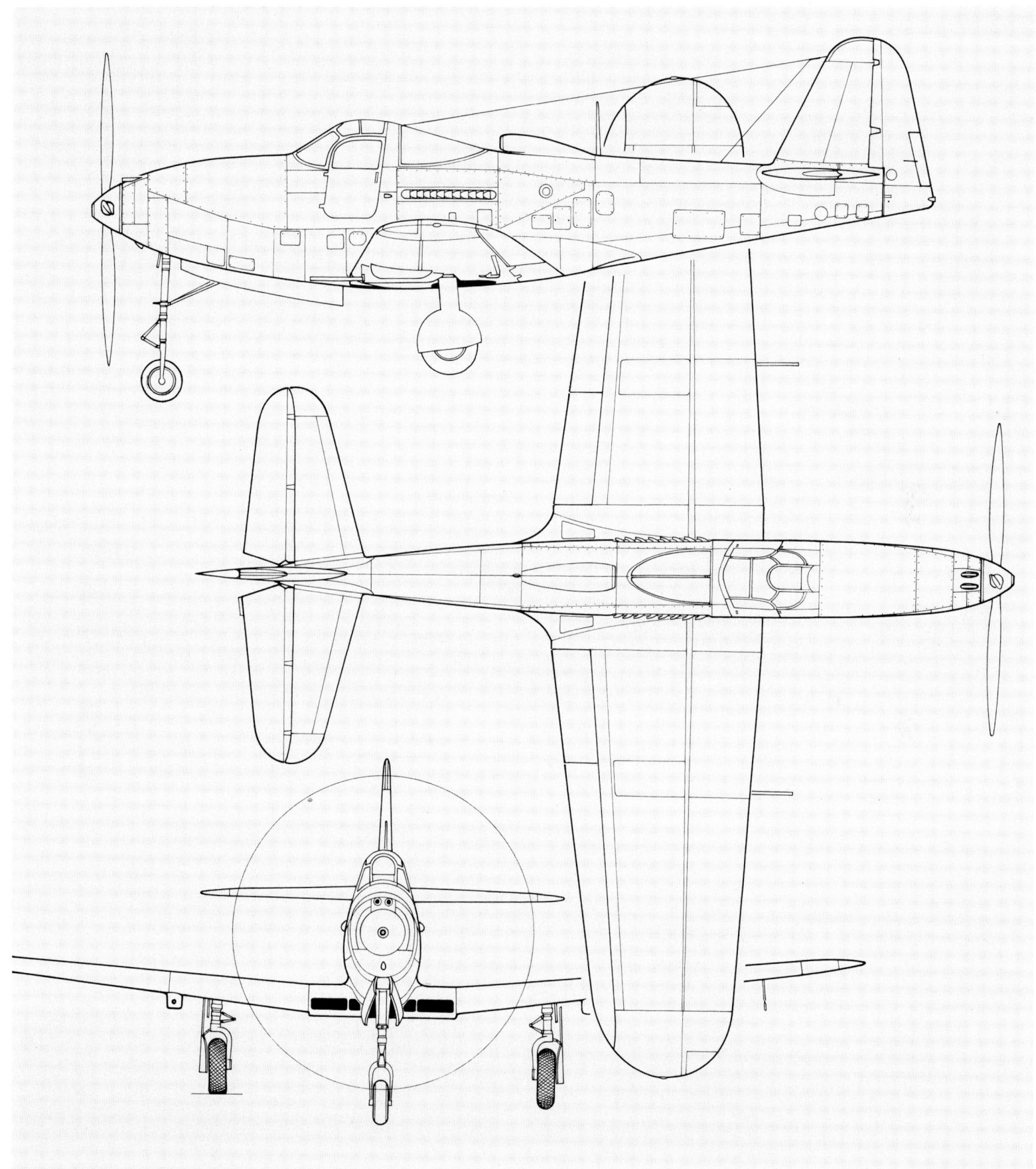

digt werden. Von den Piloten wurden die Flugleistungen des neuen Musters geschätzt.

Für Jagdbombereinsätze wurden sowjetische 250-kg-Bomben FAB verwendet. Wie schon die Airacobra, besaßen auch die an die UdSSR gelieferten Kingcobra eine Funkpeilanlage, die hinter dem Cockpit installiert war. Bereits am 29. April 1944 war es in den USA zu einem schwerwiegenden Unfall mit einer Kingcobra gekommen, der auf einen Konstruktionsfehler zurückzuführen war. Bei einem Testflug über den Niagarafällen machte sich plötzlich das Heck der Maschine selbständig, und der Pilot Andrej G. Kochetkov war gezwungen, mit dem Fallschirm auszusteigen. Kochetkov gehörte zu einer Gruppe sowjetischer Einflieger, die bei der Firma Bell in Buffalo eingesetzt waren.

Infolge dieses Zwischenfalls verweigerte der Leiter der sowjetischen Übernahmekommission in Ladd Field, Oberst P. Kisilev, jede weitere Abnahme dieses Musters. Bei Bell arbeitete man fieberhaft an der Beseitigung des Fehlers und konstruierte ein neues Heck.

In der Zwischenzeit stauten sich Hunderte von Bell P-63 auf den Überführungsplätzen in Great Falls, Edmonton und Ladd Field. 125 zivile Mechaniker der Ogden und Sacramento Air Depots mußten zusätzlich eingesetzt werden, um die Maschinen mit den neuen Bauteilen auszurüsten. 62 Kingcobra, die in Edmonton (Kanada) standen, wurden von Mitarbeitern der kanadischen Firma Aircraft Repair Ltd. umgebaut. Nach gut zwei Wochen waren die Arbeiten soweit vorangekommen, daß die Lieferung an den Bündnispartner wieder aufgenommen werden konnte.

Weitere Verzögerungen bei der Übergabe der Kingcobra stellten sich ab Oktober 1944 ein, denn mit Schnee und Stürmen kündigte sich der nahende Winter an. Teilweise dauerte es fast zwei Wochen, bis eine Maschine von Great Falls nach Ladd Field überflogen war. Aufgrund schlechter Wetterbedingungen gingen 21 Kingcobra bei den Überführungsflügen verloren. Insgesamt wurden 1351 P-63A und 1049 P-63C in Ladd Field an den Bündnispartner übergeben.

*Eine Bell P63 Kingcobra der A-Version.*

*Prüfflug einer P-63A über dem Werksgelände in Buffalo. Noch fehlen die Kanonenbehälter oder Zusatztanks.*

*Die C-Version der Bell P-63, hier die 44-178, unterschied sich vom Grundmuster durch den Falschkiel am Rumpfheck.*

# P-47 THUNDERBOLT

*Republic P-47D (Moskau, 1944)*

| | |
|---|---|
| **Ursprungsland:** | **USA** |
| **Baujahr:** | **1941** |
| **Verwendung:** | **Jagdflugzeug, Jagdbomber** |
| **Besatzung:** | **1** |
| **Empfängerländer:** | **Großbritannien, UdSSR, Australien, Brasilien, Frankreich, Mexiko** |
| **An die UdSSR geliefert:** | **203** |

Aufgrund einer Ausschreibung des US Air Corps entstand als Weiterentwicklung der Republik P-43A die Republic P-47 Thunderbolt. Alexander De Serversky und Alexander Kartveli zeichneten für die Konstruktion verantwortlich.

Als AP-10 (von der Armee XP-47 bezeichnet) entstand eine neue Zelle, in die das zu dieser Zeit stärkste Triebwerk Pratt & Whitney XR-2800 »Double Wasp« (1470 kW) eingebaut wurde. Mit dem Prototyp XP-47B, Merkname »Thunderbolt« (Blitzstrahl), startete der Testpilot Lowry Brabham am 6. Mai 1941 zum Erstflug.

Trotz zahlreicher Probleme bei der Erprobung konnten im Sommer des folgenden Jahres die ersten von 171 Serienmaschinen P-47B (Werknummern 41-5895 bis 41-6065) vom Werk Farmingdale an die 56. Fighter Group (Jagdfliegergruppe) übergeben werden.

Während der Bauzeit wurde das Muster mehrmals modifiziert. So veränderte man die Se-

rienmaschine P-47B (Werknummer 41-6065) zur P-47E. Sie blieb ein Einzelexemplar.

Bei der Baureihe C wurden auch die Ruder am Leitwerk mit Metall verkleidet. Die Baureihe C-1 erhielt einen leicht gestreckten Rumpf.

Mit der Lieferung der Serie C (C: 57 Maschinen, C-1: 55 Maschinen, C-2: 128 Maschinen und C-5: 362 Maschinen) kam es zu weiteren Forderungen zum Bau modifizierter P-47. Bald schon reichte die Produktionskapazität der Republic Aviation im Werk Farmingdale nicht mehr aus.

In Evansville entstand ein neues Zweigwerk, das seine Produktion mit dem Bau einer ersten Serie von 110 P-47D-RA aufnahm. Zur Identifizierung des Herstellerwerkes in der Serienbezeichnung wählte man fortan die Präfixe (Nachsilben) RA für die Flugzeuge aus Evansville und RE für die aus Farmingdale. Die P-47D erhielt zusätzlich den Merknamen »Razorback« (Rasiermesserrücken).

Als wichtigste, äußerlich sichtbare Veränderung wurde ab Baunummer 42-8702 die eingestrakte Kabine durch eine gezogene Vollsichthaube ersetzt. Bald war auch dafür ein Merkname zur Hand: Bubbletop (Blasengipfel).

Über mehrere Jahre blieb die Hauptversion P-47D in der Produktion. In beiden Werken entstanden allein davon 12 609 Exemplare, unter anderem in den Baureihen D-15 (635), D-20 (287), D-28 (1 778) und D-40 (665).

Um die Produktion bei Republic etwas zu entlasten, entstanden bei Curtiss in Lizenz 354 P-47G, davon zwei Maschinen als doppelsitzige Trainer.

Nach der Version P-47M, von der 130 Maschinen die Hallen der Republic-Werke verließen, folgten die modifizierten Baureihen N-1 (550 Maschinen), N-5 (550 Maschinen), N-15 (200 Maschinen) und N-20 (149 Maschinen) mit vergrößerter Spannweite.

Als letzte Baureihe entstanden 367 P-47N-25 auf den Produktionslinien des Werkes in Farmingdale. Damit waren insgesamt 15 682 P-47 hergestellt.

Die große Reichweite der P-47 ermöglichte es vor allem, Begleitschutzeinsätze für die Bomber bis weit in das Feindgebiet hinein zu unternehmen. Anfang 1943 wurden zwei Jagdgeschwader der 8. Luftflotte in Großbritannien mit dem neuen Jagdflugzeug ausgerüstet. Der erste Kriegseinsatz wurde am 10. März 1943 über Frankreich geflogen.

Die geballte Feuerkraft von acht 12,7-mm-Browning-Maschinengewehren ermöglichte es, den Tragflügel einer gegnerischen Maschine glatt zu durchtrennen. An Unterflügel- und Rumpfstationen konnten nicht nur Zusatzbehälter für Treibstoff, sondern auch verschiedene Abwurfmittel mitgeführt werden. Dadurch war es möglich, die modifizierte D-Version erfolgreich als Jagdbomber einzusetzen.

Mit dem Eintreffen des neuen Jagdflugzeuges

Republic P-47D-22-RE

| Republic P-47D-22-RE | |
|---|---|
| **Abmessungen** | |
| Spannweite: | 12,42 m |
| Länge: | 11,00 m |
| Flügelfläche: | 27,87 m² |
| **Massen** | |
| Leermasse: | 4 536 kg |
| Startmasse: | 7 734 kg |
| Flächenbelastung: | 277,5 kg/m² |
| **Triebwerk** | |
| Anzahl: | 1 |
| Typ: | Pratt & Whitney R-2800-59 |
| Leistung: | 1 472 kW |
| **Flugleistungen** | |
| Reisegeschwindigkeit: | 568 km/h |
| Höchstgeschwindigkeit: | 697 km/h |
| Steiggeschwindigkeit: | 14,0 m/s |
| Reichweite: | 1 488 km |
| Dienstgipfelhöhe: | 12 800 m |
| | |
| **Bewaffnung:** | 8 MG Browning 12,7 mm |
| **Abwurfmittel:** | 4 Bomben 227 kg oder 2 Bomben 454 kg |

*Republic P-47D-27-RE Thunderbolt nach der Fertigstellung im Werk Evansville.*

North American P-51 Mustang in den Einsatzräumen wurden die P-47 aus dem Bestand der taktischen Luftflotten genommen und an den Fronten in Europa, besonders im Mittelmeerraum, als Jagdbomber geflogen.

Eine Verwendung als Jagdbomber machte die P-47 Thunderbolt auch für die UdSSR interessant. Nach eingehenden Verhandlungen mit dem Hersteller wurden die ersten drei Republic P-47D-10-RE (Werknummern 42-75 201 bis 42-75 203) freigegeben. Die Maschinen erhielten in einem Modification-Center (Ausrüstungsbasis) unter anderem eine Funkpeilantenne hinter dem Cockpit, wie man sie auch bei den für den pazifischen Kriegsschauplatz bestimmten Maschinen verwendete.

In Great Falls (Montana) wurden die drei Thunderbolt von der 7. Ferrying Group (Überführungsgruppe) übernommen und in Ladd Field (Alaska) an sowjetische Piloten übergeben. Die Maschine mit der Werknummer 42-75202 war zuvor von der Sovereign Senator Lodge Number 463 (Höchste Loge der Senatoren Nr. 463) auf den Namen »Knight of Pythias« (Ritter der Phytias) getauft und als Geschenk übergeben worden.

Alle drei Maschinen flogen zunächst bei der Erprobungsstelle der Luftstreitkräfte. Die sowjetischen Piloten äußerten sich sehr lobend über die außerordentliche Feuerkraft der Maschine, bemängelten aber gleichzeitig die Leistung des Triebwerks Pratt & Whitney R-2800-59, besonders in Bodennähe.

Die überwiegend positiven Ergebnisse veranlaßten die UdSSR, im Rahmen der Lend-Lease-Lieferungen um weitere Exemplare dieses Typs zu bitten.

Die ersten 100 P-47D-22-RE (Werknummern 42-25 539 bis 42-25 638) für die Sowjetunion verließen das Werk Farmingdale im Jahre 1944. Im Gegensatz zu den drei über die Alaska-Sibirien-Route (ALSIB) gelieferten Thunderbolt verschiffte man fast alle über den Südatlantik und die Persische Route über Abadan. Nur vier demontierte Maschinen wurden an Bord eines amerikanischen Transportschiffes nach Murmansk gebracht. Dieser Transportweg bewährte sich nicht.

Weitere 100 Exemplare (Werknummern 42-27015 bis 42-27064 und 42-27115 bis 42-27164) einer verbesserten Version P-47D-27-RE konnten ebenfalls noch 1944 in Abadan übergeben werden. Die neue Version der D-27-RE-Serie unterschied sich von der vorher gelieferten durch eine höhere Triebwerkleistung und eine größere Reichweite.

Von den 203 an die UdSSR gelieferten P-47 Thunderbolt gingen sieben Maschinen bei den Überführungen verloren, während die verbliebenen 196 Exemplare sicher ihre Einsatzorte erreichten.

Obwohl sich die Thunderbolt auf vielen Kriegsschauplätzen als Jagdflugzeug und als Jagdbomber außerordentlich gut bewährte, führte der Einsatz an der sowjetischen Front zum Debakel. Die Feuerkraft und Waffenzuladung der Maschine waren zur Unterstützung der Erdtruppen geradezu ideal und paßten genau in die Angriffskonzeption der Roten Armee. Diese Vorteile wogen aber den größten Nachteil in keinem Maße auf: Mit 8 t Startmasse war die P-47 fast dreimal so schwer wie die Jagdflugzeuge von Jakovlev oder Lavočkin.

Während die Amerikaner in ihren Einsatzgebieten meist über gut ausgebaute Basen und Rollfelder verfügten, mußten die sowjetischen Piloten beim schnellen Vormarsch oft von unbefestigten Rollbahnen starten: Eine Vielzahl Feldflugplätze hatten die rückwärtsziehenden, geschlagenen Okkupanten zerstört. Dazu kam, daß nach starken Regenfällen und in der Zeit der Schneeschmelze die schweren Flugzeuge hoffnungslos im Schlamm versanken und nur mit allergrößter Mühe wieder startklar gemacht werden konnten.

Ein weiterer Mangel war die Trägheit der Maschine in Bodennähe. Das Triebwerk Pratt & Whitney R-2800 war für Höhen ab 6000 m entwickelt. Dank eines Abgasladers verlieh es der P-47 in großen Höhen hervorragende Flugeigenschaften. Die Kampferfahrungen an der Westfront aber hatten gezeigt, daß die meisten Luftkämpfe in Höhen bis 4000 m ausgetragen wurden. In dieser Höhe konnte man das Leistungspotential der Thunderbolt jedoch in keiner Weise ausschöpfen.

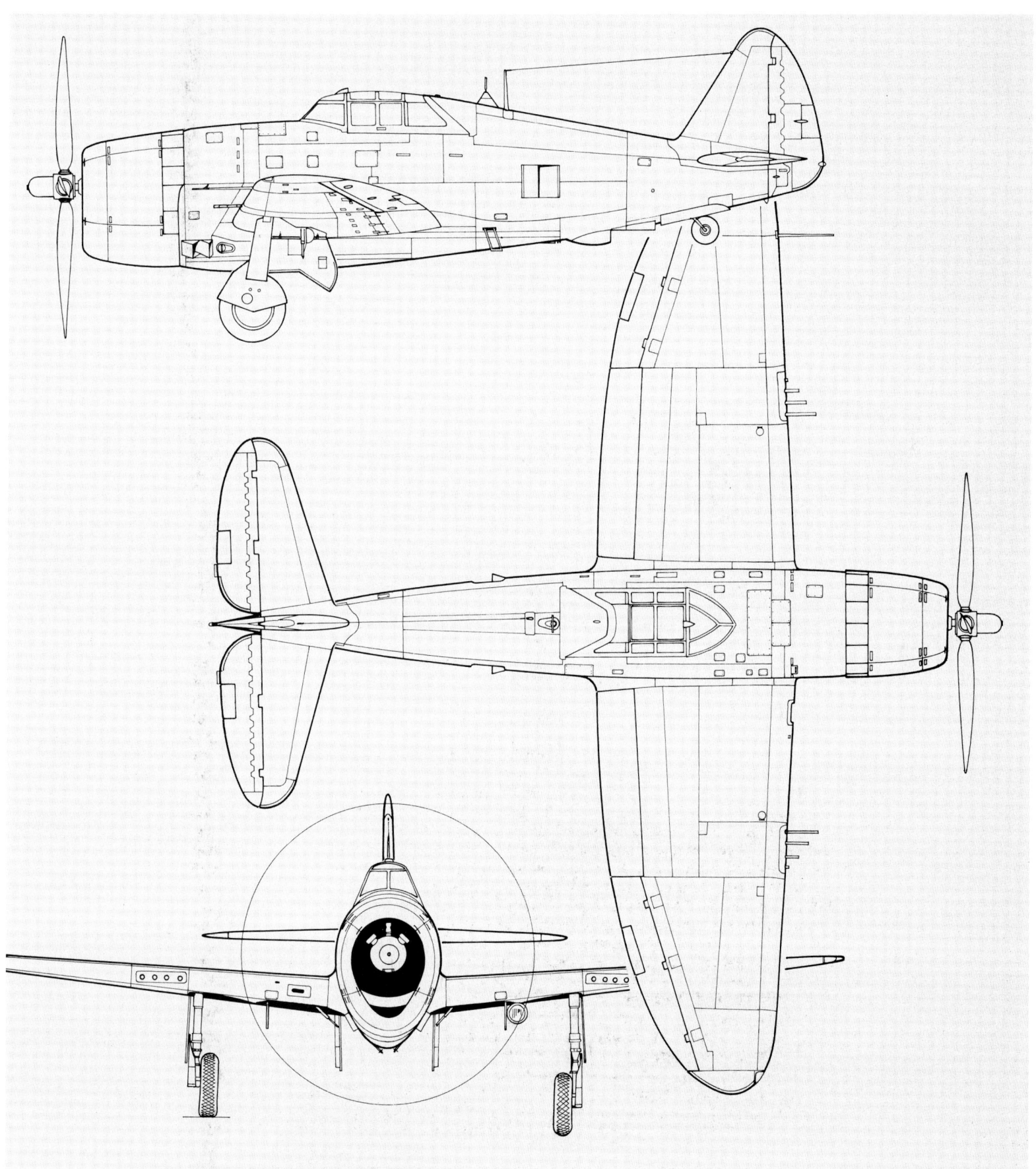

# D.H. 98 MOSQUITO

| | |
|---|---|
| **Ursprungsland:** | Großbritannien |
| **Baujahr:** | 1940 |
| **Verwendung:** | Bombenflugzeug, Jagdbomber, Aufklärer |
| **Besatzung:** | 2 |
| **Empfängerländer:** | USA, UdSSR |
| **An die UdSSR geliefert:** | 1 |

Die Entwicklung der de Havilland D.H. 98 Mosquito geht auf das Jahr 1938 zurück. Eine firmeneigene Konzeption sah einen mittleren, unbewaffneten und zweimotorigen Tagbomber vor, der sehr schnell sein und deshalb ohne Jagdschutz zum Einsatz kommen sollte. Die Firma de Havilland in Salisbury Hall bei London plante, das Muster gänzlich aus Holz zu fertigen, um die angespannte Rohstofflage nicht noch mehr zu belasten. Holz war in Krisenzeiten leichter zu beschaffen, als metallische Rohstoffe. Obwohl das zuständige Ministerium an einer solchen Bomberentwicklung nicht interessiert war, baute de Havilland zunächst drei Prototypen.

Am 25. November 1940 startete der Prototyp des Bombers (Werknummer E 0234) mit Geoffrey de Havilland am Steuer zum Erstflug. Die hervorragende Konstruktion, gepaart mit den leistungsstarken Triebwerken Rolls & Royce »Merlin«, verlieh der Maschine ausgezeichnete Flugeigenschaften. Dies unterstrich auch die liebevolle Bezeichnung »hölzernes Wunder«.

Am 15. Mai 1941 flog der Prototyp des Jagdbombers, und nur knapp einen Monat später folgte ihm am 10. Juni 1941 der dritte Prototyp, der als Aufklärungsflugzeug ausgelegt war. Bereits auf der Grundlage der Flugergebnisse des ersten Prototyps hatte die Royal Air Force (RAF) ihren Bedarf an 200 Exemplaren der D.H. 98 angemeldet, die in allen drei Varianten genutzt werden sollten.

Kurz nach der Mustererprobung im September 1941 begann der Serienbau, und de Havilland lieferte die ersten Serienmaschinen der Aufklärerversion PR. I. Ab Mai 1942 wurde auch die Variante B. IV des Bombenflugzeuges ausgeliefert, fast gleichzeitig mit den ersten Jagdbombern.

Die Mosquito wurde während der gesamten Produktionszeit in mehr als 30 Modifikationen in vielen Serien gefertigt. Allein vom Jagdbomber FB. VI entstanden über 2500 Stück.

Während des Krieges wurde die D.H. 98 auch in Australien und Kanada in Lizenz produziert. Ein Großteil der kanadischen Produktion kam auf dem europäischen Kriegsschauplatz zum Einsatz. Insgesamt wurden 7781 Maschinen der D.H. 98 Mosquito gebaut.

Während des zweiten Weltkrieges flogen Mosquito einige spektakuläre Einsätze. Am 30. Januar 1943 bombardierten vier Mosquito der Squadron (Staffel) No. 105 Berlin bei Tage, gerade zu dem Zeitpunkt, da der Reichspropagandaminister Goebbels eine seiner demagogischen Reden an das deutsche Volk halten wollte.

Am 18. Februar 1944 griff ein Verband von 18 Mosquito, der von Percy Pickard geführt wurde, das Gefangenenlager von Amiens in Frankreich an. Der Überraschungsangriff ermöglichte über 350 der meist zum Tode verurteilten Insassen die Flucht.

Am 18. Oktober 1944 zerstörte ein Präzisionsangriff des 140. Wing (Geschwader) das Gestapo-Hauptquartier in Jütland (Dänemark). Viele Unterlagen über den dänischen Widerstand wurden dabei ein Raub der Flammen. Ein Tagangriff auf das Gestapo-Hauptquartier in Kopenhagen war von ähnlichem Erfolg gekrönt.

Die Lieferung von Kriegsmaterial aus den USA und Großbritannien an die UdSSR blieb auch der deutschen Wehrmachtsführung nicht verborgen. Die Alliierten befürchteten daher die Verlegung größerer deutscher Kriegsschiffe nach Norden, die den Geleitzugverkehr stören würden.

Britische und sowjetische Stabsstellen maßen der Kenntnis über die genauen Standorte der deutschen Marinekräfte größte Bedeutung bei. Dank der Reichweite der Mosquito konnten die Seelage und die Liegeplätze der Überwassereinheiten in den Handlungsräumen der Nordsee aufgeklärt und auf Film festgehalten werden.

Bereits im Juli 1941 übernahm die in Benson (Oxfordshire) stationierte Photo Reconnaissance Unit (Photo-Aufklärungseinheit) PRU No. 1 die ersten D.H. 98 Mosquito PR. I. Diese Maschinen unternahmen ab Oktober 1941

*De Havilland D.H. 98 Mk. IV Mosquito*

Aufklärungsflüge über Norwegen und die vorgelagerten Küstengebiete.

Am 22. Februar 1942 überflogen Flight Lieutenant Victor Rickets und sein sowjetischer Navigator Sergeant Boris Luchmanov die deutsche Küste zwischen Kiel und Cuxhaven und konnten dabei das deutsche Schlachtschiff »Gneisenau« aufklären. Diese gemischte Besatzung unternahm auch eine Anzahl Aufklärungsflüge bis weit in das besetzte Polen und über Ostpreußen. Beide Flieger fanden am 11. Juni 1942 während einer Mission über Ingolstadt beim Absturz ihrer Mosquito (Werknummer W 4089) den Tod.

Die Stationierung des Schlachtschiffes »Tirpitz« im nordnorwegischen Gewässer machte eine umgehende Aufklärung erforderlich. Da die deutschen Marineeinheiten an der Grenze des Aktionsradius der Mosquito lagen, erbat man Landerechte in Murmansk, die vom Bündnispartner umgehend erteilt wurden.

Am 8. Juli 1942 startete die erste Mosquito von Leuchars (Schottland) Richtung Murmansk. Schon auf diesem ersten Flug konnte die genaue Position der »Tirpitz« ausgemacht und gefilmt werden. Nach der Zwischenlandung startete das Aufklärungsflugzeug mit aufgefüllten Kraftstofftanks zum Rückflug nach Leuchars. Nach fast 5000 km Flug

*De Havilland D. H. 98 Mk. IV Mosquito*

| De Havilland D.H. 98 Mosquito Mk.IV | |
|---|---|
| **Abmessungen** | |
| Spannweite: | 16,51 m |
| Länge: | 12,41 m |
| Flügelfläche: | 42,18 m² |
| **Massen** | |
| Leermasse: | 6 531 kg |
| Startmasse: | 9 734 kg |
| Flächenbelastung: | 230,8 kg/m² |
| **Triebwerk** | |
| Anzahl: | 2 |
| Typ: | Rolls & Royce »Merlin 23« |
| Leistung: | 11 058 kW |
| **Flugleistungen** | |
| Reisegeschwindigkeit: | 426 km/h |
| Höchstgeschwindigkeit: | 611 km/h |
| Steiggeschwindigkeit: | 13,6 m/s |
| Reichweite: | 3 238 km |
| Dienstgipfelhöhe: | 10 363 m |
| | |
| Bewaffnung: | unbewaffnet |
| Abwurfmittel: | 227 kg Bomben |

*Zwei Fotos der einzigen an die UdSSR gelieferten Mosquito BIV (Seriennummer DK 296), die am 25. April 1944 von Errol aus in die Sowjetunion kam.*

konnte der Film noch am gleichen Tag ausgewertet werden.

Die zunehmend enger werdenden diplomatischen Beziehungen zwischen Großbritannien und der Sowjetunion machten einen Expreß-Zustelldienst für Diplomatenpost notwendig. Unter dem Decknamen »Frugal« (sparsam, einfach ...) unternahm die Squadron No. 544 Kurierflüge zwischen Northolt und Moskau. Unbewaffnete Mosquito bewältigten die Strecke mit einer Durchschnittsgeschwindigkeit von 480 km/h in gut 6 Stunden und 30 Minuten.

Die vielen Verwendungsmöglichkeiten der Mosquito machten diesen Typ auch für die sowjetischen Fliegerkräfte interessant. Neben einer Lieferforderung war auch eine Lizenzübernahme im Gespräch. Da der Typ überwiegend aus Holz gefertigt war, bot sich ein Bau in der Sowjetunion geradezu an, da der Werkstoff Holz im sowjetischen Flugzeugbau vielseitig verwendet wurde und unbeschränkt zur Verfügung stand.

Schon kurze Zeit nach der Zusage von Waffenlieferungen durch die britische Regierung drängten sowjetische Behörden auch auf die Lieferung der »hölzernen Wunder«. Da die RAF zu diesem Zeitpunkt auf jedes neu produzierte Flugzeug angewiesen war, verzögerten sich die Verhandlungen. Auch ein sowjetischer Versuch, einige in Kanada produzierte Mosquitos zu bekommen, wurde abschlägig beschieden.

Die Lizenzverhandlungen ergaben, daß eine Modifikation entsprechend der sowjetischen Fertigung notwendig gewesen wäre. Die Kriegserfahrungen hatten andererseits erkennen lassen, daß vorrangig Jagd- und Schlachtflugzeuge benötigt wurden.

Letztlich war man im Generalstab der Ansicht, daß die sowjetische Flugzeugindustrie in steigendem Maße Flugzeuge für die Fronten bereitstellen konnte. Das gab dann den Ausschlag, Fragen einer Lizenz nicht weiter zu verfolgen.

Erst Ende 1943 zeigte sich die britische Luft-

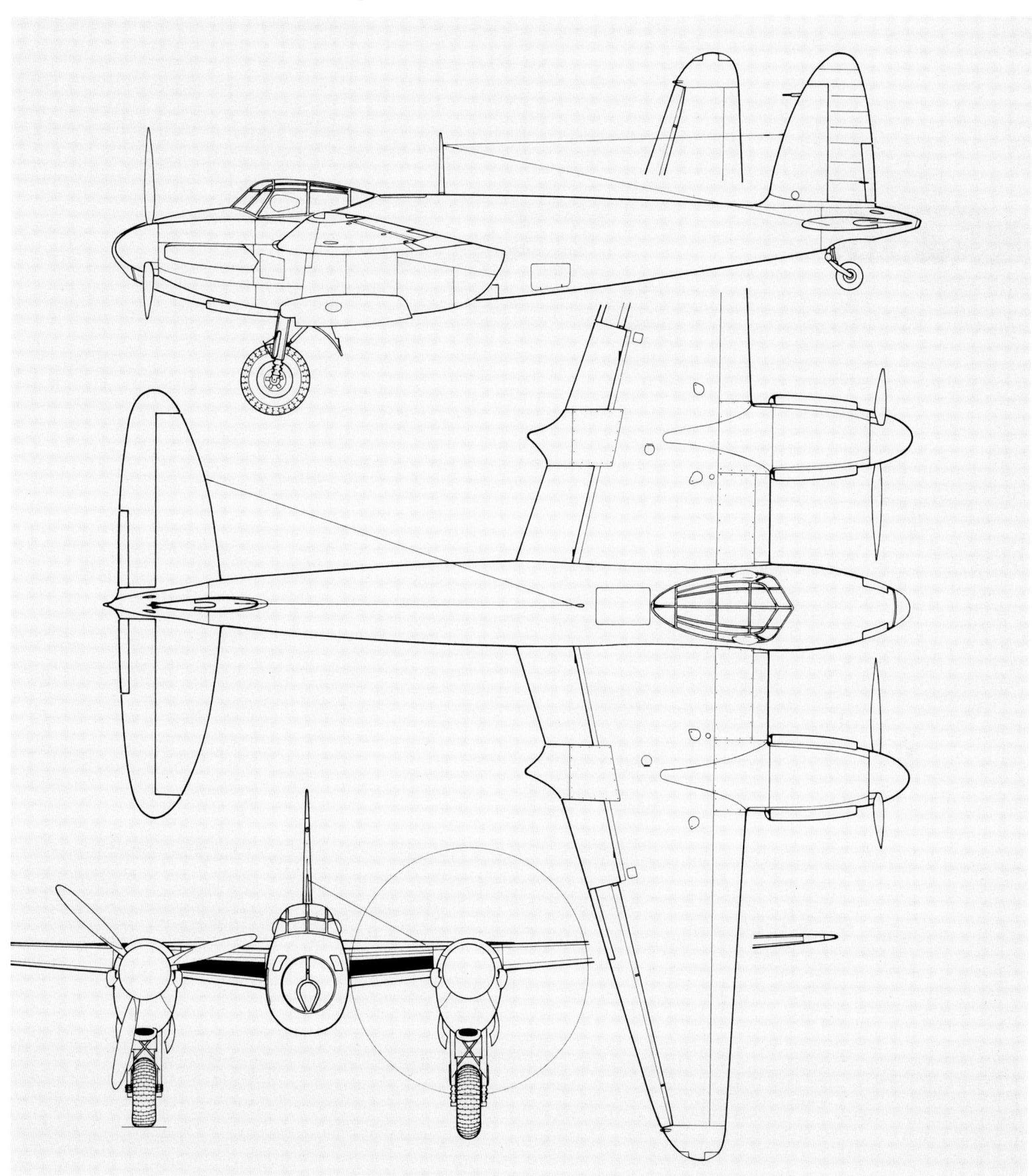

waffe zur Abgabe von vorerst nur einer einzigen Mosquito bereit. Bald darauf traf eine sowjetische Besatzung zur Umschulung bei der No. 305 Ferry Training Unit in Errol ein. Wie schon bei anderen Mustern, oblag die Ausbildung dieser sowjetischen Besatzung den beiden tschechoslowakischen Offizieren Taudy und Stejskal.

Anfang März 1944 war die Umschulung abgeschlossen. Damit endete auch die Ausbildung sowjetischer Piloten in Großbritannien, und das Ferry Training Unit No. 305 wurde am 15. März 1944 aufgelöst.

Die für den Bündnispartner Sowjetunion vorgesehene D.H. 98 Mosquito B. IV (Werknummer DK 296) hatte bereits ein bewegtes Leben hinter sich. Die Maschine verließ als eines der ersten Bombenflugzeuge des Typs Mosquito im Frühjahr die Werkhallen in Hatfield, kam in den Bestand der Squadron No. 105 und erhielt das Kennzeichen GB ● K.

In dieser Einheit nahm die Maschine an mindestens 15 Feindeinsätzen teil. Kurzfristig wurde sie auch an die Squadron No. 139 ausgeliehen. Dort flog sie als Führungsmaschine mit Staffelführer Houlston am 25. Juni 1942 den ersten Bombenangriff der Einheit auf den Flugplatz von Stade in Norddeutschland.

Den weitaus spektakulärsten Einsatz ihrer Karriere absolvierte sie als Führungsmaschine bei einem Angriff auf das Gestapo-Hauptquartier in Oslo. Vier Mosquito unter dem Kommando von Staffelführer George Perry und seinem Navigator Robson verließen mit je zwei 1000-kg-Bomben Leuchars. Der Angriff auf das Gebäude der Victoria Terrasse in Oslo erfolgte im Tiefflug. Die Bomben richteten erhebliche Schäden an. Später wurde das Kennzeichen in GB ● O geändert. Die Maschine blieb auch vor Unfällen nicht bewahrt. Während eines Einsatzes kollidierte sie mit einem Vogel und wurde beschädigt. Ein andermal streifte der Pilot einen Schornstein, konnte aber die beschädigte Maschine bis Marham zurückfliegen. Im August 1943 wurde sie aus dem Fronteinsatz genommen und in einem Storage Depot (Lagerschuppen) abgestellt.

Von dort wurde sie später nach Errol überführt und bei der Ausbildung der sowjetischen Besatzung eingesetzt. Nach Abschluß der Einweisung wurde die Maschine am 25. April 1944 in die UdSSR geflogen. Sie blieb die einzige an die Sowjetunion gelieferte Mosquito. Die Erprobungsstelle der Luftstreitkräfte unterzog dieses Muster eingehenden Tests. Mangel an Ersatzteilen, vor allem für die hochgezüchteten »Merlin«-Triebwerke, führte zur baldigen Außerdienststellung. Die Maschine wurde abgewrackt.

*Die erste mit D.H. 98 Mosquito ausgerüstete Squadron war im Dezember 1942 in Marham stationiert. Die zweitletzte Maschine (Kennung GB ● K) wurde 1944 in die UdSSR geliefert.*

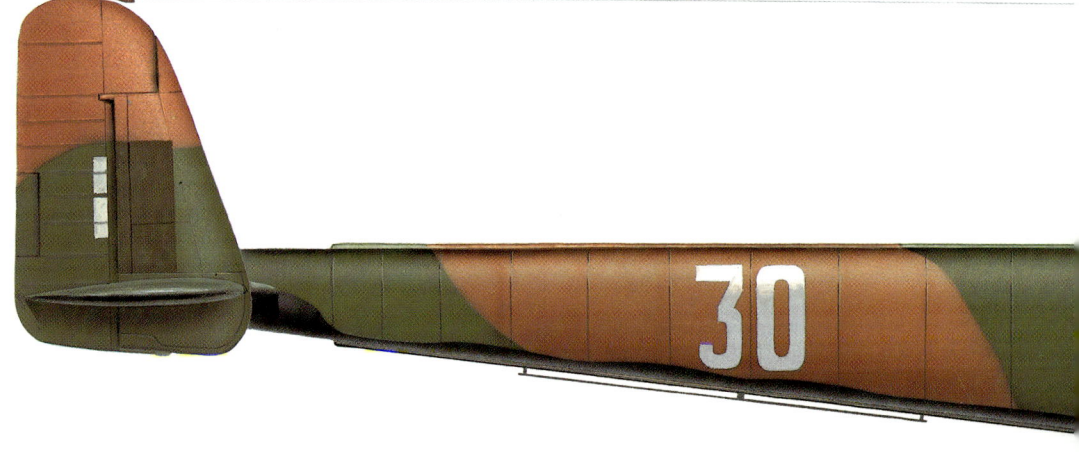

# HANDLEY PAGE

## H.P. 52 HAMPDEN

| | |
|---|---|
| **Ursprungsland:** | **Großbritannien** |
| **Baujahr:** | **1936** |
| **Verwendung:** | **Bombenflugzeug,** |
| | **Torpedoflugzeug** |
| **Besatzung:** | **4** |
| **Empfängerland:** | **UdSSR** |
| **An die UdSSR geliefert:** | **32** |

Auf der Grundlage der Ausschreibung B.9/32. entwickelte eine Konstruktionsgruppe von Handley Page unter Leitung von G. R. Volkert ein zweimotoriges Bombenflugzeug, das in seiner Auslegung eine ganze Reihe von Besonderheiten aufwies, unter anderem einen sehr schmalen Rumpf.

Der Prototyp der H.P. 52 flog erstmals am 21. Juni 1936 in Radlett. Das Luftfahrtministerium orderte bereits wenige Wochen später den Serienbau von 180 Exemplaren unter Berücksichtigung der veränderten Spezifikation B.30/36.

Am 20. September 1938 wurde die erste Serienmaschine (L 4034) von der Squadron (Staffel) No. 49 in Scampton in die Royal Air Force (RAF) übernommen, und bis Ende Oktober war die ganze Staffel mit der neuen Hampden ausgerüstet. Kurz nach Kriegsausbruch waren acht Staffeln einsatzbereit.

Elf Hampden-Bomber der Squadron No. 144 nahmen erstmals am 29. September 1939 an einem Einsatz gegen deutsche Kriegsschiffe und Marineanlagen in der Helgoländer Bucht teil. Da zu dieser Zeit bereits technisch überholt, erlitten diese Bombenflugzeuge hohe Verluste. Allein fünf der in zwei Verbänden fliegenden Hampden wurden bei den Nordfriesischen Inseln durch Jagdflugzeuge Me 109 gestellt und abgeschossen.

Fortan wurden die relativ wendigen Maschinen vorrangig bei Nachtangriffen oder zu besonderen Missionen eingesetzt. In der Nacht vom 14. zum 15. September 1942 griffen Hampden der Squadron No. 408 Wilhelmshaven an. Es war der letzte Bombereinsatz dieses Musters bei der RAF.

Nach der Ausmusterung aus dem Bomber Command fanden die Hampden als Torpedobomber beim Costal Command (Küstenkommando) der RAF Verwendung. Die ersten, nun als Handley Page TB. Mk. I Hampden bezeichneten Maschinen nahmen im Sommer 1942 ihren Dienst auf und blieben bis Ende 1943 im Einsatz.

Die Produktion wurde im März 1942 eingestellt, nachdem insgesamt 1580 Maschinen (einschließlich der H.P. 53) gebaut waren. Davon fertigten die Betriebe Handley Page 500 und English Electric 770 Maschinen. Bei Canadian Associated Aircraft wurden 160 weitere Exemplare in Lizenz produziert. Eine weiterentwickelte Version H.P. 53 Hereford wurde bei Short Brothers in 150 Exemplaren hergestellt, kam aber nie als Bombenflugzeug zum Einsatz, sondern wurde meist als Trainer geflogen. Lediglich 20 dieser Hereford wurden zu Hampden umgebaut und bei Bombenangriffen geflogen.

Im Spätsommer 1942 verlegte das Costal Command die Squadrons No. 144 und No. 455 mit je 16 Handley Page TB. Mk. I Hampden nach Vaenga im Norden der UdSSR, um die Geleitzüge nach Murmansk vor feindlichen Angriffen zu schützen. Während der Überführung gingen neun Maschinen durch Navigationsfehler und Feindeinwirkung verloren.

In Vaenga wurden auch die ersten sowjetischen Piloten mit dem Muster vertraut gemacht. Nach Rückkehr der britischen Flieger

*Handley Page H. P. 52 T. B. Mk. I Hampden*

in ihre Heimat kamen die verbleibenden Flugzeuge ab Mitte Oktober 1942 in das 24. Torpedo- und Minenfliegerregiment und flogen in der dritten Staffel, während in den anderen beiden Staffeln Il-4 und SB-2 eingesetzt waren.

Am 18. Dezember 1942 versenkten zwei Hampden unter Führung von Hauptmann S. I. Trunev zwei feindliche Transportschiffe in Höhe von Nordkin. Am 14. Januar 1943 sichteten zwei Hampden vier Transportschiffe des Gegners und versenkten davon zwei im Tiefangriff. Während die Hampden des Hauptmann V. N. Kiselev sicher heimkehrte, beschädigten Trümmer der explodierenden Schiffe die zweite Maschine von Hauptmann A. A. Baštjkrov so schwer, daß sie kurz darauf in das Meer stürzte. Einen Tag später griffen Hauptmann S. I. Trunev und Leutnant P. N. Zaičenko in der Nähe von Haninberg zwei weitere Transportschiffe an und versenkten sie. Am 28. und 29. Januar 1943 war Hauptmann A. I. Strovski mit seinem Rottenflieger Leutnant S. A. Malygin gleich zweimal erfolgreich und schickte zwei Schiffe auf Grund.

Aus einem feindlichen Konvoi vernichteten die Hauptleute G. D. Popovič, V. U. Gluškov und V. N. Kiselev mit ihren Hampden drei Schiffe. Ein großer Geleitzug des Gegners, der aus

*Handley Page H. P. 52 Hampden des 24. Fliegerregiments der Nordflotte. Das Kommando hatte Hauptmann A. Z. Stojanov.*

fünf Transportschiffen und etwa 20 kleineren Dampfern bestand und von zwei Zerstörern gedeckt wurde, kam am 20. September 1943 im Seegebiet Makkaur in Sicht. Zusätzlich wurde dieser feindliche Transport von 25 Jagdflugzeugen begleitet. Sechs Handley Page TB. Mk. I unter dem Kommando von Major F. V. Kostkin griffen den Verband trotz heftiger Abwehr an und versenkten ein Transportschiff und die beiden Zerstörer. Die überlegenen Jäger des Jagdgeschwaders JG 5 schossen zwei Hampden ab. Die restlichen erreichten ihre Basis.

Während der mit äußerster Härte geführten Gefechte des Jahres 1943 gingen eine Reihe der Torpedobomber TB. Mk. I Hampden verloren. An anderen war, bedingt durch schwere Beschädigungen, eine Reparatur nicht mehr möglich. Im Dezember 1943 ersetzte das 24. Regiment die Hampden durch moderne sowjetische Torpedobomber. Die Einheit blieb bis zum Kriegsende im Einsatz und wurde 1944 als Garderegiment ausgezeichnet.

**Handley Page H.P. 52 Hampden**

| Abmessungen | |
|---|---|
| Spannweite: | 21,08 m |
| Länge: | 16,33 m |
| Flügelfläche: | 62,20 m² |

| Massen | |
|---|---|
| Leermasse: | 5 344 kg |
| Startmasse: | 8 508 kg |
| Flächenbelastung: | 137,2 kg/m² |

| Triebwerk | |
|---|---|
| Anzahl: | 2 |
| Typ: | Bristol »Pegasus XVIII« |
| Leistung: | 735 kW |

| Flugleistungen | |
|---|---|
| Reisegeschwindigkeit: | 350 km/h |
| Höchstgeschwindigkeit: | 410 km/h |
| Steiggeschwindigkeit: | 5,0 m/s |
| Reichweite: | 3 030 km |
| Dienstgipfelhöhe: | 6 920 m |

| Bewaffnung: | 2 Zwillings-MG Vickers K-7,7 mm |
|---|---|
| Abwurfmittel: | 1 814 kg Bomben oder 1 Torpedo 46 cm |

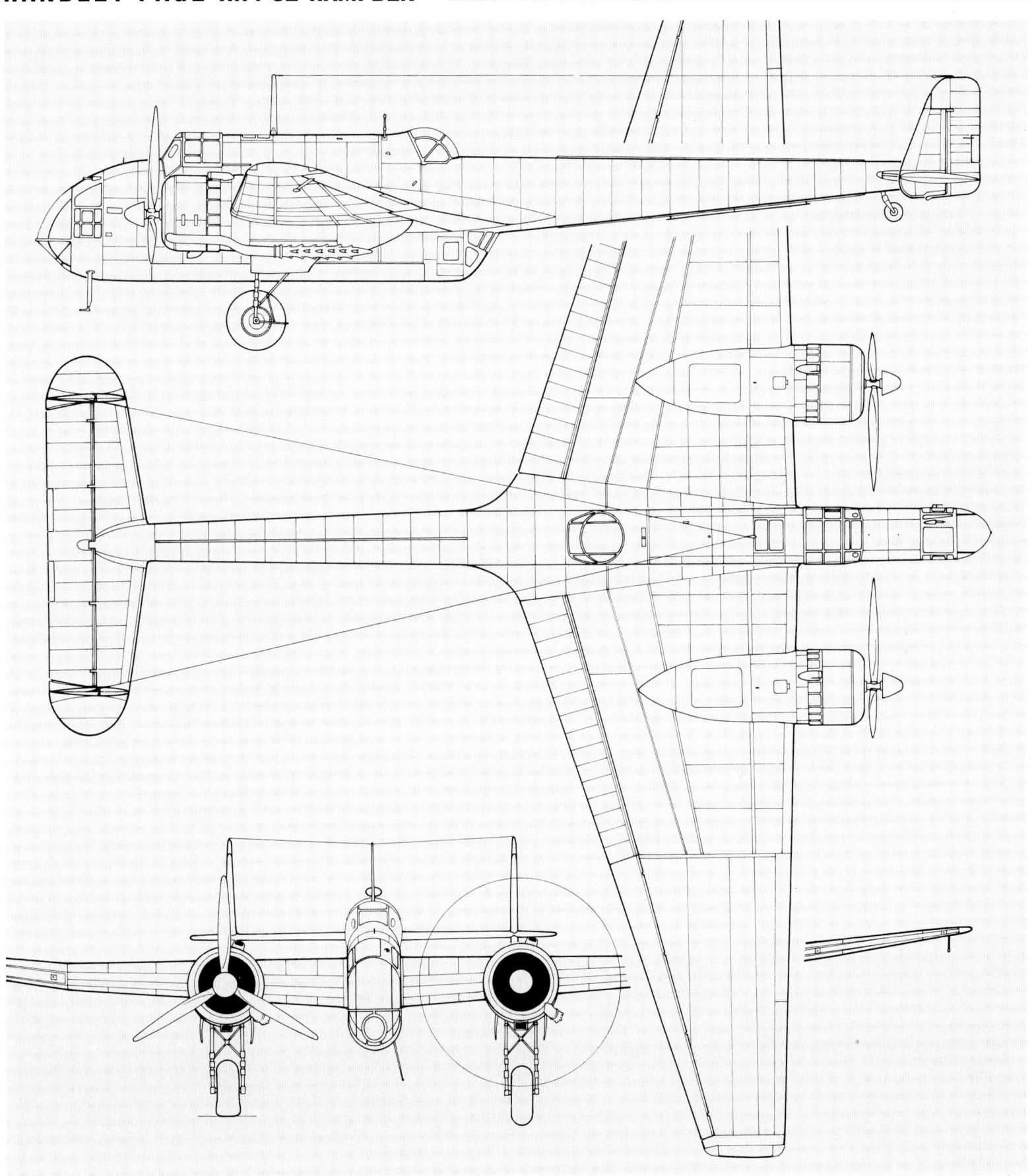

# A-20 HAVOC

| | |
|---|---|
| Ursprungsland: | USA |
| Baujahr: | 1938 |
| Verwendung: | Bombenflugzeug |
| Besatzung: | 3 oder 2 |
| Empfängerländer: | Großbritannien, Frankreich, UdSSR |
| An die UdSSR geliefert: | 3 125 |

Aufgrund einer Forderung des US Army Air Corps entwickelten Jack Northrop und Ed Heinemann bei den Douglas-Werken ein leichtes Bombenflugzeug unter der Bezeichnung Modell 7A, das unter Auswertung der Erfahrungen aus dem Spanischen Bürgerkrieg noch vor dem Bau eines ersten Prototyps zum Modell 7B modifiziert wurde. Am 26. Oktober 1938 flog der Prototyp zum ersten Mal.

Die französische Luftwaffe bekundete umgehend ihr Interesse an diesem neuen Typ und bestellte im Februar 1939 105 Exemplare abhängig von erforderlichen Änderungen, die zur Neukonstruktion des Douglas-Bombenflugzeuges führten. Neben vergrößerter Reichweite und Bombenzuladung forderten die Franzosen auch den Einbau landesüblicher Bordinstrumente und Bordwaffen.

Die neue, nun als DB-7 bezeichnete Maschine unternahm am 17. August 1939 ihren Erstflug. Schon im Oktober verließen die ersten für Frankreich bestimmten DB-7 die Werkhallen in El Segundo und Santa Monica und wurden zunächst nach Casablanca geliefert. Zum Zeitpunkt des deutschen Angriffs auf Frankreich im Mai 1940 waren erst drei französische Staffeln mit 64 Douglas DB-7 ausgerüstet, die nur wenige Einsätze gegen den Feind flogen.

Am 20. Oktober 1939 war ein weiterer Auftrag aus Frankreich über die Lieferung von 170 Maschinen in den USA eingegangen. Nur 75 Maschinen davon erreichten ihre Einheiten noch vor der Kapitulation. Der Rest wurde nach Großbritannien geleitet. Nach der Kapitulation kamen 95 Maschinen aus Frankreich nach Nordafrika und bildeten einen Teil der Bomberstreitmacht der Vichy-Regierung.

Das US Air Corps bestellte im August 1939 die ersten 63 Maschinen unter der Bezeichnung A-20. Dem folgte im Februar 1940 ein Auftrag der britischen Regierung über 150 Exemplare für ihre Royal Air Force (RAF). Während die A-20 bei den amerikanischen Streitkräften als Havoc (Zerstörer) bezeichnet wurde, vergab

die britische Zulassungskommission den Merknamen Boston, der später auch von den sowjetischen Fliegerkräften übernommen wurde.

Die Version A-20A unterschied sich vom Vorgänger nur in leistungsstärkeren Triebwerken Pratt & Whitney R-2600-7. Die folgende Serie A-20B erhielt eine neue Bugverglasung und vier 12,7-mm-Maschinengewehre. 999 Maschinen der B-Version wurden im neu erbauten Werk in Long Beach produziert. Der größte Teil dieser Bomber, 665 Exemplare, gingen als Lend-Lease-Lieferung an die UdSSR.

Die Douglas A-20C erhielt eine weiter verbesserte Bewaffnung und neue Triebwerke Wright R-2600-23 (1170 kW). Inzwischen war bei Boeing die Lizenzproduktion der C-Version angelaufen. Die meisten dieser Maschinen waren als Boston III für Großbritannien bestimmt, wurden aber umgeleitet und an die UdSSR geliefert.

Aufgrund der Einsatzerfahrungen modifizierte Douglas eine neue Serie zur A-20G. Mit 2850 Exemplaren gehörte diese Version zur meistgebauten.

Die Bugverglasung wurde durch einen verkleideten Rumpfbug ersetzt, in den vier 20-mm-Maschinenkanonen montiert wurden. Be-

Eine neue A-20G-35-DO (Werknummer 43-10044) wird von einem Traktor aus der Werkhalle gezogen.

reits beim nächstfolgenden Produktionsblock ersetzte man die Kanonen durch 12,7-mm-Maschinengewehre vom Typ Browning, und an die Stelle des Heckstandes kam ein Martin-Drehturm mit zwei weiteren 12,7-mm-Maschinengewehren.

Die Douglas A-20G zeichnete sich auch durch zahlreiche Verbesserungen in der Panzerung der Zelle, durch neue Instrumentierung und Maßnahmen zur Reichweitenverbesserung aus. Ein Großteil der A-20G, vor allem aus dem ersten Produktionsblock, wurde an den Bündnispartner UdSSR geliefert.

Bei der Douglas A-20J kehrte man wieder zum verglasten Bugstand zurück, um dem Bombenschützen einen entsprechenden Platz zu schaffen. Die Bombergruppen setzten diese Version vorrangig als Pfadfinderbomber ein. Aus einer Produktionsrate von 450 gebauten A-20J wurden 165 als Boston IV an Großbritannien abgegeben.

Auch die folgenden Versionen H und K basierten auf der G-Variante. Sie wiesen nur unerhebliche Veränderungen auf. Als Triebwerke installierte man die verbesserten Wright R-2300-29.

*Douglas Boston III (A-20C)*

## Douglas A-20G Havoc

| Abmessungen | |
|---|---|
| Spannweite: | 18,69 m |
| Länge: | 14,63 m |
| Flügelfläche: | 43,20 m² |
| **Massen** | |
| Leermasse: | 7 700 kg |
| Startmasse: | 11 325 kg |
| Flächenbelastung: | 119,3 kg/m² |
| **Triebwerk** | |
| Anzahl: | 2 |
| Typ: | Wright R-2600-23 |
| Leistung: | 1 192 kW |
| **Flugleistungen** | |
| Reisegeschwindigkeit: | 392 km/h |
| Höchstgeschwindigkeit: | 532 km/h |
| Steiggeschwindigkeit: | 11,5 m/s |
| Reichweite: | 1 740 km |
| Dienstgipfelhöhe: | 7 200 m |
| Bewaffnung: | 9 MG Colt Browning 12,7 mm oder andere |
| Abwurfmittel: | 1 814 kg Bomben |

*Diese Boston III (DB-7B), ursprünglich für die RAF vorgesehen, wurde an die sowjetischen Luftstreitkräfte übergeben. Die Konturen der übermalten Kokarden sind noch erkennbar.*

*A-20B kurz vor der Übergabe in Abadan. Den weißen Kreis um das Hoheitszeichen hat man übermalt und den Stern leicht schwarz umrandet.*

*Die A-20B mit der Werknummer 41-3044 gehörte zu den ersten Lieferungen dieses Typs.*

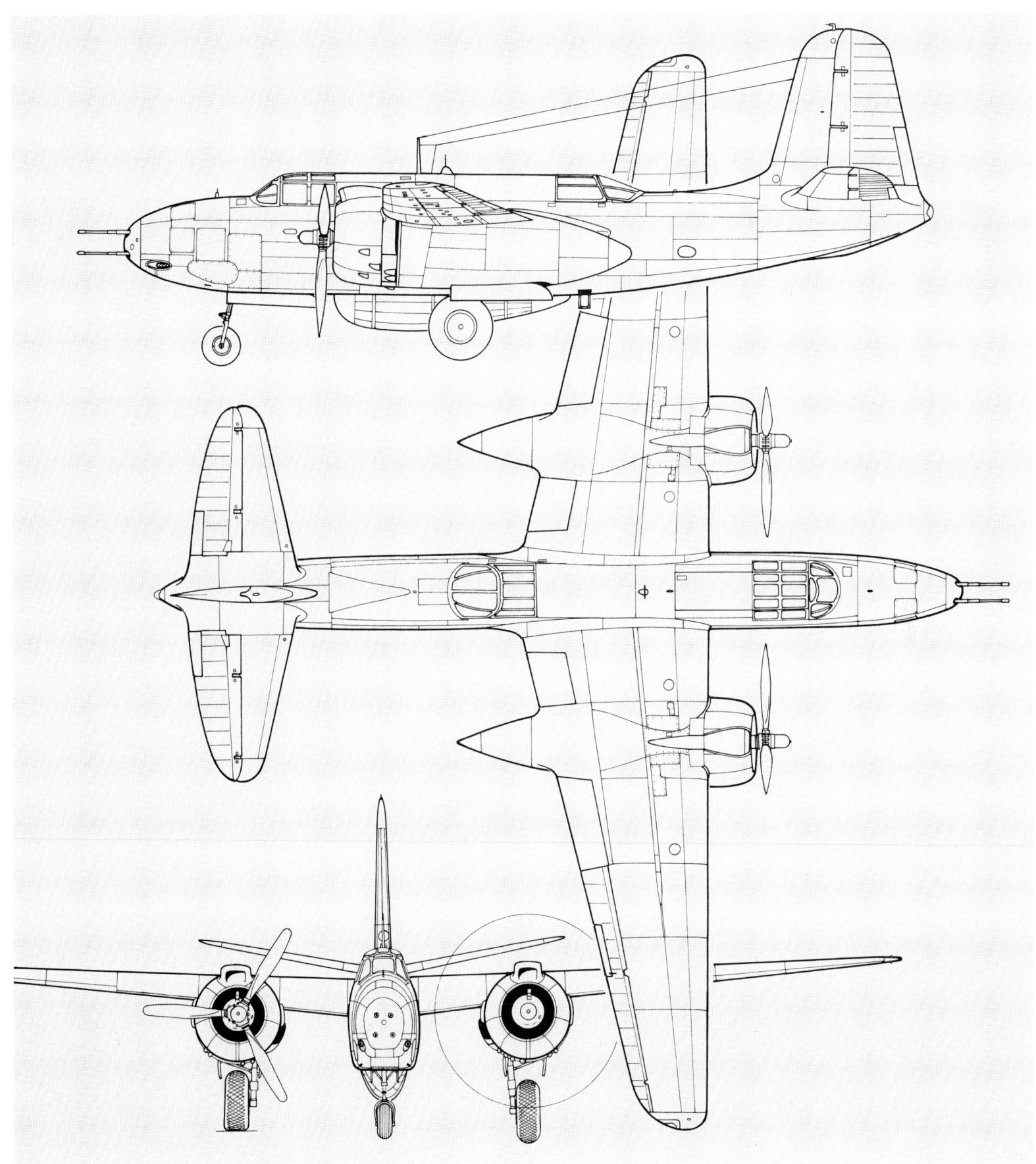

Douglas A-20B kurz vor der Übergabe in Abadan im April 1943.

Eine Douglas A-20 der C-Version.

Es wurden 412 A-20H gebaut, während von der A-20K 413 Exemplare entstanden. Von letzteren erhielt wiederum die RAF 90 Maschinen als Boston V. Lend-Lease-Lieferungen dieser Versionen an die Sowjetunion gab es nur in geringen Stückzahlen.

Noch vor Kriegsende lief die Produktion des leichten Bombenflugzeuges Douglas A-20 Havoc aus, nachdem 7385 Exemplare ausgeliefert waren. Über 40 Prozent davon wurden an die UdSSR geliefert. Während die ersten Maschinen mit Geleiten nach Murmansk kamen und so feindlichen Angriffen besonders ausgesetzt waren, wurde der Großteil auf der Alaska-Sibirien-Route (ALSIB) überführt oder erreichte den Bündnispartner über Abadan.

In sowjetischen Forderungen über Waffenhilfe war auch frühzeitig die Lieferung leichter Bombenflugzeuge erwogen worden. Insbesondere dachte man an Einsätze bei taktischen Operationen zur Unterstützung der Landstreitkräfte.

Als erste erreichten Douglas DB-7B der RAF aus Nordafrika die UdSSR. Zwischen Februar und Juni 1942 kamen 93 Boston III (DB-7B) in die Bestände der sowjetischen Fliegereinheiten und wurden vor allem am Kuban eingesetzt.

Anfang 1942 verschifften die Amerikaner die ersten Douglas A-20C nach Abadan. Nach der Ankunft gab es zunächst Schwierigkeiten, da notwendiges Werkzeug und qualifiziertes Personal zur Montage der A-20 fehlten. So wurde erst Mitte April die erste Maschine an die sowjetischen Flieger übergeben. Bis Mitte des Jahres 1942 trafen weitere 116 Exemplare ein.

Sicher waren die Schwierigkeiten in Persien ebenfalls Anlaß für den Plan, die A-20 auf der ALSIB zu überführen. Die ersten fünf Maschinen wurden von der 7. Ferrying Group (Überführungsgruppe) in Great Falls (Montana) übernommen und unter dem Kommando von Lieutenant Edmund J. Averman jr. nach Alaska geflogen, wo sie am 3. September 1942 Ladd Field erreichten. Nach Einweisung verließen diese ersten A-20C, geführt von Oberstleutnant P.V. Nedosekin, Alaska in Richtung Sibirien.

Auch alle A-20G gelangten über die ALSIB in die Sowjetunion. Diese Maschinen wurden in Great Falls mit einem abwerfbaren Zusatztank ausgerüstet. Auf Anraten der sowjetischen Militärkommission wurden die auffälligen weißen Kreise um den roten Stern übermalt.

Bei der Einweisung sowjetischer Piloten auf die A-20 gab es ein großes Problem, da die Maschine nur mit einem Einmann-Cockpit ausgerüstet war. Man behalf sich, indem der

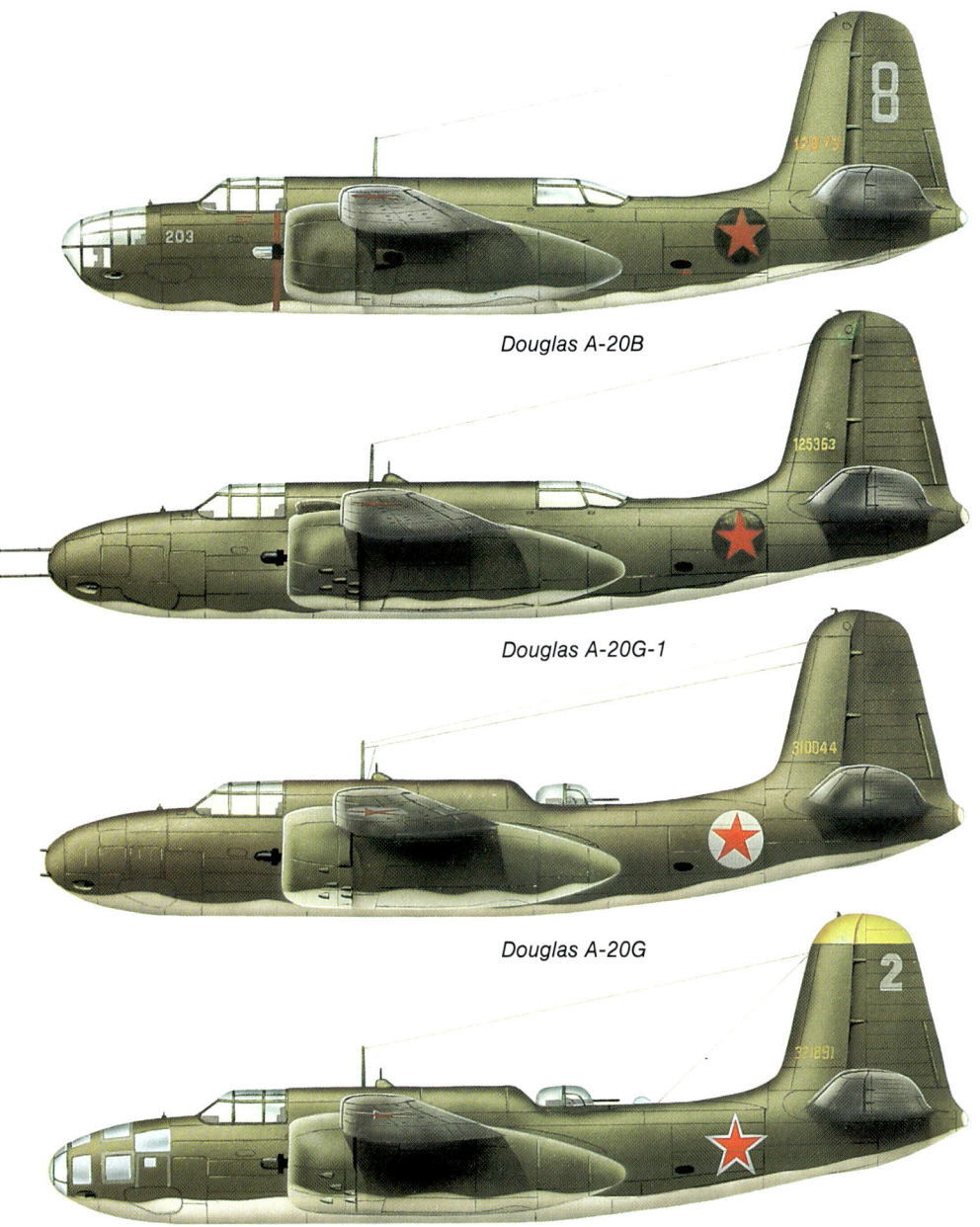

*Douglas A-20B*

*Douglas A-20G-1*

*Douglas A-20G*

*Douglas A-20G-45 DO, Baltische Rotbannerflotte*

amerikanische Instrukteur im schmalen Stauraum hinter dém Piloten liegend untergebracht wurde und von dort aus seine Anweisungen erteilte.

Die sowjetischen A-20 nahmen an allen bedeutenden Kampfhandlungen im Großen Vaterländischen Krieg teil. Schwerpunkte waren Einsätze zur Unterstützung der kämpfenden Truppe in der Verteidigung und bei Vorwärtsbewegungen.

Obwohl die 20-mm-Kanonen der A-20G eine große Feuerkraft hatten, wirkten sie sich bald als nachteilig aus, da es oftmals Ladehemmungen gab. Zudem machte die Lagerhaltung von 20-mm-Geschossen neben der

gebräuchlichen 12,7-mm-Munition Schwierigkeiten. Die Kanonen wurden daher bei späteren Lieferungen durch 12,7-mm-Browning-Maschinengewehre ersetzt.

Als einen weiteren Mangel bezeichneten Besatzungsmitglieder den ungenügenden Schutz nach hinten, wie er sich durch den Waffenstand bei den frühen Versionen der A-20 ergab. In einigen Regimentern behalf man sich damit, den einfachen Waffenstand durch einen Drehturm der Il-4 zu ersetzen. Dies wiederum bewog den Hersteller in Santa Monica letztlich, den Martin-Drehturm ab der G-Version einzubauen.

Im Fronteinsatz flogen auch weibliche Schüt-

Foto linke Seite:
Eine der wenigen in die UdSSR gelieferten A-20K (Werknummer 44-143) nach der Endmontage in Santa Monica.

Nach einem Prüfflug landet die A-20G-35-DO in Santa Monica (Kalifornien).

Die Douglas A-20K, Seriennummer 44-718, bei einer Zwischenlandung während des Überführungsfluges in Edmonton (Kanada).

zen in der A-20. Obwohl die taktischen Bombereinsätze überwogen, wurden einige A-20B mit schwarz bemalten Unterseiten als Nachtjagdflugzeuge bei der 4. Luftarmee im Herbst 1943 verwendet.

In sowjetischen Reparaturstaffeln entfernte man bei mehreren A-20G die Bewaffnung im Rumpfbug und ersetzte diese durch eine Verglasung, um so Platz für einen Bombenschützen zu schaffen. Von seiner Sicht hing es ab, daß die 100-kg- und 250-kg-Bomben ins Ziel gelangten. Vereinzelt wurden auch 1000-kg-Bomben mitgeführt. Für sowjetische Bomben hatte man die einzelnen Aufhängungen umgerüstet.

Einige Douglas A-20 kamen bei den Marinefliegerverbänden zum Einsatz. Dafür wurden eigens Vorrichtungen zur Aufnahme von Torpedos eingebaut.

Am 16. Juli 1944 versenkten A-20G des 51. Fliegerregiments den Kreuzer »Niobe« in der Finnischen Bucht. Der Kommandeur der Staffel, Oberstleutnant I. N. Ponomarenko, wurde für diesen Einsatz mit dem Titel »Held der Sowjetunion« geehrt.

# B-25 MITCHELL

| | |
|---|---|
| Ursprungsland: | USA |
| Baujahr: | 1939 |
| Verwendung: | Bombenflugzeug |
| Besatzung: | 5 |
| Empfängerländer: | Großbritannien, Australien, Brasilien, China, Frankreich, Niederlande, UdSSR |
| An die UdSSR geliefert: | 870 |

Im Jahre 1938 schrieb das US Army Air Corps einen Wettbewerb zum Bau eines zweimotorigen, mittleren Bombenflugzeuges aus. Die in Inglewood (Kalifornien) ansässige Firma North American Aviation beteiligte sich mit dem Projektentwurf NA-40-1 ihrer Ingenieure Lee Atwood und Ray Rice an dieser Ausschreibung.

Der Prototyp der NA-40 (Seriennummer 40-1052) startete im Januar 1939 zum Erstflug. Obwohl diese Maschine später bei der Erprobung auf der Basis Wright Field in Dayton (Ohio) zerstört wurde, zeigten sich die Auftraggeber von den Leistungen des Prototyps sehr beeindruckt, äußerten aber zahlreiche Änderungswünsche, die eine Neukonstruktion erforderlich machten.

Bereits am 20. September 1939, als das neue Muster noch auf dem Reißbrett war, erhielt die North American Aviation einen Auftrag zum Bau einer Serie von 184 Exemplaren im Gesamtwert von fast 12 Millionen Dollar. Der nahende Krieg in Europa mahnte die Techniker zur Eile.

Am 19. August 1939 erhob sich der Prototyp des nunmehr NA-62 bezeichneten Bombers zum Erstflug. Dieser Prototyp war zugleich das erste Flugzeug einer Vorserie von 24 Maschinen. Die 17. Bombergruppe in McChord Field (Washington) wurde zur Truppenerprobung mit dem neuen Bombenflugzeug ausgerüstet.

Ab Baunummer 10 kam ein veränderter Tragflügel mit einer neuen Tragflügelgeometrie (Möwenflügel) zum Einsatz. Etwa zur gleichen Zeit vergab man für das neue Muster die Typenbezeichnung B-25 und den Merknamen Mitchell, zu Ehren des Generals William B. Mitchell.

Die erste Serie B-25A erhielt selbstdichtende Flügeltanks und eine zusätzliche Panzerung zum Schutz beider Piloten. Nach 40 produzierten B-25A lief der Bau der modifizierten B-Version an. Durch den Einbau eines Bendix-Drehturms mit zwei 12,7-mm-Waffen hatte die B-25B eine wesentlich stärkere Abwehrbewaffnung. Die zusätzliche Masse bewirkte allerdings eine Verschlechterung der Flugleistungen, insbesondere eine verringerte Reichweite. Das Serienlos betrug 120 Exemplare.

Im Verlauf ihres Einsatzes gelangten B-25B zu besonderem Ruhm. 16 Maschinen B-25B der 17. Bombergruppe nahmen unter dem Kommando von Lieutenant Colonel James H. Doolittle am wohl spektakulärsten Bombenangriff des Krieges teil:

Am 2. April 1942 verließen diese 16 Maschinen an Bord des Flugzeugträgers USS »Hornet« den Hafen von San Francisco. Von See aus starteten sie am 18. April 1942 einen Trägerangriff auf die japanische Hauptstadt Tokio. Die Amerikaner sahen in diesem Angriff eine Revanche für den japanischen Überfall auf Pearl Harbor.

Alle Teilnehmer dieser Mission flogen im Bewußtsein, daß ihre Maschinen nach dem Angriff aufgegeben werden mußten, da eine Rückkehr auf den Träger allein schon technisch nicht möglich war. Während einige Maschinen verlorengingen, erreichten andere chinesisches Gebiet. Captain E. J. York schlug sich mit seiner B-25 bis in die Sowjetunion durch. In einem unebenen Gelände ging die Maschine bei der Notlandung wegen Treibstoffmangels zu Bruch.

Aufgrund von ersten Kampferfahrungen im Fernen Osten verbesserte North American die B-25 weiter. So kamen stärkere Triebwerke R-2600-13, ein Autopilot und Enteisungsanlagen zum Einbau.

Ab Januar 1942 verließen 1619 neue B-25C die Montagehallen in Inglewood. Die im neuen

Werkstattflug über Kalifornien. Die für die UdSSR bestimmten Mitchell erhielten einen Tarnanstrich.

North American B-25B Mitchell

### North American B-25J Mitchell

| Abmessungen | |
|---|---|
| Spannweite: | 20,59 m |
| Länge: | 16,12 m |
| Flügelfläche: | 56,80 m² |
| **Massen** | |
| Leermasse: | 9 208 kg |
| Startmasse: | 15 875 kg |
| Flächenbelastung: | 219,5 kg/m² |
| **Triebwerk** | |
| Anzahl: | 2 |
| Typ: | Wright »Cyclone« R-2600-29 |
| Leistung: | 1 215 kW |
| **Flugleistungen** | |
| Reisegeschwindigkeit: | 320 km/h |
| Höchstgeschwindigkeit: | 444 km/h |
| Steiggeschwindigkeit: | 6,9 m/s |
| Reichweite: | 2 050 km |
| Dienstgipfelhöhe: | 7 520 m |
| | |
| Bewaffnung: | 12 MG 12,7 mm |
| Abwurfmittel: | 1 814 kg Bomben |

Zweigwerk Kansas City gefertigten 2290 Exemplare der Mitchell wurden als D-Serie (B-25D) bezeichnet, waren aber mit den im Stammwerk hergestellten B-25C völlig identisch.

Die britische Royal Air Force (RAF) erhielt als Lend-Lease-Lieferung 167 B-25C und 371 B-25D als Mitchell II. Weitere 162 Maschinen B-25C (N5-122 bis N5-283) wurden an niederländische Einheiten in Südostasien geliefert. Vier dieser Bombenflugzeuge bekam die königliche kanadische Luftwaffe, und eine weitere Waffenhilfe von 29 Maschinen ging an Brasilien.

Die folgenden G- (405 Maschinen) und H-Versionen (1000 Maschinen) wurden mit überschweren Kanonen im Rumpfbug ausgestattet. Mit Ausnahme von zwei an die RAF gelieferten B-25G kamen diese »Fliegenden Schlachtschiffe« ausschließlich bei der US-Luftwaffe im Pazifik zum Einsatz.

Im Dezember 1943 lief in Kansas City die Produktion der letzten Mitchell-Serie, der B-25J, an. Das Stammwerk in Inglewood hatte bereits die Bomberproduktion zugunsten des neuen Jagdflugzeuges P-51 Mustang aufgegeben. Bis zum Kriegsende verließen 4318 B-25J die Montagehallen. Großbritannien erhielt 314 Maschinen als Mitchell III.

Bei der J-Version kam überwiegend wieder ein Glasbug, wie er bereits bei der C-Serie verwendet wurde, in die Ausrüstung. Mittels vier zusätzlich an beiden Rumpfseiten installierten 12,7-mm-Maschinengewehren wurde die Abwehrbewaffnung weiter verbessert.

Vorrangig im Mittelmeerraum und im Fernen Osten bewährte sich das Kampfflugzeug bei unterschiedlichsten Einsätzen.

Zwei B-25C wurden als XB-25E und XB-25F modifiziert und mit unterschiedlichen Enteisungsanlagen getestet, gingen aber nicht in Serie.

Bis zum Ende des zweiten Weltkrieges baute die North American Aviation in Inglewood und

*Eine North American B-25C in der Erprobung.*

*Einziehbarer unterer Waffenstand einer B-25C.*

Kansas City 9796 Bombenflugzeuge B-25 Mitchell. 870 dieser Maschinen wurden im Rahmen der Lend-Lease-Hilfe an die Sowjetunion geliefert. Nur acht Maschinen gingen während der Überführungen verloren. Eine davon wurde nach dem Krieg in Alaska entdeckt. Sie wird gegenwärtig für ein Museum restauriert.

Die USA hatten der Sowjetunion nach ersten Gesprächen auch die Lieferung von Kampfflugzeugen B-25 zugesichert. Das mittelschwere Bombenflugzeug war, ebenso wie die A-20 Havoc, zur Unterstützung von Bodentruppen bei taktischen Operationen gut geeignet.

Im Oktober 1941 gelangten fünf demontierte B-25B als Decksfracht mit einem Geleit in die UdSSR. Diese Maschinen waren die ersten für den Bündnispartner im Osten gelieferten Bombenflugzeuge. Gleichzeitig traf eine erste Gruppe sowjetischer Piloten zur Umschulung auf die Mitchell in McChord, der Heimatbasis der 17. Bombergruppe, ein. Unter Leitung von Captain Ted W. Lawson begann sofort die

Ausbildung. Die sowjetischen Piloten waren von den guten Flugeigenschaften der B-25 begeistert.

Wenig später verlegte man die Ausbildung nach Fellts Field (Washington). Dort nahmen einmal sowjetische B-25-Piloten an Übungsluftkämpfen der 55. Verfolgungsgruppe, die mit Jagdflugzeugen P-43 operierten, teil. Dazu bemerkte ein amerikanischer P-43-Pilot wörtlich: »Diese Russen fliegen diesen Bomber wie ein Jagdflugzeug ...« Daß die Einschätzung keinesfalls übertrieben war, zeigte sich nach den Scheinluftkämpfen auch an zahlreichen Nieten, die sich durch die Belastungen an den B-25 gelöst hatten.

Es dauerte aber bis zum Frühjahr 1942, ehe weitere für die UdSSR bestimmte B-25 bereitstanden. Erst im März 1942 flogen Piloten der Fluggesellschaft Pan American Airways in Florida zunächst 38 Mitchell zur Verschiffung über die Persische Route. Über Basra, Shaiba und Teheran wurden im April (sieben), im Mai (18), im Juni (32) und im Juli 1942 (fünf) weitere B-25, bei Verlust nur eines Flugzeuges (B-25C, Werknummer 41-12 588, stürzte während eines Testfluges bei Teheran ab), an die sowjetischen Fliegerkräfte übergeben.

Bis zum Jahresende 1942 waren insgesamt 102 B-25C auf Basen am Persischen Golf transportiert. Ein Großteil dieser Maschinen kam an der Kubanfront zum Einsatz.

# NORTH AMERICAN B-25J MITCHELL

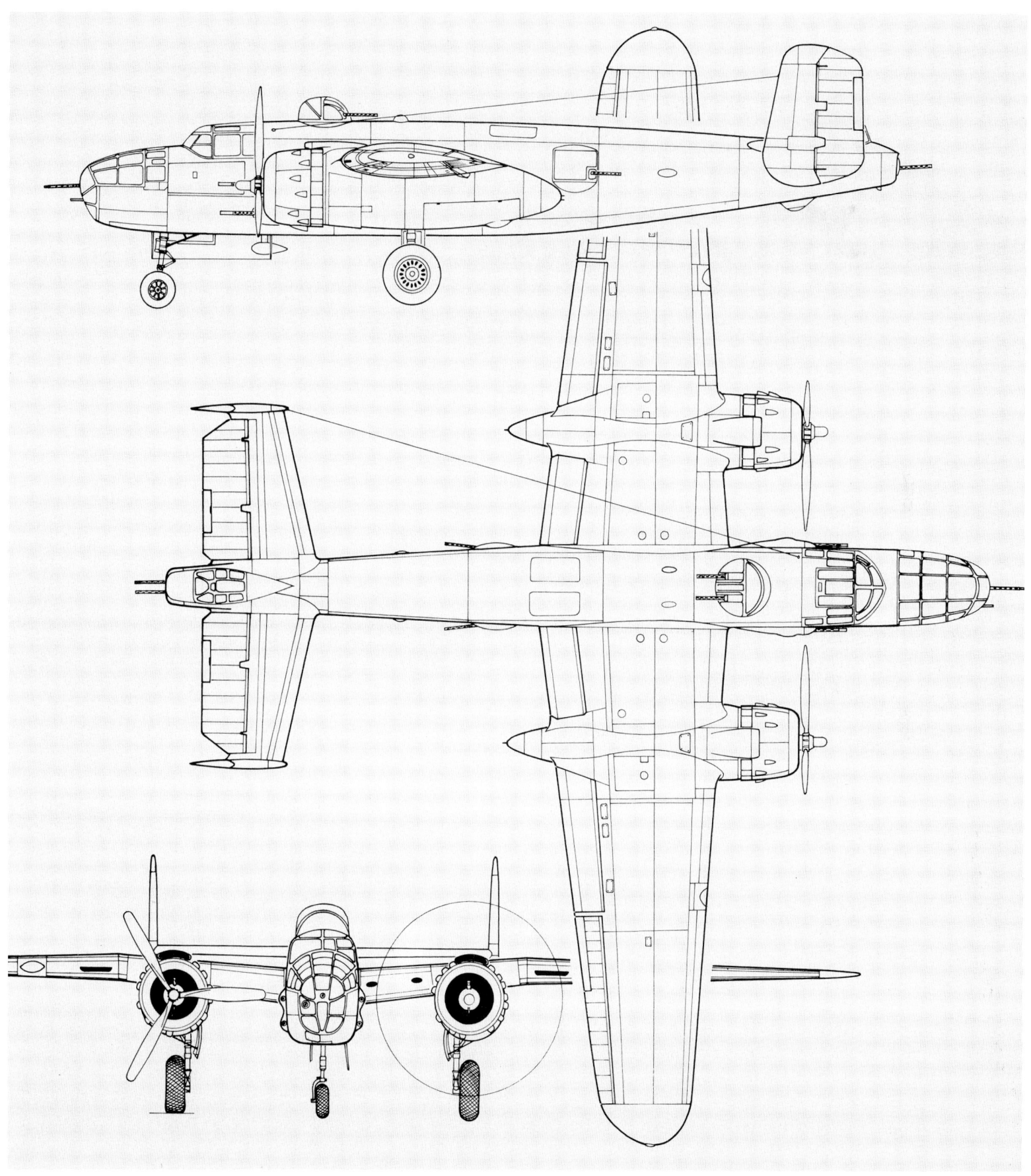

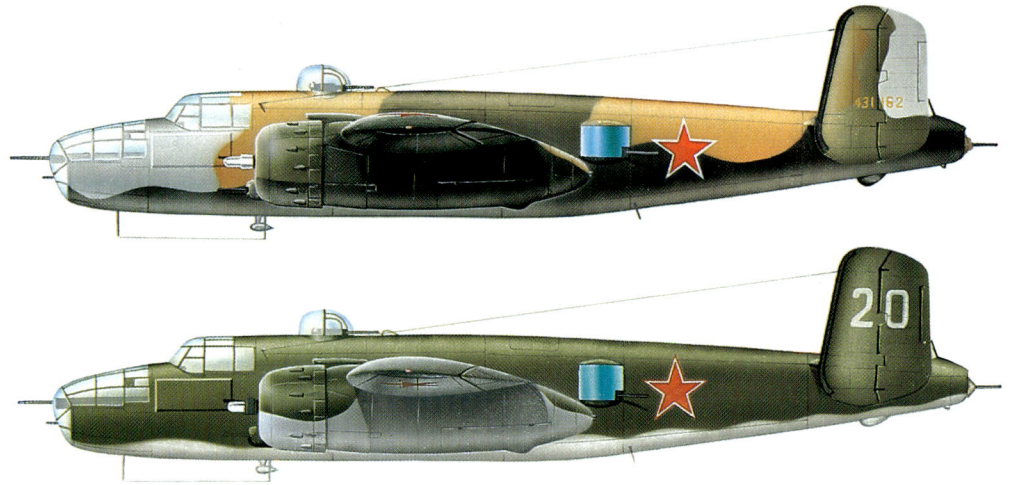

Für die Fernfliegerkräfte bestimmte B-25J
(Werknummer 44-30 052).

*North American B-25J Mitchell*

Eine der ersten B-25C wurde bei der Erprobungsstelle geflogen. Hier ging es besonders um den Einbau von Aufhängungen für sowjetische Bomben unterschiedlicher Kaliber und um die Erprobung von Abwurfmethoden.

Die Überführungsroute nach Abadan galt zwar als verhältnismäßig sicher, aber der Transportweg war langwierig und zeitraubend.

Im August 1942 landeten die ersten zwölf B-25 in Fairbanks. Am 24. September 1942 startete die erste dieser Maschinen mit sowjetischer Besatzung über die Alaska-Sibirien-Route (ALSIB) Richtung Sowjetunion. Trotz harter Witterungsbedingungen gelangten bis zum 3. März 1943 369 Mitchell verschiedener Versionen über diese Verbindung in die UdSSR.

Einige hundert B-25J der letzten Produktionsserie bildeten den Abschluß der Lieferungen an den Bündnispartner im Osten und erreichten über die ALSIB die Frontfliegerverbände der Roten Armee.

Als eine der ersten sowjetischen Einheiten wurde das 4. Garde-Bombenfliegerregiment im Jahre 1942 mit der Mitchell ausgerüstet. Immer wieder machte der harte Winter den Fliegern zu schaffen. Oftmals minderten so Triebwerkschäden die Einsatzbereitschaft. Zu diesem Zeitpunkt gab es auch immer noch Schwierigkeiten bei der Lieferung von Ersatzteilen.

Obwohl von den Amerikanern als taktischer Kurzstreckenbomber entwickelt, erkannten die sowjetischen Flieger die besondere Eignung dieser Konstruktion für Langstreckeneinsätze. Dazu war es zunächst notwendig, durch Einbau zusätzlicher Tanks den Treibstoffvorrat zu erhöhen. So umgerüstete B-25 wurden den Langstrecken-Bomberverbänden unter dem Kommando von General A. E. Golovanov unterstellt, aus denen am 6. Dezember 1944 die 18. Luftarmee hervorging.

Da viele Einsätze bei Nacht erfolgten, bemalte man die Unterseiten der Bombenflugzeuge schwarz. Einige B-25 erhielten einen solchen Anstrich bereits im Herstellerwerk.

Die große Reichweite der B-25 gestattete auch Versorgungsflüge für Partisanen bis weit in das Hinterland des Gegners. In einigen Fällen wurden mit B-25 auch Kundschafter über Feindgebiet abgesetzt.

Um der grimmigen Kälte Herr zu werden, rüsteten sowjetische Flugzeugdepots einige B-25 mit verstellbaren Lufteinlässen vor dem Sternmotor aus, die in der warmen Jahreszeit wieder entfernt werden konnten. Solche Lufteinlässe wurden bereits serienmäßig bei der Lisunov Li-2 verwendet.

In den letzten Kriegswochen konzentrierten sich die Einsätze der B-25 Mitchell auf Ostpreußen und das Reichsgebiet. Mehrmals flogen sowjetische B-25 Angriffe auf Berlin.

# B-24 LIBERATOR

| | |
|---|---|
| **Ursprungsland:** | **USA** |
| **Baujahr:** | **1942** |
| **Verwendung:** | **Bombenflugzeug** |
| **Besatzung:** | **10** |
| **Empfängerländer:** | **Großbritannien, Australien, China, UdSSR** |
| **An die UdSSR geliefert:** | **1 (7 weitere Maschinen verblieben nach Notlandungen)** |

einsatz dieses Musters über Europa abhielt. Alle sechs Maschinen LB-30A kamen zum britischen Ferrying Command (Transport-Kommando) und wurden als Langstrecken-Transportflugzeuge verwendet.

Ein weiterer Auftrag über 20 Maschinen folgte, und im Sommer 1941 waren diese Maschinen als LB-30B (AM-910 bis AM-929) bei der 120. Staffel des Küstenkommandos im Einsatz, um U-Boote zu bekämpfen.

Eine YB-24 (40-702), identisch mit der Version LB-30A, wurde im Auftrag des US Army Air Corps gebaut und im Mai 1941 einer Flugerprobung unterzogen. Sie war Ausgangsmuster einer Serie von acht B-24A, die im Sommer 1941 zum Air Corps kamen und als Transporter flogen.

Im September 1941 wurde mit einer dieser Maschinen die amerikanische Delegation unter Leitung von W. Averell Harriman zur Moskauer Konferenz in die UdSSR geflogen.

Die Liberator II kamen im Januar 1942 zur 19. Bombergruppe nach Java. Damit wurde die Konstruktion erstmals ihrer ursprünglich vorgesehenen Einsatzrolle gerecht.

Im Dezember 1941 begann Consolidated mit dem Bau der B-24C-Serie. Alle neun gebauten Maschinen kamen nicht zum Kampfeinsatz.

Erst mit der B-24D, die mit der C weitgehend baugleich war, erreichte die Liberator den Status der Großserie. Bereits fünf Monate nach Produktionsbeginn in San Diego (Kalifornien) begann auch die Fertigung im neuen Consolidated-Werk in Fort Worth (Texas). Im Juli 1942 lief eine weitere Produktionslinie für die B-24D bei Douglas in Tulsa (Oklahoma), wo aber nur zehn Maschinen produziert wurden. Die Gesamtlieferung der D-Version lag bei 2738 Maschinen.

Der Prototyp einer XB-41 wurde 1942 aus einer B-24D (41-11 822) als »Gunship« (Kanonenschiff) abgeleitet. Mit schweren Maschinenwaffen ausgerüstet, sollte diese Version Begleitschutz für die Bomberverbände fliegen. Die Entwicklung wurde nicht abgeschlossen.

*Consolidated B-24D*

Die Consolidated B-24 Liberator entstand zunächst als LB-30 aufgrund einer Forderung der französischen Luftstreitkräfte. Frankreich war auf der Suche nach einem Bombenflugzeug, das in der Lage war, Langstreckeneinsätze zu fliegen.

Als die ersten sechs Maschinen (AM-258 bis AM-263) fertiggestellt waren, hatten die deutschen Truppen bereits Frankreich besetzt, und Großbritannien übernahm diesen Auftrag. Über Kanada kamen die sechs LB-30 im Dezember 1940 nach Großbritannien.

Die als Langstreckenbomber konzipierte viermotorige Maschine war noch nicht mit selbstdichtenden Treibstofftanks ausgerüstet, was die Royal Air Force (RAF) von einem Kampf-

Die Maschine hatte noch den Standardanstrich der RAF: dunkelgrün / erdbraune Oberseiten und schwarze Unterseiten, links- und rechtsseitig am Bug befand sich je ein großes Sternenbanner als Neutralitätsbemalung.

Inzwischen hatte der Serienbau der LB-30 Liberator II für Großbritannien begonnen. Die ersten Maschinen wurden im August 1941 der RAF zugeführt.

Von den 139 gebauten Liberator II (AL-503 bis AL-642) gelangten aber nur wenige an den Besteller. Aufgrund der Lage nach dem Angriff auf Pearl Harbour wurden zunächst 75 Maschinen für den Eigenbedarf an das US Army Air Corps für unterschiedliche Einsatzzwecke geliefert.

Bei den Ford-Werken wurde die B-24E gebaut. Zulieferungen kamen von Consolidated und Douglas. Die Gesamtproduktion der E-Version erreichte 791 Maschinen. Weitere 25 Liberator, die als B-24G bei North American Aircraft in Dallas (Texas) gebaut wurden, waren nur in der Bewaffnung modifiziert. Ab 26. Serienmaschine wurde ein neuer Bugturm installiert, und die Serie lief als B-24G1 weiter. Es wurden 430 Maschinen gebaut.

Bereits im November 1941 hatte Reuben Fleet die Anteile am Consolidated-Unternehmen an die Vultee Aircraft Corporation veräußert. Am 17. März kam es zur Fusion beider Werke zur Consolidated Vultee Aircraft Corporation, die fortan als Convair arbeitete.

Neben Convair fertigten Douglas, North American und Ford die mit vier Kampfständen ausgerüsteten Serien B-24H (3100 Maschinen) und B-24J (6678 Maschinen).

Die B-24L, von der 1667 Exemplare im Sommer 1944 vom Band liefen, wurde bei Convair in San Diego (417) und bei Ford in Willow Run (1250) montiert.

Die letzte Produktionsversion B-24M wurde in 3100 Exemplaren von Winter 1944 bis Juni 1945 gebaut. Bei Ford verließ im März 1944 alle 100 Minuten eine fertige B-24H die Halle.

Consolidated, später Convair, und andere Auftragnehmer bauten bis Kriegsende insgesamt 18 188 B-24 Liberator. 1694 davon gingen an Großbritannien.

Im Jahre 1943 mußte eine B-24D des Air Transport Command in Petropavlovsk (Sibirien) infolge schlechten Wetters landen. Die Maschine, eine bei Consolidated in San Diego gebaute Liberator mit der Werknummer 41-11820, wurde dabei beschädigt und später der UdSSR als Lend-Lease-Lieferung überlassen. Da einige Reparaturen an der Maschine auszuführen waren, einigte man sich auf einen Preis von 340 084,90 Dollar, mit

*Eine Consolidated B-24D aus dem gleichen Baulos wie die in der UdSSR verbliebene Liberator.*

dem das sowjetische Lend-Lease-Konto belastet wurde. Nach Instandsetzung wurde die Maschine zum Erprobungszentrum der sowjetischen Luftstreitkräfte überführt und dort geflogen.

Bei den Kampfhandlungen der 11. Air Force von Alaska aus gegen Japan kam es zu weiteren Landungen amerikanischer B-24 in Sibirien. Da sich die UdSSR zu diesem Zeitpunkt nicht mit Japan im Kriegszustand befand, wurden die Besatzungen nach internationalem Recht interniert. Nach einem Aufenthalt im Internierungslager Taškent wurden sie später unter strengster Geheimhaltung mit Douglas C-47 nach Abadan ausgeflogen. Von dort kehrten die Besatzungen in ihre Heimat zurück. Von den sieben B-24 Liberator konnte nur ein Teil wieder flugfähig gemacht werden. Zu einer weiteren Belastung des Lend-Lease-Kontos kam es nicht.

### Consolidated B-24D Liberator

| Abmessungen | |
|---|---|
| Spannweite: | 33,52 m |
| Länge: | 20,21 m |
| Flügelfläche: | 97,36 m² |
| **Massen** | |
| Leermasse: | 15 422 kg |
| Startmasse: | 28 803 kg |
| Flächenbelastung: | 295,8 kg/m² |
| **Triebwerk** | |
| Anzahl: | 4 |
| Typ: | Pratt & Whitney R-1830-43 »Twin Wasp« |
| Leistung: | 883 kW |
| **Flugleistungen** | |
| Reisegeschwindigkeit: | 270 km/h |
| Höchstgeschwindigkeit: | 488 km/h |
| Steiggeschwindigkeit: | 5,3 m/s |
| Reichweite: | 3 700 km |
| Dienstgipfelhöhe: | 8 543 m |
| | |
| Bewaffnung: | 10 MG 12,7 mm |
| Abwurfmittel: | 3 629 kg Bomben |

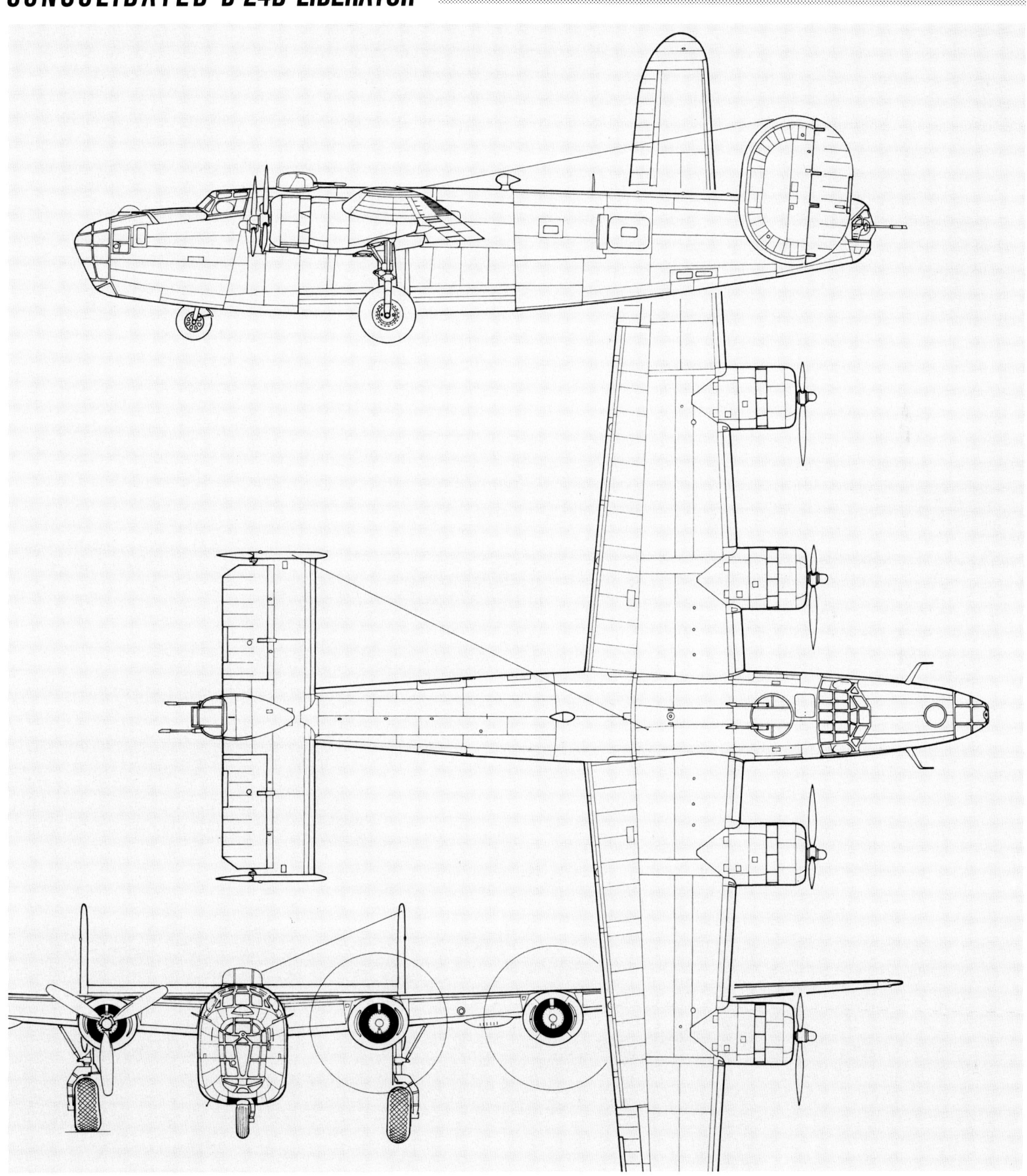

# PBY CATALINA

| | |
|---|---|
| **Ursprungsland:** | **USA** |
| **Baujahr:** | **1935** |
| **Verwendung:** | **Aufklärer,** |
| | **Bombenflugzeug** |
| **Besatzung:** | **7** |
| **Empfängerländer:** | **Großbritannien,** |
| | **Australien, Kanada,** |
| | **Niederlande, UdSSR** |
| **An die UdSSR geliefert:** | **185** |

Im Jahre 1932 erhielt die Consolidated Aircraft Company in Buffalo (New York) den Entwicklungsauftrag für ein Patrouillen-Flugboot mit einer Reichweite von 4800 km und einer Startmasse von nicht mehr als 11 350 kg.
Der Entwurf des Consolidated-Modells 28 basierte auf zwei 14-Zylinder-Sternmotoren Pratt & Whitney R-1830. Am 28. Oktober 1933 wurde der Bauauftrag unter der Nummer 31 792 erteilt und die Bezeichnung XP3Y vergeben. Das Bureau of Aeronautics (Büro der obersten Luftfahrtbehörde für die Beschaffung von Luftfahrzeugen) wies zur gleichen Zeit die Bu. No. 9459 für den im Bau befindlichen Prototyp zu. Diese Nummer galt gleichzeitig als Seriennummer.
Nach Fertigstellung wurde die XP3Y zum Standort der NAS (Naval Air Staff – Stab der Seeflieger) in Norfolk (Virginia) überführt. Mit dem Erstflug am 21. März 1935 begann das Testprogramm.
Noch vor Abschluß der Erprobung orderte die Navy am 29. Juni 1935 einen Auftrag über 60

Maschinen (Bu. No. 0102 bis 0161), die die Typenbezeichnung PBY erhalten hatten.
In der Zwischenzeit war das Unternehmen Consolidated in neue Werkhallen nach San Diego (Kalifornien) umgezogen, und dort begann die Serienfertigung des Patrouillen-Flugbootes. Noch vor Lieferung der ersten Maschinen PBY-1 (1 steht für erste Bauserie) wurde am 25. Juli 1936 ein neuer Vertrag über 50 weitere Maschinen der zweiten Bauserie PBY-2 (Bu. No. 0454 bis 0503) abgeschlossen. Im September 1936 übernahm die Navy die ersten Maschinen in die Staffel VP-11.
Als im November 1938 ein weiterer Auftrag über 66 PBY-3 (Bu. No. 0842 bis 0907) mit verbesserten Triebwerken Pratt & Whitney R-1830-66 einging, lagen bereits Bestellungen aus dem Ausland vor. Die PBY-3 war die letzte Version des 1933 entworfenen Grundmusters. Mit 210 gebauten Maschinen endete die Produktion Mitte 1939.

Die staatliche Handelsorganisation AMTORG der UdSSR verhandelte 1937 im Auftrag der Sowjetregierung mit Consolidated über eine Lieferung von drei Maschinen PBY-2 zur Verwendung als Fracht- und Postflugzeuge sowie über die Lizenznahme für eine Serienfertigung in der UdSSR. Die drei für die Sowjetunion in San Diego gebauten Maschinen waren die einzigen PBY, die nicht mit Pratt & Whitney-Triebwerken ausgerüstet waren. Man verwendete hier Wright-Triebwerke R-1820-63, die bereits in der UdSSR als M-62 in Lizenz gefertigt wurden, um die Ersatzteilfrage von vornherein zu sichern. Die Lieferung erfolgte auf dem Seeweg. Im neuen Flugzeugwerk Taganrog am Asovschen Meer wurden die Flugboote montiert.
Mit dieser Fracht trafen 18 Fachleute des Herstellerwerkes Consolidated ein, um die Lizenzproduktion in Gang zu bringen. Unter der Bezeichnung Gidro Samolet Transportny (GST) wurden etwa 150 bis 200 Maschinen in Taganrog gebaut, bis 1941 die deutsche Wehrmacht in dieses Gebiet eindrang. Die GST wurde vor allem bei den Seefliegerkräften der Roten Armee eingesetzt.

*Consolidated PBY-6A Catalina*

*Consolidated PBN-1 Nomad*

**Consolidated PBY Catalina**

| Abmessungen | |
|---|---|
| Spannweite: | 31,72 m |
| Länge: | 19,83 m |
| Flügelfläche: | 130,06 m² |
| **Massen** | |
| Leermasse: | 9 484 kg |
| Startmasse: | 16 070 kg |
| Flächenbelastung: | 123,5 kg/m² |
| **Triebwerk** | |
| Anzahl: | 2 |
| Typ: | Pratt & Whitney 1830-92 »Twin Wasp« |
| Leistung: | 883 kW |
| **Flugleistungen** | |
| Reisegeschwindigkeit: | 188 km/h |
| Höchstgeschwindigkeit: | 288 km/h |
| Steiggeschwindigkeit: | 3,1 m/s |
| Reichweite: | 4 100 km |
| Dienstgipfelhöhe: | 4 480 m |
| | |
| Bewaffnung: | 4 MG Browning 12,7 mm |
| Abwurfmittel: | 907 kg Bomben |

Der Prototyp XPBY-5A flog erstmals am 22. November 1939. Die Produktion des Amphibienflugbootes sollte parallel zum Flugboot PBY-5 laufen und wurde mit Order 70 496 der US-Navy über 167 PBY-5 und 33 PBY-5A aufgenommen. Dieses Los war seinerzeit der größte Einzelauftrag der US-Marine seit dem ersten Weltkrieg.

Zu den ersten ausländischen Auftraggebern gehörte Frankreich, doch bedingt durch das Kriegsgeschehen in Europa konnten die Maschinen nicht mehr empfangen werden. Die 36 von den Niederlanden bestellten Flugboote wurden nach Ostindien geliefert.

Die britische Royal Air Force (RAF) orderte ebenfalls PBY-5 ME (ME — Military England), deren Lieferungen im November 1940 begannen. Nach der Ankunft der Flugboote in Prestwick vergab die RAF wie üblich einen Merknamen für den neuen Typ. Dazu wählte man »Catalina«, abgeleitet vom Namen der Insel Santa Catalina in Kalifornien, dem Herkunftsland der PBY. Der Name Catalina war bald so populär, daß man ihn in den USA einfach übernahm.

Bedingt durch den Bau der B-24 Liberator in San Diego wurde die Produktion im Werk eingeschränkt und teilweise an andere Hersteller übertragen, so auch an Boeing of Canada und Canadian Vickers. Dort folgten weitere Serien und Varianten, wie die Canso A.

Das neuerbaute Consolidated-Werk in New

*Eine Consolidated PBY-6A der sowjetischen Luftstreitkräfte.*

*Eine PBN-1 Nomad der sowjetischen Nordflotte an ihrem Liegeplatz.*

Mit den leistungsstärkeren R-1830-72 wurden 33 Flugboote PBY-4 (Seriennummern 1213 bis 1245) gebaut. Mit einer Höchstgeschwindigkeit von 318 km/h waren dies die schnellsten Catalina aller Serien.

Am 7. April 1939 hatte Consolidated einen Auftrag zur Modifizierung des Musters in ein Amphibienflugboot erhalten. Zum Bau eines Prototyps wurde die letzte Maschine der Version PBY-4 mit der Bu.No. 1245 verwendet. Als PBY-5A (A — Amphibium) erhielt das Flugboot ein einziehbares Dreirad-Bugfahrwerk. Desweiteren nahm man verschiedene strukturelle Veränderungen vor.

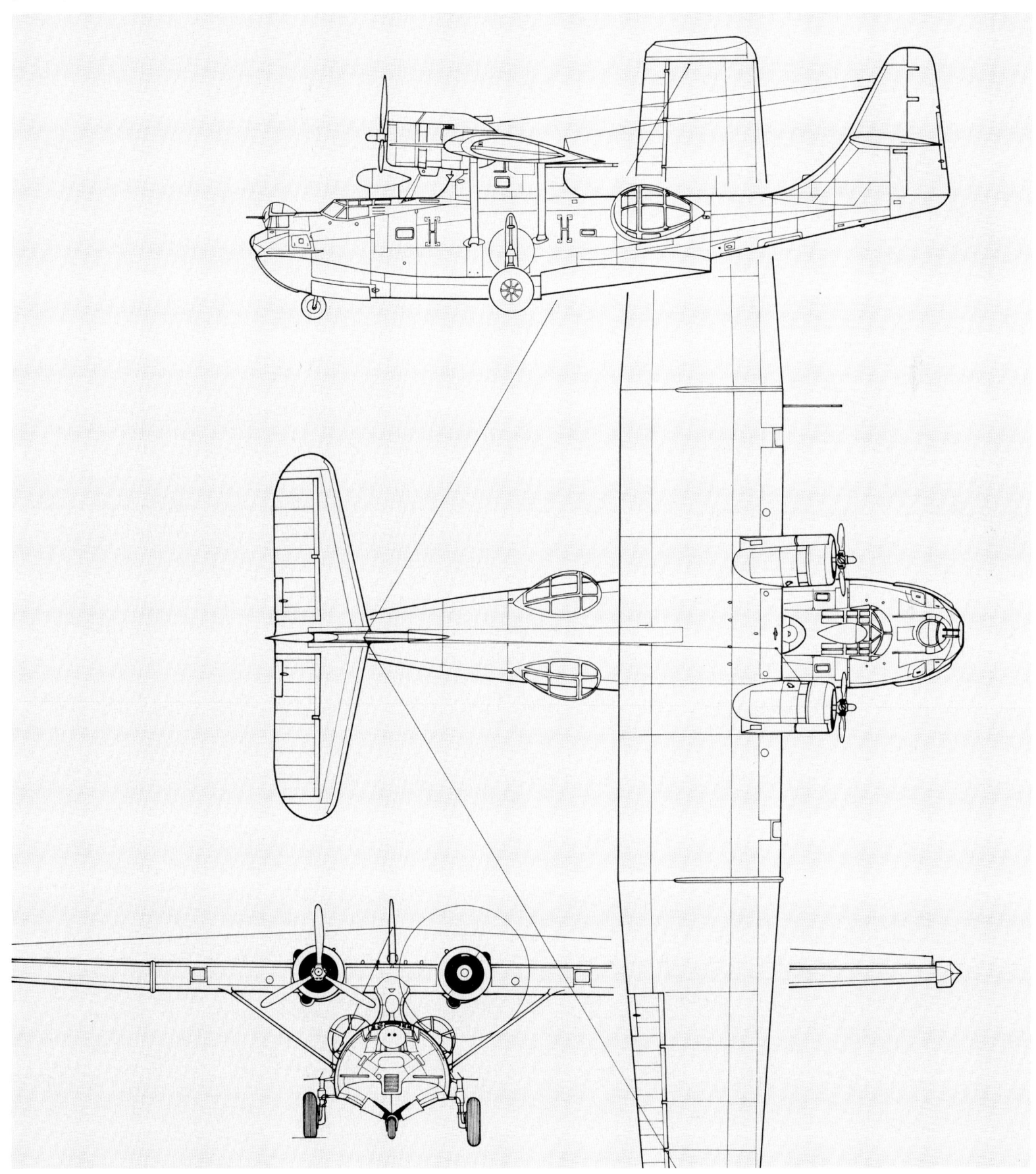

Orleans fertigte 48 PBY-6A für die verbündete UdSSR. Die ersten dieser Flugzeuge verließen im Januar 1945 die Werkhallen und wurden über den Marinestützpunkt Kodiak in Alaska ausgeliefert.

Die Version PBY-6A wies eine ganze Anzahl von Verbesserungen gegenüber dem Vorserienmuster auf. 75 dieser Flugboote setzte die US Air Force unter der Bezeichnung OA-10B als Rettungsflugzeuge ein.

Insgesamt 175 PBY-6A/OA-10B wurden gebaut. Im September 1945 wurde die Produktion dieser letzten Version der Catalina eingestellt.

Bereits einige Jahre vorher, mit Vertrag vom 16. Juli 1941, hatte die Naval Aircraft Factory in Philadelphia (Pennsylvania) mit der Lizenz-

fertigung einer modifizierten Variante PBN-1 mit dem Merknamen »Nomad« begonnen. Die Maschine besaß wie die PBY-6 einen verlängerten Rumpf und ein verändertes Leitwerk. Von den am 16. Juli 1941 in Auftrag gegebenen 156 Flugzeugen wurden nur 17 an die Navy geliefert. Eine Maschine ging bei der Erprobung verloren, eine andere brannte in der Produktion aus und mußte verschrottet werden.

Die restlichen 137 Maschinen kamen nach Elizabeth City (New Jersey). Dort wurden sie zwischen Februar 1943 und März 1945 von sowjetischen Besatzungen übernommen und im Rahmen des Lend-Lease-Abkommens in die Sowjetunion geflogen.

Diese Aufgabe wurde 26 ausgewählten Besatzungen der sowjetischen Marineflieger übertragen. Die Nordflotte hatte dazu zehn, die Pazifische Flotte ebenfalls zehn und die Schwarzmeerflotte sechs Besatzungen kommandiert. Die Umschulung auf das neue Muster dauerte nur 20 Tage.

Die Gesamtproduktion aller Versionen lief bis September 1945 und betrug 3272 Stück, nicht eingerechnet die Produktion in der UdSSR.

# O-52 OWL

| | |
|---|---|
| **Ursprungsland:** | USA |
| **Baujahr:** | 1940 |
| **Verwendung:** | Beobachtungs- und Überwachungs- flugzeug |
| **Besatzung:** | 2 |
| **Empfängerland:** | UdSSR |
| **An die UdSSR geliefert:** | 30 |

Aufgrund einer Ausschreibung stellte Curtiss-Wright Ende der dreißiger Jahre mit dem Modell 85 ein neues Beobachtungs- und Überwachungsflugzeug vor. Bei der zweisitzigen Maschine mit einziehbarem Fahrwerk war man vom Doppeldeckerprinzip abgegangen. Die Auslegung als Schulterdecker bot gute Sichtverhältnisse für die Besatzung.

Im Jahre 1939 bestellte das US Army Air Corps 203 dieser Beobachtungs- und Überwachungsflugzeuge Curtiss 0-52 Owl (Uhu) mit den Seriennummern 40-2688 bis 40-2890 zum Stückpreis von 31 000 Dollar.

Nach der Bezeichnungsliste für amerikanische Flugzeuge stand das O für Observation (Beobachtung / Überwachung). Produktionsbeginn war 1940 bei den Curtiss-Werken in Buffalo.

Noch vor Kriegseintritt der USA wurde das neue Muster bereits bei zahlreichen Manövern innerhalb des Landes eingesetzt und für die Aufgaben der Kampffeldbeobachtung erprobt.

Ein Sternmotor Pratt & Whitney R-1340-51 »Wasp« (447 kW) verlieh der Maschine eine Reisegeschwindigkeit von etwa 300 km/h. Die Abwehrbewaffnung bestand aus zwei Maschinengewehren (7,62 mm), von denen eines starr im Rumpfbug montiert war; das andere war drehbar auf einem Zapfen gelagert und diente dem Beobachter zur Rückwärtsverteidigung. Obwohl das Muster relativ gute Flugergebnisse erreichte, wurde es nicht in die Bewaffnung der 1. Linie übernommen.

Nach dem Überfall der Japaner auf Pearl Harbor und dem Kriegseintritt der USA wurde die 0-52 Owl sehr bald von den ihr zugedachten Aufgaben entbunden und aus der Bewaffnung genommen, da sie den Anforderungen auf den überseeischen Kriegsschauplätzen nicht mehr genügte. Alle Maschinen verblieben in den USA und wurden zu Trainingszwecken und als Verbindungsflugzeuge genutzt. O-52 Owl der amerikanischen Marine flogen noch Überwachungseinsätze in den Küstenregionen.

Die Curtiss O-52 war das letzte vom US Army Air Corps in Auftrag gegebene reine Beobachtungs- und Überwachungsflugzeug. Die Aufgaben sollten in Zukunft immer mehr von leichten Mehrzweckflugzeugen übernommen werden, die allgemein als Verbindungsflugzeuge (L für Liaison / Verbindung) ausgelegt waren.

Die Curtiss O-52 gehörte zu den ersten Mustern, welche von den USA mit dem Anlaufen der Lend-Lease-Lieferungen über den Seeweg in die UdSSR kamen.

Anfang Oktober 1941 wurden 30 O-52 in demontiertem Zustand auf Transportschiffe an der Atlantikküste verladen. Am 12. Oktober 1941 verließ der Konvoi die USA und nahm über Großbritannien und das Nordmeer Kurs auf den sowjetischen Seehafen Archangelsk.

*Curtiss O-52 Owl*

In 30 Exemplaren an die Sowjetunion geliefert: die Curtiss O-52 Owl.

Bereits die ersten Geleite erlitten schwere Verluste durch deutsche U-Boote. Nur 19 dieser Flugzeuge erreichten unbeschadet den Bestimmungshafen.

Obwohl die UdSSR Jagd- und Bombenflugzeuge am dringendsten benötigte, kümmerte man sich bei den amerikanischen Behörden noch wenig um die Priorität, zudem konnte man Flugzeuge wie die O-52 ohne weiteres entbehren.

Die 19 Maschinen kamen an einigen Frontabschnitten als Beobachtungsflugzeuge zum Einsatz. In wenigen Fällen konnten dadurch dringend benötigte Jagdflugzeuge von Aufklärungsflügen freigestellt werden.

Die relativ geringe Geschwindigkeit ließ dieses Beobachtungsflugzeug eine leichte Beute gegnerischer Jäger werden. Gravierende Ersatzteilprobleme blieben nicht aus und dezimierten den Bestand weiter. An den Fronten wurden zunehmend die Polikarpov Po-2 aus eigener Produktion für diese Aufgaben eingesetzt. Die UdSSR verzichtete auf weitere Lieferungen dieses Typs.

## Curtiss O-52 Owl

### Abmessungen

| | |
|---|---|
| Spannweite: | 12,43 m |
| Länge: | 8,03 m |
| Flügelfläche: | 19,55 m² |

### Massen

| | |
|---|---|
| Leermasse: | 1 919 kg |
| Startmasse: | 2 433 kg |
| Flächenbelastung: | 124,4 kg/m² |

### Triebwerk

| | |
|---|---|
| Anzahl: | 1 |
| Typ: | Pratt & Whitney R-1340-51 »Wasp« |
| Leistung: | 942 kW |

### Flugleistungen

| | |
|---|---|
| Reisegeschwindigkeit: | 309 km/h |
| Höchstgeschwindigkeit: | 345 km/h |
| Steiggeschwindigkeit: | 4,16 m/s |
| Reichweite: | 1 120 km |
| Dienstgipfelhöhe: | 6 400 m |

Bewaffnung: 2 MG 7,62 mm

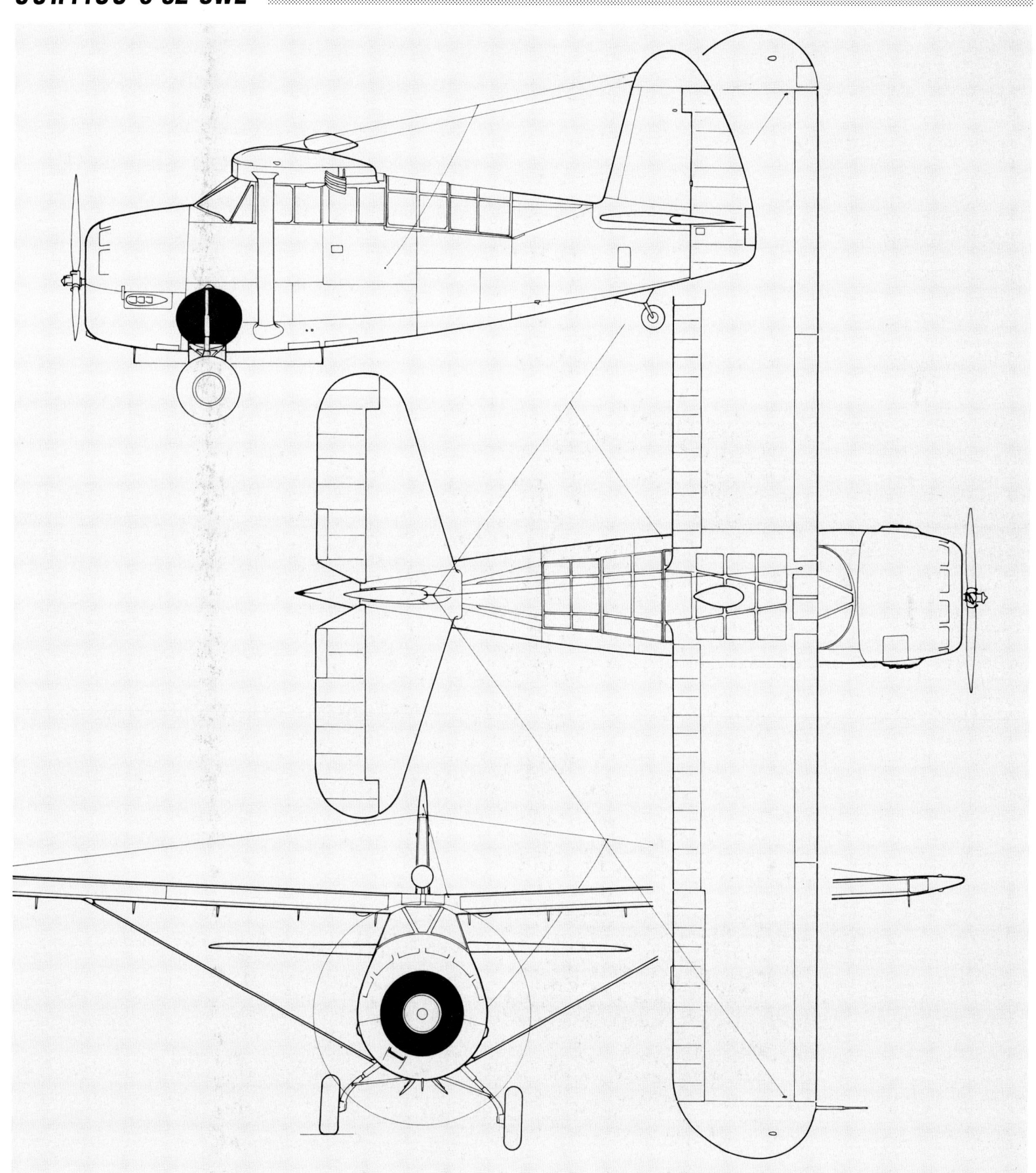

# OS2U KINGFISHER

| | |
|---|---|
| **Ursprungsland:** | **USA** |
| **Baujahr:** | **1938** |
| **Verwendung:** | **Aufklärer** |
| **Besatzung:** | **2** |
| **Empfängerländer:** | **Großbritannien, UdSSR** |
| **An die UdSSR geliefert:** | **2** |

Mitte der dreißiger Jahre entwarfen Konstrukteure der Firma Vought-Sikorsky Aircraft Division in Stratford (Conneticut) unter Leitung von Rex B. Beisel erste Studien für ein Nachfolgemuster des für die amerikanische Marine gebauten Aufklärungs-Doppeldeckers O3U Corsair. Der Entwurf VS-310, wiederum an Forderungen der Marine orientiert, führte zu einem katapultstartfähigen, seetüchtigen Aufklärungsflugzeug. Als tiefgesetzter Mitteldecker ausgelegt, wurde dieses Muster sowohl in der Schwimmer- als auch in der Landausführung konzipiert. Die geräumige Kabine bot dem Beobachter eine gute Rundsicht.

Am 22. März 1937 orderte die Marine den Bau eines Prototyps XOS2U-1. Genau ein Jahr später, am 22. März 1938, flog der zunächst als Landversion ausgeführte Prototyp zum ersten Mal.

Nur einige Wochen danach, am 19. Mai 1938, konnte Chefpilot Paul S. Backer die Schwimmerversion erstmals fliegen. Dazu hatte man die Maschine umgerüstet und mit einem Zentralschwimmer und zwei Stützschwimmern

versehen. Nach ersten Flugergebnissen wurde die Befestigung des Zentralschwimmers durch eine zusätzliche hintere Stütze weiter stabilisiert. Zur Leistungssteigerung hatte man ein verbessertes Triebwerk Pratt & Whitney-R-985-48 eingebaut.

So ausgestattet erreichte die XOS2U-1 das Produktionsstadium. Die erste Produktionsmaschine verließ im April 1940 die Werkhallen. Im Laufe des Jahres wurden 54 Maschinen gebaut.

Die ersten OS2U Kingfisher wurden als Bordflugzeuge auf den Schlachtschiffen USS

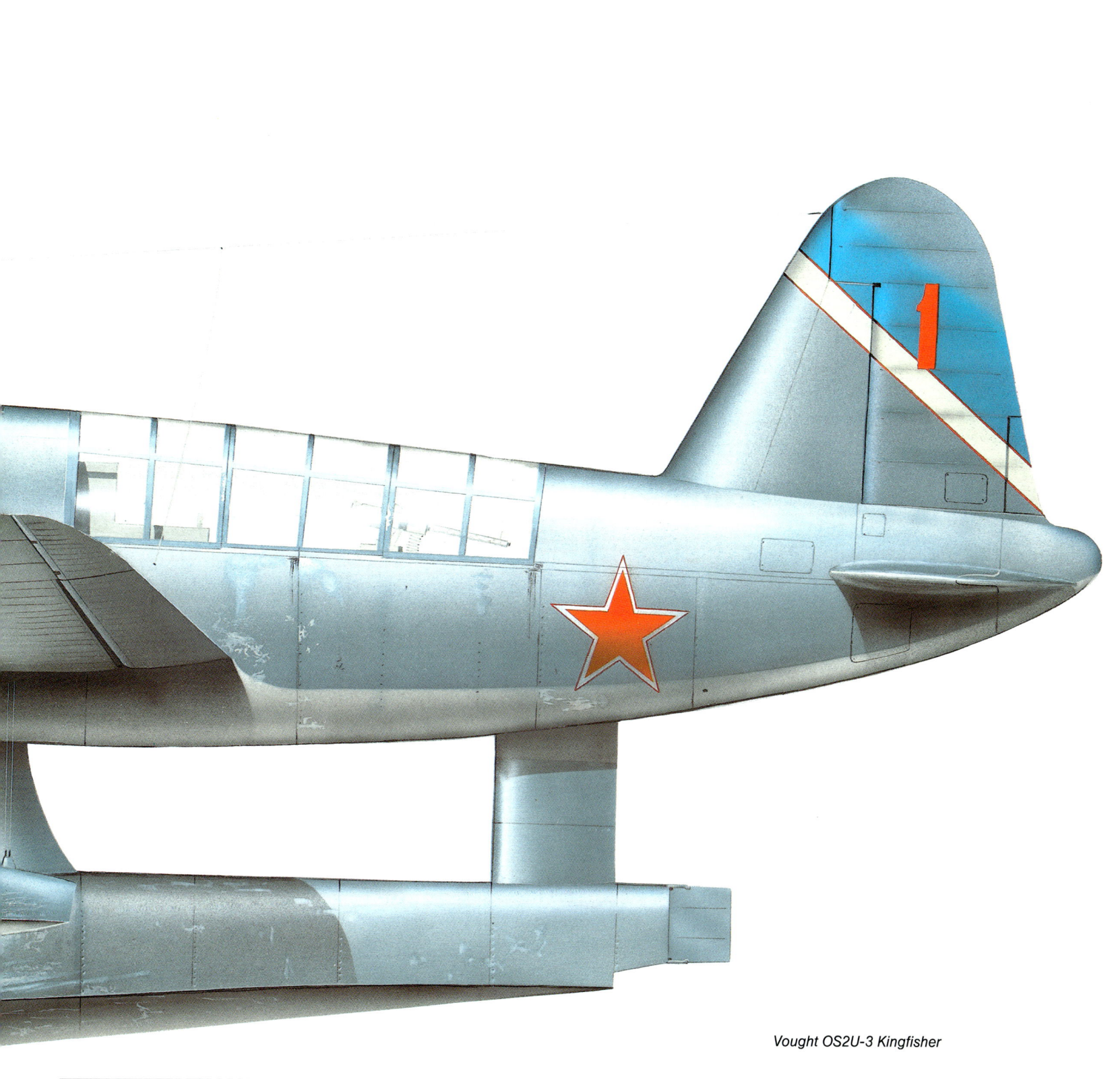

*Vought OS2U-3 Kingfisher*

| Vought OS2U Kingfisher | |
|---|---|
| **Abmessungen** | |
| Spannweite: | 10,95 m |
| Länge: | 10,31 m |
| Flügelfläche: | 24,45 m² |
| **Massen** | |
| Leermasse: | 1 870 kg |
| Startmasse: | 2 722 kg |
| Flächenbelastung: | 111,3 kg/m² |
| **Triebwerk** | |
| Anzahl: | 1 |
| Typ: | Pratt & Whitney R-985-AN-2 »Wasp« |
| Leistung: | 336 kW |
| **Flugleistungen** | |
| Reisegeschwindigkeit: | 192 km/h |
| Höchstgeschwindigkeit: | 264 km/h |
| Steiggeschwindigkeit: | 2,2 m/s |
| Reichweite: | 1 296 km |
| Dienstgipfelhöhe: | 3 960 m |
| **Bewaffnung:** | 1 MG Colt Browning 7,7 mm |

»Mississippi« (BB-41) und USS »Colorado« (BB-4) stationiert. Weitere Maschinen kamen zu den Marinestationen Pensacola und Almeda sowie nach Pearl Harbor.

Von den 1941 gebauten 158 Maschinen der Modifikation OS2U-2 (Triebwerk Pratt & Whitney-985-50) wurden 45 als Schwimmerflugzeuge, der Rest in der Landversion gebaut. Ein Teil dieser Maschinen wurde über dem Atlantik und dem Golf von Mexiko zur U-Boot-Bekämpfung eingesetzt.

Mit beschußsicheren Tanks und verbesserter Kabinenpanzerung ausgestattet, flog Boone T. Guyton die erste Maschine der Version VS2U-3 am 17. Mai 1941 ein. Noch im gleichen Jahr konnten 368 Maschinen dieser neuen Version gebaut und ausgeliefert werden.

1942 verließen weitere 638 Kingfisher die Werkhallen in Stratford. Damit waren die beiden Aufträge der Marine über 706 (175 in der Schwimmerausführung, 531 mit Radfahrwerk) und über weitere 300 Maschinen erfüllt.

Eine Bestellung von nochmals 300 Kingfisher wurde durch eine Produktionsübernahme seitens der Naval Aircraft Factory in Philadelphia als OS2N-1 realisiert. Aus diesen Maschinen wurden neun neue Staffeln für die Küstenüberwachung formiert.

Von 1940 bis 1942 wurden bei Vought 1219 Kingfisher in drei Produktionsserien gebaut. 300 weitere Exemplare entstanden als OS2N-1 in der Naval Aircraft Factory. Von den insgesamt 1519 Maschinen wurden im Rahmen von Lend-Lease 154 an die Alliierten abgegeben, von denen jedoch 20 an die US

*Eine Vought OS2U Kingfisher wird aus dem Wasser genommen.*

Navy zurückgegeben wurden. Offensichtlich sollten diese Maschinen später an die UdSSR geliefert werden.

Bereits im Mai 1940 beschloß man im Stab der Marine, sechs Zerstörer der Fletcher-Klasse, USS »Halford« (DD 480), »Hutchiss« (DD 476), »Leutze« (DD 481), »Pringle« (DD 477), »Stanley« (DD 478) und »Stevens« (DD 479), mit Bordflugzeugen OS2U Kingfisher auszurüsten. Zu einer Erprobung kam es nur auf den Zerstörern DD 477, 479 und 480; sie wurde nach wenigen Wochen ohne brauchbare Ergebnisse abgebrochen.

Großbritannien setzte 100 Kingfisher (Seriennummern FN 650 bis FN 749), die im Rahmen von Lend-Lease an die Royal Navy geliefert wurden, zu Aufklärungsaufgaben und zur U-Boot-Bekämpfung ein. Ein großer Teil davon war auf Kriegs- und Handelsschiffen stationiert.

Nur zwei Maschinen OS2U-3 Kingfisher erhielt die sowjetische Seekriegsflotte direkt von der US-Navy. Die beiden Flugzeuge wurden bei verschiedenen Marinefliegereinheiten der Nordflotte und der Pazifikflotte zu unterschiedlichen Aufgaben, vorrangig zur Aufklärung, erprobt. Eine Verrechnung über Lend-Lease erfolgte nicht.

# VOUGHT OS2U KINGFISHER

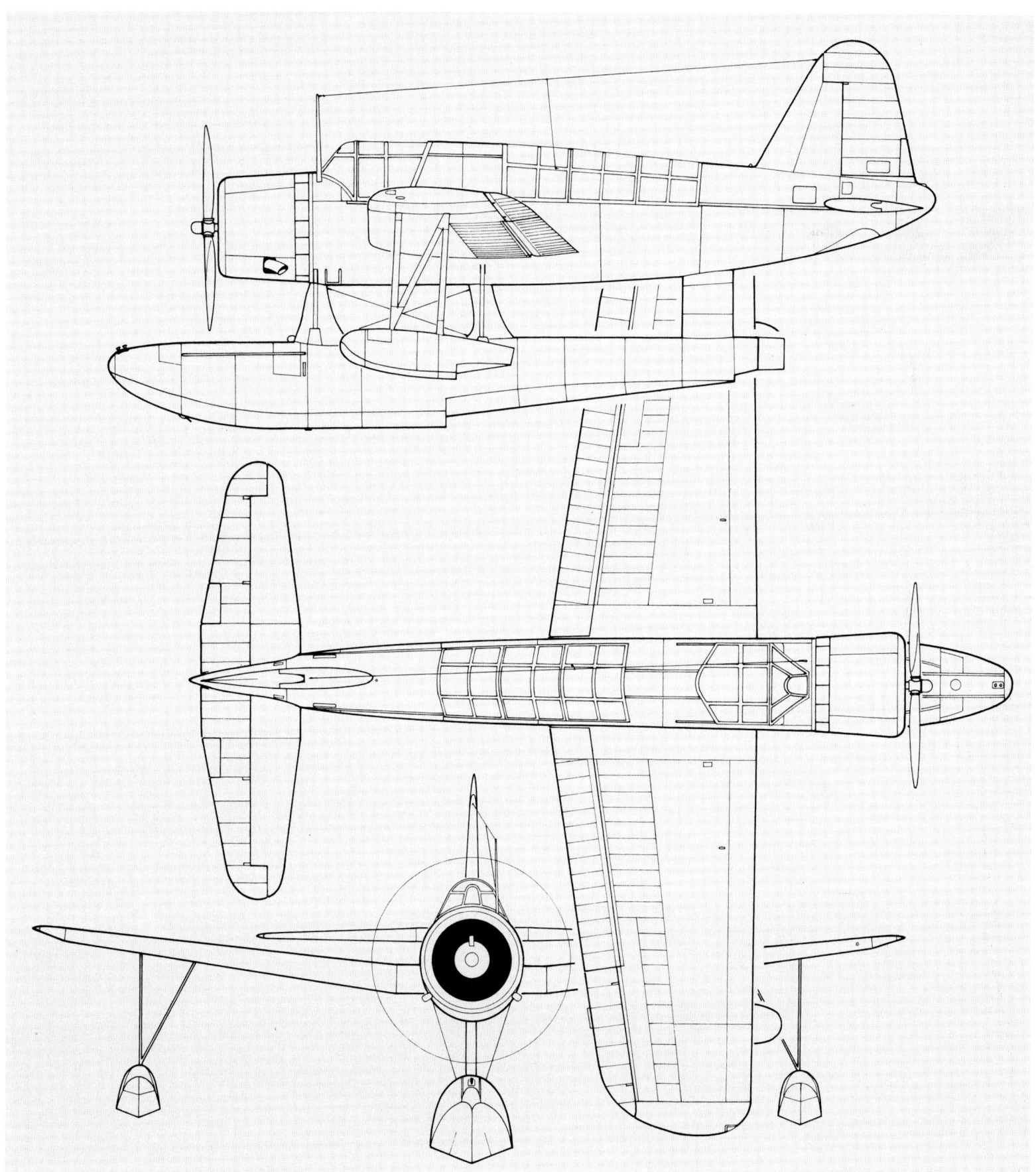

# C-47 SKYTRAIN

| | |
|---|---|
| **Ursprungsland:** | USA |
| **Baujahr:** | 1940 |
| **Verwendung:** | Transportflugzeug, Bombenflugzeug |
| **Besatzung:** | 2 bis 4 |
| **Empfängerländer:** | Australien, China, UdSSR, Großbritannien, Frankreich, Kanada, Neuseeland |
| **An die UdSSR geliefert:** | 709 + 3 |

*Die C-47B mit der taktischen Nummer »1026« transportierte Ersatzteile und Treibstoff nach Dübendorf in der Schweiz.*

Die Douglas C-47 Skytrain entstand als Militärvariante aus der legendären Passagiermaschine Douglas DC-3 (DC – Douglas Commercial), die in der zweiten Hälfte der dreißiger Jahre den Luftverkehr revolutionierte.

Die veränderte Version unterschied sich von ihrer zivilen Schwester durch leistungsstärkere Triebwerke und vergrößerte Frachttüren. Die luxuriöse Inneneinrichtung entfiel, und der Frachtraum konnte voll für den militärischen Transport genutzt werden. Das US Army Air Corps bestellte im September 1940 die ersten 545 Maschinen dieser neuen Version der DC-3, die zur Bezeichnung C-47 den Merknamen Skytrain (Himmelszug) erhielt.

Bis Juni 1945 verließen 10 048 C-47 die Werkhallen in Santa Monica und Long Beach. Beide Werke produzierten alle 45 Minuten eine neue C-47 in unterschiedlichen Varianten, die als Truppentransporter, Frachtflugzeuge, Kampfseglerschlepper und Ambulanzflugzeuge weltweit Verwendung fanden. Der Oberkommandierende der US-Truppen in Europa, General Dwight D. Eisenhower, bezeichnete die C-47, neben dem Jeep und dem 2,5-t-Lastkraftwagen, als den Grundpfeiler des alliierten Erfolges in Afrika und Europa.

Douglas baute viele hundert Exemplare für die Verbündeten. Den Löwenanteil mit 1928 Maschinen erhielt die Royal Air Force (RAF) Großbritanniens, die nach den ersten Lieferungen den Merknamen »Dakota« einführte. Bereits vor dem zweiten Weltkrieg gab es enge Handelsbeziehungen zwischen der UdSSR und dem amerikanischen Herstellerwerk. Im August 1935 lieferte Douglas über die Handelsgesellschaft AMTORG eine DC-2 an die AEROFLOT. Die unter URSS-M25 immatrikulierte Maschine ging zwei Jahre später bei einem Absturz in Rumänien verloren.

Im September 1939 entkam eine DC-2 der polnischen Luftfahrtgesellschaft LOT den Deutschen über Riga in die UdSSR. Die Maschine wurde versuchsweise bei den Streitkräften eingesetzt.

Zur Modernisierung ihrer Flotte übernahm AEROFLOT zwischen November 1936 und März 1939 18 Douglas DC-3. Diese Maschi-

*Douglas C-47A in Winterbemalung*

Diese Douglas C-47 Skytrain (Werknummer 44-76 816) erwartet in Great Falls den Startbefehl zum Weiterflug.

Die C-47 mit der Werknummer 44-76 837 im Bestand einer Gardeeinheit. Der rote Stern und die taktische Nummer am Seitenleitwerk wurden nachträglich aufgemalt.

Die C-47B (Werknummer 44-77 107) mit der Kennung SSSR-L 1201 wurde mit veränderter Triebwerkverkleidung zur Flugleistungssteigerung getestet.

*Douglas C-47B-35 DK*

476880

*Douglas C-47B*

| Douglas C-47 Skytrain | |
|---|---|
| **Abmessungen** | |
| Spannweite: | 29,11 m |
| Länge: | 19,43 m |
| Flügelfläche: | 91,70 m² |
| **Massen** | |
| Leermasse: | 8 100 kg |
| Startmasse: | 14 060 kg |
| Flächenbelastung: | 153,3 kg/m² |
| **Triebwerk** | |
| Anzahl: | 2 |
| Typ: | Pratt & Whitney R-1830-90-C, »Twin Wasp« |
| Leistung: | 883 kW |
| **Flugleistungen** | |
| Reisegeschwindigkeit: | 257 km/h |
| Höchstgeschwindigkeit: | 370 km/h |
| Steiggeschwindigkeit: | 5,7 m/s |
| Reichweite: | 2 560 km |
| Dienstgipfelhöhe: | 8 050 m |

**Bewaffnung:** bis zu 3 MG 7,62 mm

nen wurden auf Auslandsrouten der staatlichen sowjetischen Fluggesellschaft geflogen. Gleichzeitig erteilte Douglas der UdSSR die Rechte zum Lizenzbau dieses Typs. Aus diesem Grund weilte eine Gruppe mit dem bekannten sowjetischen Konstrukteur Boris Pavlovič Lisunov zwei Jahre in Santa Monica, um sich eingehend mit der Produktion vertraut zu machen.

Mitte 1938 begann die Produktion des Lizenzmusters PS-84. Um unwirtlichen, klimatischen Bedingungen gerecht zu werden, verstärkte man die Zelle, verlegte den Einstieg und die Frachttür auf die rechte Seite und verwendete Švecovs M-62-Triebwerke aus eigener Produktion.

*Wieder ist im Herstellerwerk eine C-47 Skytrain (Werknummer 44-76890) fertig zur Ablieferung an die UdSSR.*

*In diplomatischer Mission weilte die C-47 mit der Kennung SSSR-L 976 in der Schweiz.*

Alle konstruktiven Veränderungen basierten auf Einsatzbedingungen zur Lösung von Transportaufgaben. Versuchsweise erprobten die Luftstreitkräfte auch einige PS-84 als Bombenträger.

Ab September 1942 bekam das Lizenzmuster die Typenbezeichnung Lisunov Li-2. Bis zum Ende des zweiten Weltkrieges bauten die Flugzeugwerke in Leningrad, Chimki und Taškent über 2700 PS-84/Li-2, von denen viele auch noch nach dem Kriegsende ihren Dienst versahen. Einzelne Li-2 sind bis heute flugfähig erhalten.

Da die sowjetische Flugzeugproduktion in den ersten Kriegsjahren vorrangig auf die Fertigung von Jagd- und Schlachtflugzeugen ausgerichtet war, erbat die UdSSR von ihren Verbündeten auch dringend benötigte Transportflugzeuge. Im Jahre 1942 übernahmen die Überführungspiloten die ersten für den Bündnispartner im Osten bestimmten C-47 in Great Falls (Montana) und flogen sie nach Ladd Field (Alaska).

Alle 709 für die UdSSR bereitgestellten C-47 der Baureihen A, B und BL wurden von der 7. Ferrying Group (Überführungsgruppe) an sowjetische Besatzungen übergeben, die sie von Alaska nach Sibirien überflogen. Zwei Maschinen stürzten während dieser Flüge ab. Drei C-47 wurden aus Beständen der US Air Force in Alaska zusätzlich an die Sowjetunion übergeben. So belief sich letztlich die Zahl aller bis zum Frühjahr 1945 überführten Skytrain auf 710.

Die C-47 wurden vorrangig bei den Transportfliegereinheiten zu unterschiedlichsten Aufgaben eingesetzt. Neben dem umfangreichen Transport von Menschen und Material

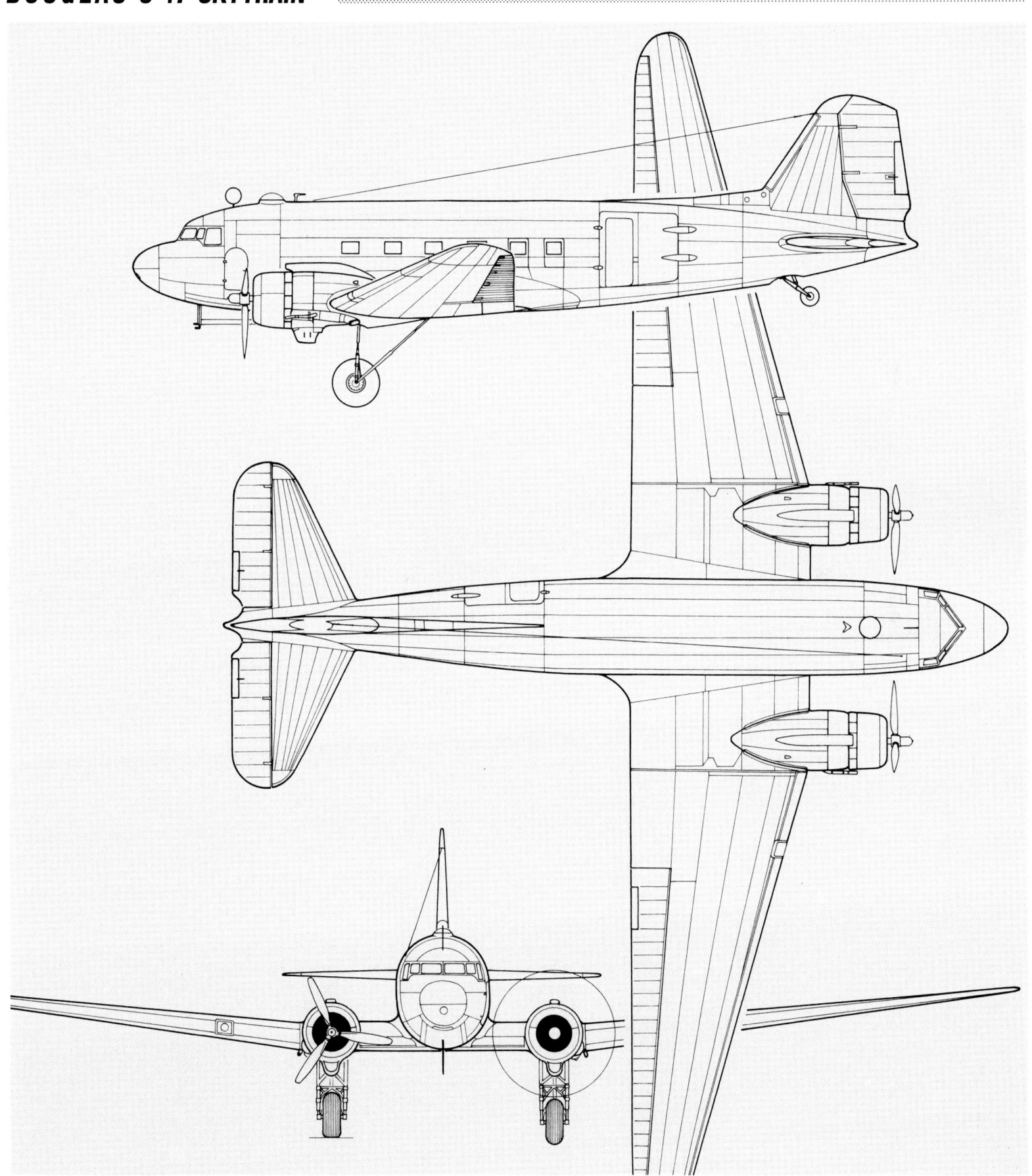

Eine Douglas C-47B mit dem Kennzeichen
SSSR-L 1015 der staatlichen
Luftfahrtgesellschaft AEROFLOT.

*Douglas C-47*

zu den Einsatzräumen, wurden Fallschirm-
jäger und Kundschafter hinter den feindlichen
Linien abgesetzt sowie Partisaneneinheiten
versorgt. Auch beim Transport Verwundeter in
rückwärtige Gebiete leisteten die C-47 gute
Dienste. Immer wieder waren Transportflugzeuge den Jagd- und Schlachtfliegereinheiten zugeteilt, um bei den raschen Vorstößen
der Roten Armee den Nachschub schnell
nach vorn zu bringen.
Vereinzelt installierte man in der Beobach-
tungskuppel des Navigators ein 7,62-mm-
Škas-Maschinengewehr. Weitere Maschinengewehre wurden in die Seitenfenster eingebaut. Während viele Li-2 mit einem VUS-1-
Drehturm der Il-4 ausgerüstet waren, kam dieser Drehturm in der C-47 nur sehr vereinzelt
zum Einbau, da dies die zusätzliche Montage
von zwei Verstärkungsstreben an der Rumpf-
oberseite erforderte. Ein solcher Aufwand war
oft zu groß. Der Einbau zusätzlicher Abwehrbewaffnung in die Li-2 erfolgte ohnedies
bereits während der Produktion in den Flugzeugwerken.

Sowjetische Piloten bezeichneten die Flugei-
genschaften der C-47 als optimal, obwohl die
amerikanischen Triebwerke, besonders bei
sehr kalter Witterung, oftmals streikten.
Am 6. August 1944 unternahmen bewaffnete
Douglas C-47 gemeinsam mit Li-2 des 101.
Regiments von Kiev aus einen Bombeneinsatz
gegen Ziele in der Slowakei.
Nach Abschluß der Vorgespräche zu Frie-
densverhandlungen mit Finnland Ende März
1944 flog eine C-47 den finnischen Politiker
Juho Kusti Paasikivi von Moskau zurück nach
Helsinki.
Auch bei AEROFLOT, die während des Krieges umfangreiche Transportaufgaben zu
bewältigen hatte, war die C-47 Skytrain im
Einsatz.
Am 9. Mai 1945 gegen 14.00 Uhr startete
Kapitän A. Tajmetov eine C-47 des 19. Fliegerregiments vom Flughafen Berlin-
Tempelhof Richtung Moskau. An Bord waren
die Kapitulationsurkunden und die Fahnen
der besiegten deutschen Einheiten.
Nach Kriegsende unternahmen unter anderem auch C-47 der sowjetischen Transport-
fliegerkräfte zahlreiche Flüge in das Ausland,
so nach Großbritannien, Frankreich und der
Schweiz.
Einige von AEROFLOT übernommene Skytrain wurden mit einer neuen, verkleinerten
Einstiegstür ausgerüstet. Man unternahm
auch Versuche mit modifizierten Triebwerk-
abdeckungen. Die C-47 blieben bis in die
fünfziger Jahre im Einsatz.

# A.W. 41 ALBEMARLE

| | |
|---|---|
| **Ursprungsland:** | **Großbritannien** |
| **Baujahr:** | **1940** |
| **Verwendung:** | **Bombenflugzeug,** |
| | **Transportflugzeug,** |
| | **Zielschlepper** |
| **Besatzung:** | **4** |
| **Empfängerland:** | **UdSSR** |
| **An die UdSSR geliefert:** | **14** |

Zur gleichen Zeit, als man sich bei Bristol mit der Entwicklung des Bombenflugzeuges Typ 155 beschäftigte, veröffentliche das britische Luftfahrtministerium die Spezifikation B.18/38. In dieser Ausschreibung wurde vor allem sparsamste Verwendung von Leichtmetallen gefordert.

Die Entwicklung des Typs 155 wurde umgehend eingestellt, und man konzipierte aufgrund der Ausschreibung neu. Als Ergebnis entstand die Armstrong Whitworth A.W. 41, der man den Merknamen Albemarle gab. Der Prototyp flog erstmals am 20. März 1940 und erwies sich schon bald als eine sehr glücklose Konstruktion.

Im Oktober 1941 begann die Serienproduktion. Zunächst hatte man die Fertigung einzelner Baugruppen auf mehrere Betriebe verteilt. Als Montagewerk wurde die zu Hawker Siddely gehörende Hawksley Ltd. in Gloucester genutzt.

Das Muster stand stets im Schatten seiner erfolgreichen Konkurrenten, vor allem der Bombenflugzeuge Vickers Wellington und Handley Page Hampden. So wurden auch nur 32 Maschinen in der Bomberversion gebaut. Die meisten dieser Flugzeuge wurden schon bald zu Spezialtransportern umgerüstet.

Man ließ daraufhin das Bomberkonzept fallen und modifizierte die Albemarle zu den Versionen ST (special transport – Spezialtransporter) und GT (glider tug – Schlepper für Lastensegler), die weiter in Serie hergestellt wurden. Insgesamt verließen 600 Maschinen bis 1944 die Produktionshallen.

*Diese Armstrong Whitworth A.W. 41 Albemarle flog in den Reihen der RAF.*

*Armstrong Whitworth A.W. 41 Albemarle*

Die Sowjetunion hatte ursprünglich einen Bedarf von 100 Maschinen dieses Typs bei den zuständigen britischen Stellen angemeldet. Im Frühjahr 1943 stellte die Royal Air Force (RAF) 15 Albemarle für die UdSSR bereit. Gleichzeitig trafen die ersten sowjetischen Piloten zur Umschulung in Großbritannien ein. Die Einweisung auf das Muster wurde vom Ferry Training Unit (Schulungseinheit für Überführungspiloten) No. 305 in Errol vorgenommen.

Diese Einheit war am 20. Dezember 1942 eigens für diese speziellen Aufgaben formiert worden. Zum Ausbildungspersonal gehörten auch zwei tschechoslowakische Staatsbürger, Flight Officer Taudy und Flight Officer Stejskal, die an der Schulung der sowjetischen Piloten beteiligt waren. Das Ausbildungsprogramm sah zahlreiche Trainingsflüge vor.

*Eine der 14 an die UdSSR gelieferten A.W. 41 in Errol.*

Im Frühjahr 1943 ereignete sich ein schwerer Zwischenfall, als die A.W. 41 Albemarle P 1503 mit Flight Officer Taudy und einer sowjetischen Besatzung in der Nähe von Kenmoore (Peershire) abstürzte und ein Teil der Besatzung ums Leben kam. Der tschechische Fluglehrer überlebte schwerverletzt.

Bereits am 3. März 1943 wurde die erste für die Sowjetunion bestimmte Albemarle überführt. Beim Überführungsflug von zwei anderen Maschinen am 10. März 1943 ging eine A.W. 41 (Werknummer P 1455) verloren. Weitere Einheiten wurden noch während der Monate März und April 1943 in die Sowjetunion geflogen. Auch beim Überführen der letzten beiden Albemarle (Werknummern P 1598 und P 1645) stürzte eine Maschine (P 1645) ab.

Die Einsatzzeit der verbliebenen zwölf A.W. 41 Albemarle in sowjetischen Fliegereinheiten währte nicht lange. Schon bald mußten sie außer Dienst gestellt werden. Der Grund dafür war die mangelnde Ersatzteillieferung. Auch die Flugleistungen der Maschine konnten in vieler Hinsicht nicht überzeugen.

## Armstrong Whitworth A.W. 41

### Abmessungen

| | |
|---|---|
| Spannweite: | 23,47 m |
| Länge: | 18,25 m |
| Flügelfläche: | 74,65 m² |

### Massen

| | |
|---|---|
| Leermasse: | 10 260 kg |
| Startmasse: | 16 570 kg |
| Flächenbelastung: | 222,0 kg/m² |

### Triebwerk

| | |
|---|---|
| Anzahl: | 2 |
| Typ: | Rolls & Royce Bristol »Herkules XI« |
| Leistung: | 1 170 kW |

### Flugleistungen

| | |
|---|---|
| Reisegeschwindigkeit: | 296 km/h |
| Höchstgeschwindigkeit: | 426 km/h |
| Steiggeschwindigkeit: | 4,9 m/s |
| Reichweite: | 2 160 km |
| Dienstgipfelhöhe: | 5 490 m |

**Bewaffnung:** 6 MG Browning 7,9 mm (Transporter ohne Bewaffnung)

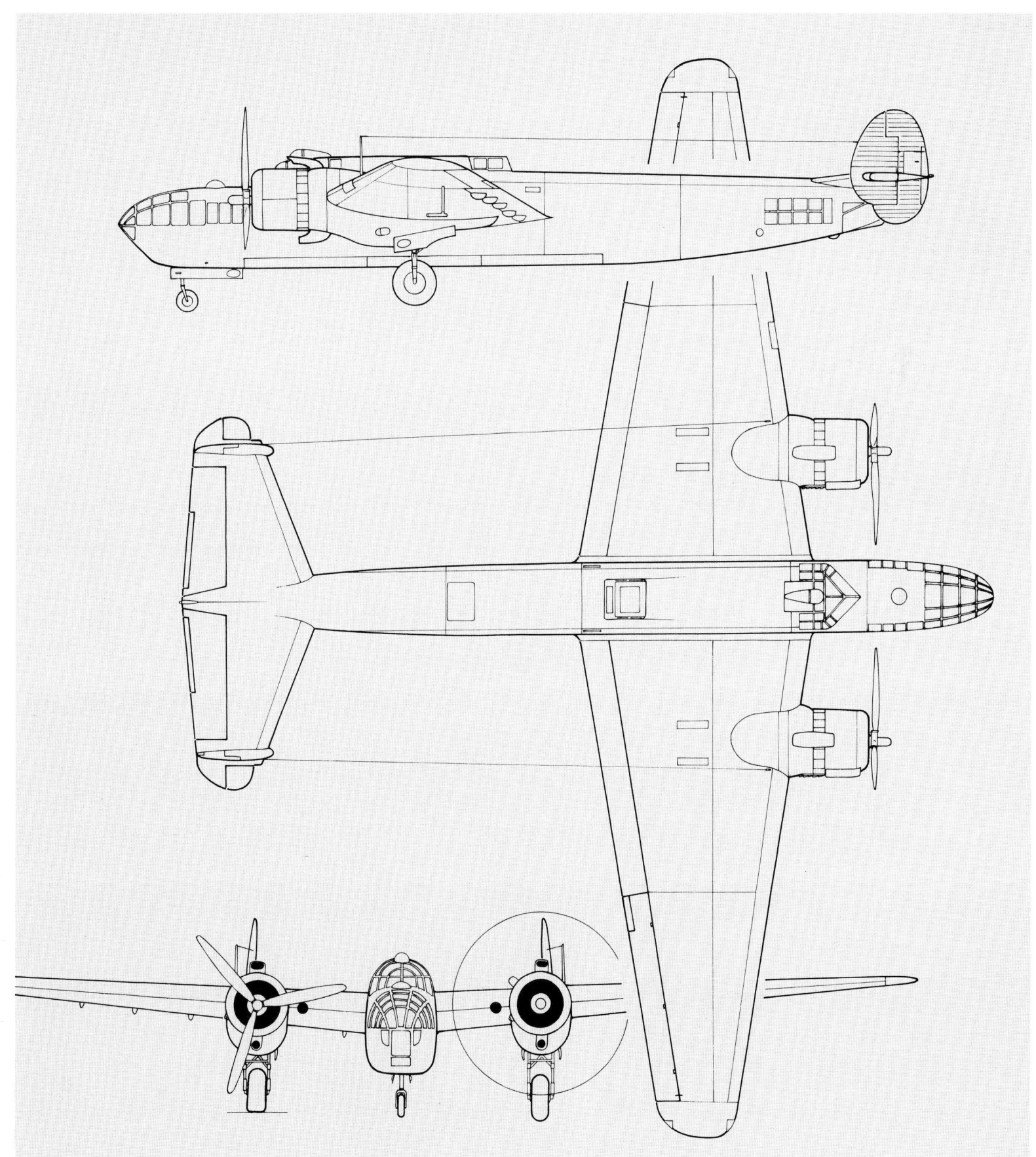

# C-46 COMMANDO

| | |
|---|---|
| Ursprungsland: | USA |
| Baujahr: | 1940 |
| Verwendung: | Transportflugzeug |
| Besatzung: | 3 |
| Empfängerland: | UdSSR |
| An die UdSSR geliefert: | 1 |

Im Jahre 1937 begannen Konstrukteure der Firma Curtiss unter der Leitung von Chefingenieur George G. Page mit der Entwicklung eines Verkehrsflugzeuges als Konkurrenz- und Ablösemuster für die DC-3 von Douglas. Sie waren in der Auslegung sehr ähnlich. Die als Curtiss CW-20 bezeichnete Maschine hatte einen längeren Rumpf als die DC-3. In der Passagierkabine sollten 50 Personen Platz finden. Die vorgesehenen zwei Triebwerke Pratt & Whitney R-2800-34 »Double Wasp« (1470 kW) hatten jeweils eine um 600 kW höhere Leistung als die der DC-3 (Pratt & Whitney R-1830-92 mit 882 kW). Die Reichweite der CW-20 war auf maximal 1880 km berechnet.

Nach der Fertigstellung des Prototyps im Werk St. Louis (Missouri), flog Testpilot Eddie Allen ihn erstmals am 26. März 1940. Nach

einigen Änderungen wurde die Maschine als CW-20A vorgestellt und flog dann als C-55 beim US Army Air Corps. Im November 1941 ging sie an die britische Gesellschaft BOAC, die sie im Dienst Gibraltar — Malta einsetzte.

Der Ausbruch des Krieges verhinderte zunächst eine zivile Nutzung der CW-20. Dennoch lief die Produktion an, nachdem die US Air Force der Verwendung als Transporter zugesagt hatte und ein erstes Los von 200 Maschinen einer Militärversion der CW-20 bestellte. Als C-46 Commando fand das Muster Eingang in den Bestand der US Army Air Force.

Bis 1945 verließen 3154 Maschinen die Produktionslinien der Curtiss-Werke. Ein Großteil der C-46 fand beim Transportkommando Verwendung und wurde vor allem im pazifischen Raum eingesetzt.

Die Produktion von 25 Exemplaren in Buffalo (New York) leitete die Serienfertigung ein. Am

*Zwei Fotos der einzigen Curtiss C-46 (Seriennummer 347 271), die an die UdSSR geliefert wurde.*

*Curtiss C-46 Commando*

12. Juli 1942 wurde die erste Produktionsmaschine ausgeliefert.

Eine Reihe von Änderungen führte zur C-46A. Von dieser Version wurden bis 1944 1490 Maschinen gebaut, davon wurden 1041 im Hauptwerk in Buffalo, zehn in St. Louis und 439 in Louisville montiert.

Als zweite Hauptversion entstand die C-46D mit geändertem Rumpf, von der 1410 Stück gebaut wurden. Die 234 produzierten Exemplare der C-46F hatten stärkere Triebwerke. Mit nur einer Tür im Rumpf fertigte man 17 Maschinen der Version C-46E. Eine C-46G wurde als Versuchsträger für Triebwerkprobung gebaut und geflogen. Bei der amerikanischen Marine flogen die C-46 als R5C-1.

Nach Kriegsende wurden viele dieser Transportflugzeuge ausgemustert und an zivile Gesellschaften verkauft, die die C-46 im Fracht- und Passagierdienst einsetzten.

Im Rahmen eines Transportauftrages kam eine C-46 (Seriennummer 43-47271) in die UdSSR. Dort wurde sie in den Bestand einer Transporteinheit als Si-46 (Si für C, entspre-

*Eine Curtiss C-46 Commando des Air Transport Command.*

chend der englischen Aussprache) übernommen und mit sowjetischen Kennzeichen geflogen. Bekannt ist, daß dieses Flugzeug während der Konferenz von Jalta im Februar 1945 eingesetzt war.

Im Frühjahr 1946 kam es unter der Besatzung G. Kubyskinem, P.M. Stefanovski und I.G. Rabin zu mehreren Flügen in die sowjetisch besetzte Zone Deutschlands (u.a. Flugplatz Ribnitz-Damgarten), insbesondere um Flug- und Raketentechnik in die UdSSR zu transportieren.

**Curtiss C-46**

| Abmessungen | |
|---|---|
| Spannweite: | 32,94 m |
| Länge: | 23,27 m |
| Flügelfläche: | 126,00 m² |
| **Massen** | |
| Leermasse: | 14 970 kg |
| Startmasse: | 21 772 kg |
| Flächenbelastung: | 172,7 kg/m² |
| **Triebwerk** | |
| Anzahl: | 2 |
| Typ: | Pratt & Whitney R-2800-51 »Double Wasp« |
| Leistung: | 1 470 kW |
| **Flugleistungen** | |
| Reisegeschwindigkeit: | 300 km/h |
| Höchstgeschwindigkeit: | 433 km/h |
| Steiggeschwindigkeit: | 6,6 m/s |
| Reichweite: | 1 880 km |
| Dienstgipfelhöhe: | 8 412 m |
| **Bewaffnung:** | unbewaffnet |

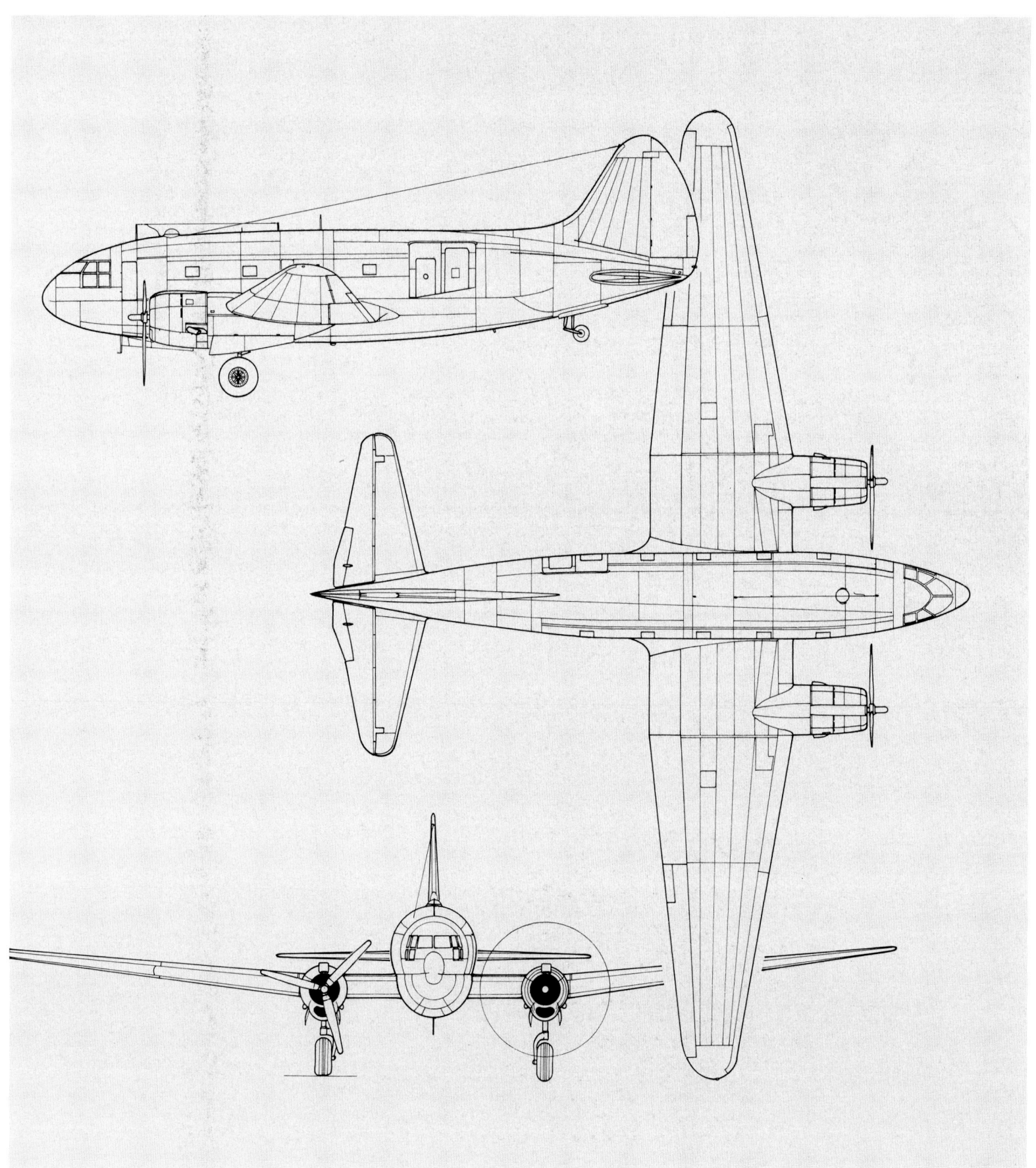

# AT-6 TEXAN

| | |
|---|---|
| Ursprungsland: | USA |
| Baujahr: | 1937 |
| Verwendung: | Schulflugzeug |
| Besatzung: | 2 |
| Empfängerländer: | UdSSR, Großbritannien |
| An die UdSSR geliefert: | 84 |

Das Projekt der North American AT-6 entstand aus der BT-9 (Na-16), welche bereits im April 1935 zum ersten Mal flog. Sie war das Grundmuster für eine Flugzeugfamilie und als Schulmaschine und leichtes Kampfflugzeug konzipiert.

Gegen Ende der dreißiger Jahre entwickelte man daraus das wesentlich modernisierte Muster AT-6. 1940 flogen die ersten Serienmaschinen, und mit ihrem Einsatz bei der Truppe entstand schnell ein großer Bedarf. Die AT-6 wurde zum bedeutendsten Schulflugzeug für die Fortgeschrittenen-Ausbildung der US-Luftwaffe.

In Inglewood (Kalifornien) entstand eine erste Produktionslinie, die aber schon kurze Zeit nach der Produktionsaufnahme zu klein wurde. Nachdem 517 Maschinen gebaut waren, nahm 1941 ein zweiter Betrieb in Dallas (Texas) die Produktion der AT-6 auf. Insgesamt 15 109 Maschinen verließen die Werkhallen der Firma North American in Inglewood und Dallas.

Die britische Royal Air Force (RAF) interessierte sich ebenfalls für das Schulflugzeug AT-6 und übernahm in der Folgezeit etwa 5000 Maschinen.

Darüber hinaus vergab man an einige Länder die Lizenz. So baute Noordyn in Kanada 2610 und die australische Flugzeugindustrie 755 AT-6.

Von der geographischen Lage des Herstellerwerkes abgeleitet, bekam die AT-6 in den USA den Merknamen »Texan«. In Großbritannien flog das Schulflugzeug unter dem Merknamen »Harvard«.

Bei den Flugschülern war der zweisitzige Tiefdecker sehr beliebt. Vor allem wurden seine hervorragenden Flugeigenschaften gelobt.

Im Zuge der Lend-Lease-Lieferungen erbat die Sowjetunion auch Schulflugzeuge, um damit eine Lücke zwischen ihren eigenen Schulflugzeugen Polikarpov Po-2 und Jakovlev UT-2 für die Anfängerschulung und dem Übergang auf schwerere Typen, insbesondere Bombenflugzeuge, zu füllen. Auf der Texan sollten die zukünftigen Mitchell- und Boston-Piloten ausgebildet werden.

Die ersten acht AT-6C erreichten Murmansk in demontiertem Zustand an Bord eines Frachters, der im Frühjahr 1943 aus Großbritannien kam. Weitere 22 Maschinen wurden ebenfalls als Schiffsfracht in Abadan angelandet. Dort wurden sie unter Leitung von Master Sergeant L.H. Byrd wieder zusammengebaut und anschließend erprobt. Eine Gruppe Piloten unter Major Krolov überführte diese 20 AT-6C in die Sowjetunion.

Im Sommer 1944 sicherten die USA eine weitere Lieferung von Schulflugzeugen zu. 54 North American AT-6F wurden von Dallas nach Great Falls überführt und dort vom 7th Ferrying Command (Überführungskommando Nr. 7) übernommen. Nach mehreren Zwischenlandungen in Calgary, Edmonton und Fort St. John (alles in Kanada) sowie in Tanacross und Big Delta in Alaska erreichten die 54 Maschinen sicher Ladd Field und konnten an die sowjetische Militärkommission übergeben werden.

Obwohl man seitens der UdSSR bei verschiedensten Gelegenheiten um weitere Lieferun-

*Schulflugzeuge North American AT-6C Texan
nach der Montage in Abadan.*

*North American AT-6F Texan*

*Master Sergeant L. H. Byrd übergibt eine AT-6C an Major Krolov in Abadan.*

gen von Schulflugzeugen des Typs AT-6 nachsuchte, lehnten die USA dieses Begehren immer wieder ab. Die zwischen 1943 und 1944 gelieferten North American AT-6 Texan blieben die einzigen amerikanischen Schulflugzeuge in sowjetischen Diensten.

Bis zum Kriegsende wurden diese Maschinen zur Umschulung für Bomberpiloten genutzt. Die geringe Anzahl der gelieferten Schulmaschinen hatten zur Folge, daß nur wenige Flugschüler eine AT-6-Ausbildung erhielten. Unfälle und der Mangel an Ersatzteilen verringerten zudem im Laufe der Zeit die Bestände. In den USA wurden nach dem zweiten Weltkrieg bis zum Jahre 1950 allein 2086 Flugzeuge AT-6 zur Version G modifiziert. Die Produktion dieses Typs lief in Kanada bis 1954 mit einer verbesserten Version AT-6J für die US Air Force und als Havard IV für die kanadische Luftwaffe. Auch in Japan wurden 176 Maschinen dieser Nachkriegsversion in Lizenz gebaut. Die schwedische Firma SAAB übernahm ebenfalls eine Lizenz und fertigte weitere 136 Maschinen.

### North American AT-6C Texan

| Abmessungen | |
|---|---|
| Spannweite: | 12,83 m |
| Länge: | 8,97 m |
| Flügelfläche: | 18,62 m² |
| **Massen** | |
| Leermasse: | 1 888 kg |
| Startmasse: | 2 406 kg |
| Flächenbelastung: | 129,2 kg/m² |
| **Triebwerk** | |
| Anzahl: | 1 |
| Typ: | Pratt & Whitney R-1340-AN-1n »Wasp« |
| Leistung: | 405 kW |
| **Flugleistungen** | |
| Reisegeschwindigkeit: | 270 km/h |
| Höchstgeschwindigkeit: | 338 km/h |
| Steiggeschwindigkeit: | 4,0 m/s |
| Reichweite: | 1 368 km |
| Dienstgipfelhöhe: | 6 560 m |
| Bewaffnung: | unbewaffnet, Einbau möglich |

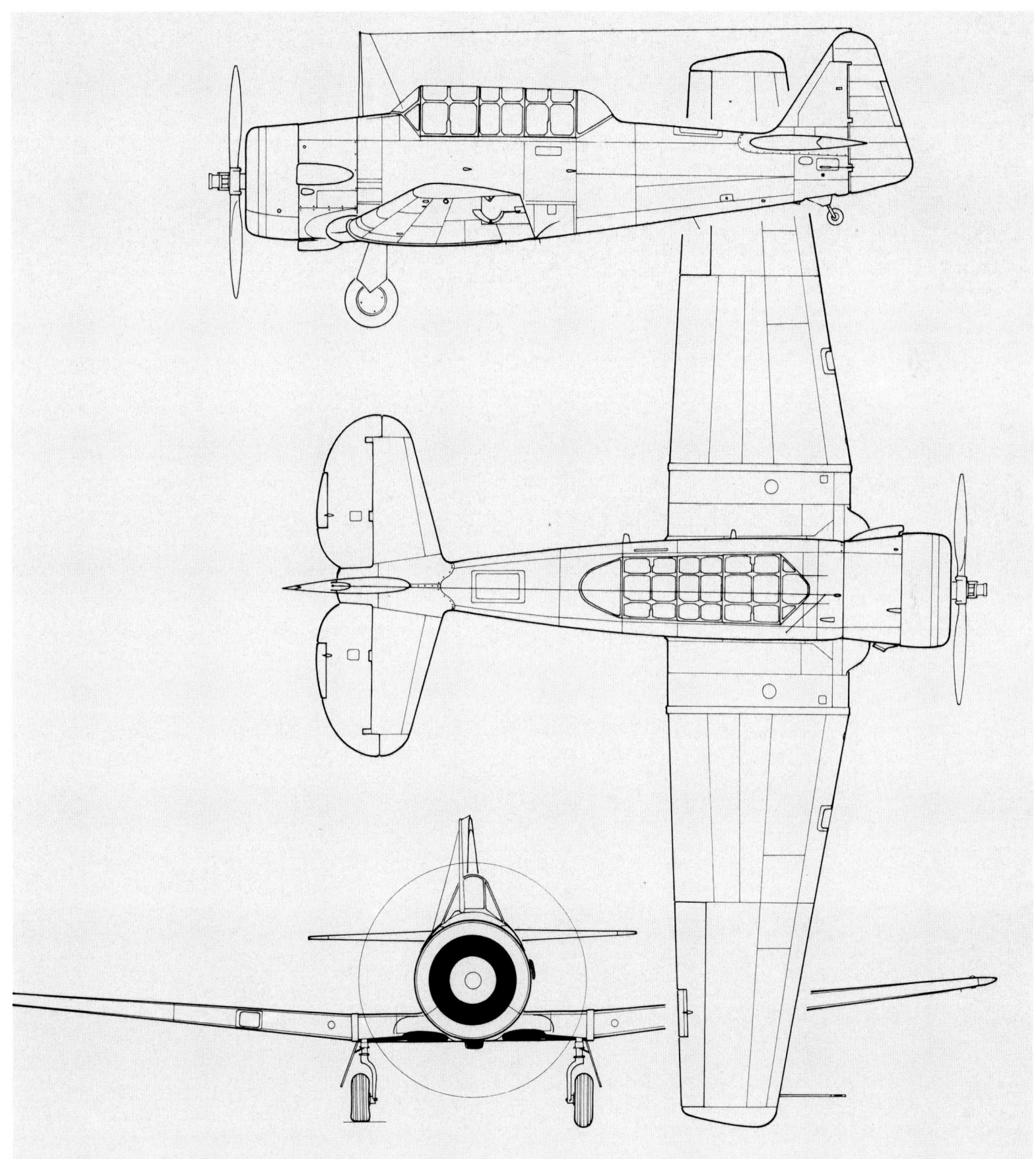

# ANHANG

## Karten der Lieferwege

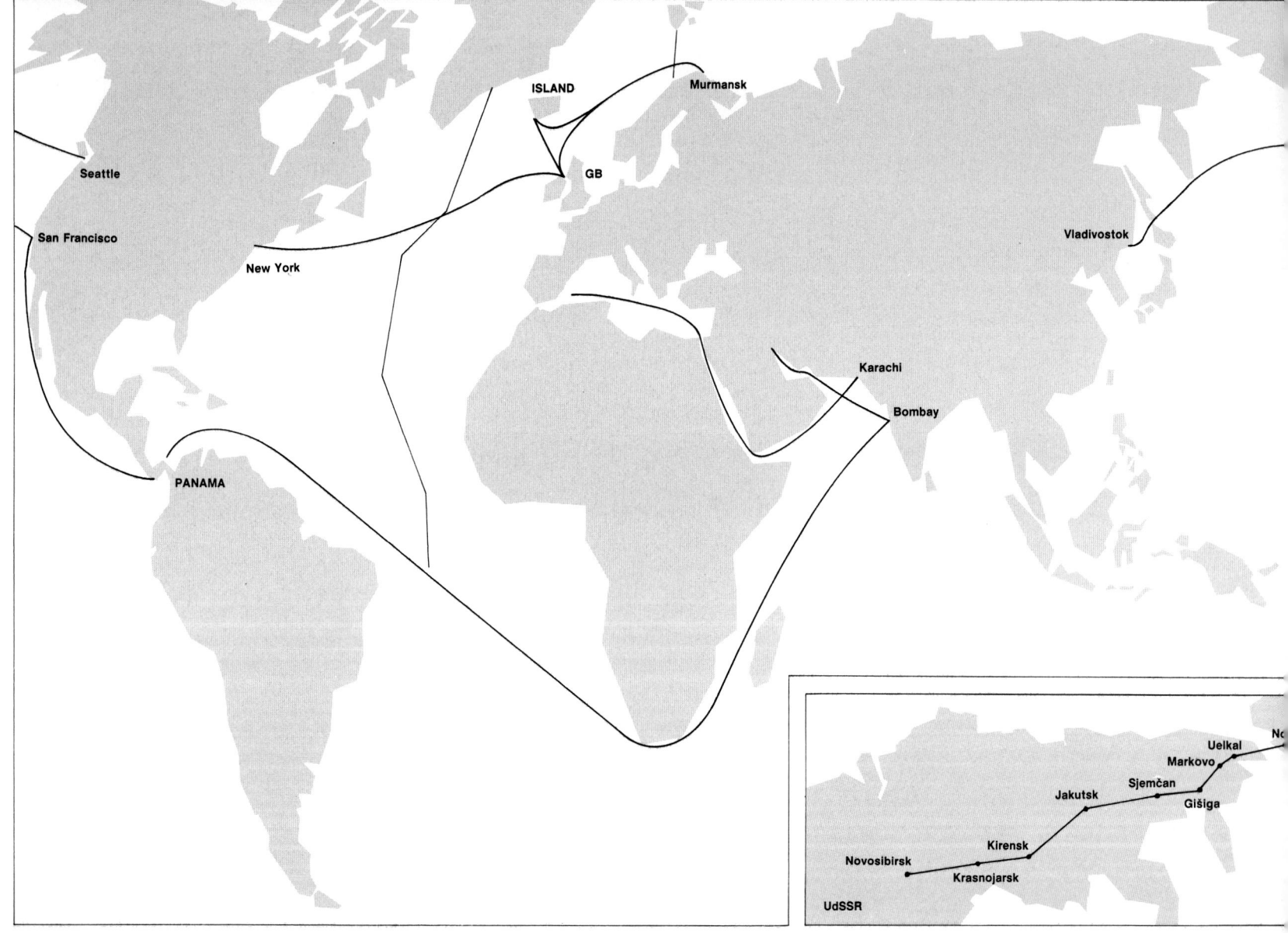

*Übersicht über die wichtigsten Seetransportwege USA – UdSSR*

*Der Lieferweg von Alaska in die UdSSR*

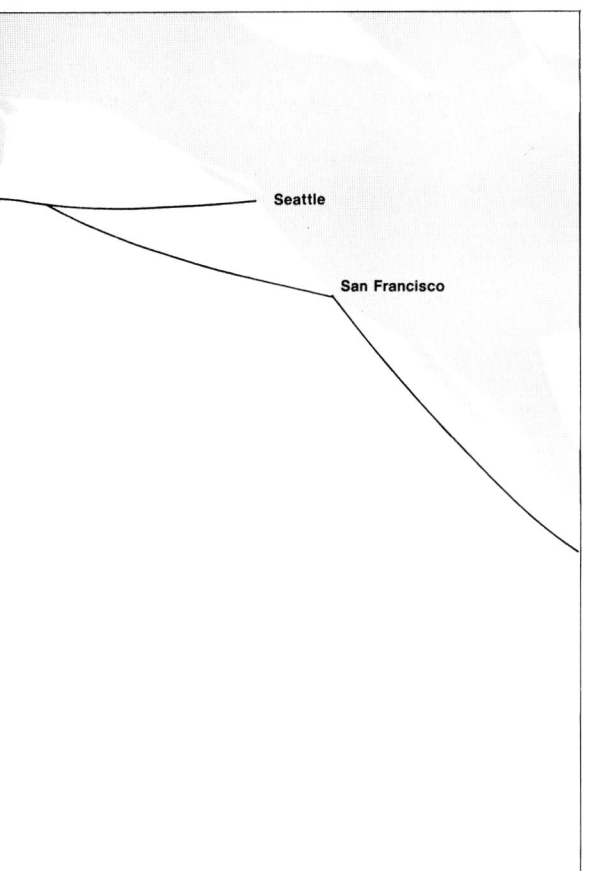

Seattle

San Francisco

Murmansk

Archangelsk

Halifax

Boston

New York

Norfolk

Charleston

Jacksonville

New
Orleans

*Die Atlantikrouten im Jahre 1942*

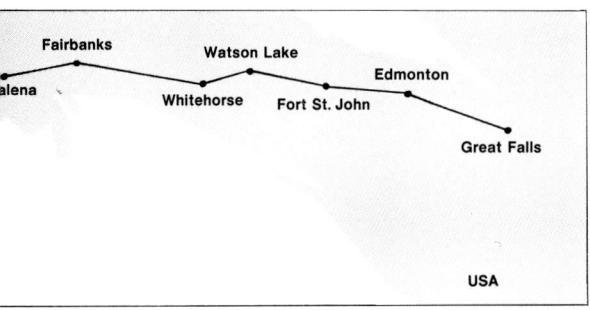

Fairbanks

Watson Lake

Edmonton

...alena

Whitehorse

Fort St. John

Great Falls

USA

## Flugzeugbau der Alliierten von 1939 bis 1945

Die Rüstungsindustrien der UdSSR, der USA und Großbritanniens leisteten während des zweiten Weltkrieges mit ihren Flugzeugwerken einen entscheidenden Beitrag zur Stärkung der Fliegerkräfte. Damit gewährleisteten sie die steigende Schlagkraft der einzelnen Luftflotten.

Die sowjetische Flugzeugindustrie produzierte zwischen 1939 und August 1945 154 433 Flugzeuge, darunter rund 59 000 Jagdflugzeuge, 37 000 Schlachtflugzeuge und etwa 17 800 Bomber.

Im gleichen Zeitraum verließen 303 713 Maschinen die Produktionslinien der amerikanischen Flugzeugindustrie, davon waren etwa 99 000 Jagdflugzeuge und 98 000 Bombenflugzeuge.

Die britische Flugzeugindustrie lieferte von 1939 bis August 1945 eine Produktionsmenge von 131 549 Maschinen. Dabei betrug der Anteil von Jagdflugzeugen 54 000 Stück sowie 28 000 Bombenflugzeuge. In diesen Zahlen sind nicht die Produktionsmengen enthalten, die in Kanada und anderen Commonwealth-Ländern gefertigt wurden. Die Angaben der Stückzahlen einzelner Kampfflugzeugarten (Jagdflugzeuge usw.) sind gerundet. Die Produktionszahlen der im Rahmen von Lend-Lease gelieferten Flugzeuge sind im Typenteil unter dem jeweiligen Baumuster zu ersehen.

*Original der Lieferliste amerikanischer Flugzeuge an die UdSSR für den Zeitraum 22. Juni 1941 bis 20. September 1945. Diese Übersicht enthält alle Flugzeuge, die von den USA direkt an die UdSSR geliefert wurden. Flugzeuge, die für Großbritannien bestimmt waren, aber an die UdSSR weitergegeben wurden, sind nicht enthalten.*

### AIRCRAFT DELIVERIES TO THE U.S.S.R.
#### June 22, 1941 to September 20, 1945

All U.S. Protocol commitments for delivery of aircraft were met in full with the exception of those of the First Protocol. As against First Protocol commitments for 900 bombers and 900 pursuit planes, 697 bombers and 747 pursuits were actually delivered.

Departure points from North America were: U.S. ports for water shipments, Fairbanks for flight-deliveries via the Alaskan-Siberian Ferry route, and Miami, Florida or adjacent fields for flight deliveries via the South Atlantic. Planes shipped by water to North Russia were considered delivered upon arrival at Murmansk or Archangel. Planes shipped by water to the Persian Gulf were assembled at Abadan and with planes arriving there over the South Atlantic Ferry Route were delivered at Abadan to U.S.S.R. pilots. Alaskan-Siberian Ferry Route planes were delivered to Soviet pilots at Fairbanks.

This schedule includes all aircraft which departed from the U.S. for direct delivery to the U.S.S.R. Aircraft shipped from the U.S. intended for use in the United Kingdom but retransferred from the United Kingdom to the U.S.S.R. are not included.

| | Delivered at Factories | Lost in North America | | Departed North America | Lost After Departure | Diverted to Others | Arrived at Destination | Delivered to U.S.S.R. at Destination |
|---|---|---|---|---|---|---|---|---|
| | | In U.S. | In Canada and Alaska | | | | | |
| **BY ROUTE** | | | | | | | | |
| Alaskan-Siberian Ferry Route | 8,058 | 74 | 59(4)* | 7,925 | 0 | 0 | 7,925 | 7,925 |
| South Atlantic Ferry Route to Abadan | 1,055 | 17 | 0 | 1,038 | 43 | 1 | 994 | 993 |
| Water to North Russia | 1,543 | 0 | 0 | 1,543 | 310 | 1 | 1,232 | 1,232 |
| Water to Persian Gulf Assembly at Abadan | 4,142 | 0 | 0 | 4,142 | 231 | 0 | 3,911 | (17)** 3,868 |
| Total | 14,798a/ | 91 | 59(4)* | 14,648 | 584 | 2 | 14,062 | (17)** 14,018 |
| **BY TYPE OF PLANE** | | | | | | | | |
| **Pursuit Planes** | | | | | | | | |
| P-40  Alsib | 50 | 0 | 2(1) | 48 | 0 | 0 | 48 | 48 |
| P-40  North Russia, Water | 1,159 | 0 | 0 | 1,159 | 248 | 1 | 910 | 910 |
| P-40  North Russia, Water, U.K. Acct. | 49 | 0 | 0 | 49 | 0 | 0 | 49 | 49 |
| P-40  Persian Gulf, Water | 872 | 0 | 0 | 872 | 54 | 0 | 818 | 1,090 |
| P-40  Persian Gulf, Water, U.K. Acct. | 300 | 0 | 0 | 300 | 0 | 0 | 300 | (6)** |
| P-39  Alsib | 1,022 | 9 | 14(1)* | 999 | 0 | 0 | 999 | 999 |
| P-39  Alsib, U.K. Acct. | 1,637 | 28 | 17 | 1,592 | 0 | 0 | 1,592 | 1,592 |
| P-39  Alsib, Reimbursement Account | 30 | 0 | 3 | 27 | 0 | 0 | 27 | 27 |
| P-39  North Russia, Water | 57 | 0 | 0 | 57 | 7 | 0 | 50 | 50 |
| P-39  North Russia, Water, U.K. Acct. | 35 | 0 | 0 | 35 | 5 | 0 | 30 | 30 |
| P-39  North Russia, Water, Reim. Acct. | 28 | 0 | 0 | 28 | 0 | 0 | 28 | 28 |
| P-39  Persian Gulf, Water | 1,101 | 0 | 0 | 1,101 | 38 | 0 | 1,063 | (1)** |
| P-39  Persian Gulf, Water, U.K. Acct. | 893 | 0 | 0 | 893 | 53 | 0 | 840 | (1)** 2,020 |
| P-39  Persian Gulf, Water, Reim. Acct. | 121 | 0 | 0 | 121 | 0 | 0 | 121 | (1)** |
| P-47  Alsib | 3 | 0 | 0 | 3 | 0 | 0 | 3 | 3 |
| P-47  North Russia, Water | 4 | 0 | 0 | 4 | 0 | 0 | 4 | 4 |
| P-47  Persian Gulf, Water | 196 | 0 | 0 | 196 | 7 | 0 | 189 | 188 |
| P-63  North Russia, Water | 3 | 0 | 0 | 3 | 0 | 0 | 3 | 3 |
| P-63  Alsib, U.K. Account | 85 | 0 | 0 | 85 | 0 | 0 | 85 | 85 |
| P-63  Alsib | 2,333 | 10 | 11(2)* | 2,312 | 0 | 0 | 2,312 | 2,312 |
| Total Pursuit Planes | 9,978 | 47 | 47(4)* | 9,884 | 412 | 1 | 9,471 | (9)** 9,438 |
| **Light Bombers** | | | | | | | | |
| A-20  Alsib | 1,396 | 24 | 9 | 1,363 | 0 | 0 | 1,363 | 1,363 |
| A-20  South Atlantic | 927 | 17 | 0 | 910 | 39 | 1 | 870 | 869 |
| A-20  North Russia, Water | 165 | 0 | 0 | 165 | 39 | 0 | 126 | 126 |
| A-20  Persian Gulf, Water | 637 | 0 | 0 | 637 | 79 | 0 | 558 | (7)** 550 |
| Total Light Bombers | 3,125 | 41 | 9 | 3,075 | 157 | 1 | 2,917 | (7)** 2,908 |
| **Medium Bombers** | | | | | | | | |
| B-25  Alsib | 737 | 1 | 3 | 733 | 0 | 0 | 733 | 733 |
| B-25  South Atlantic | 128 | 0 | 0 | 128 | 4 | 0 | 124 | 124 |
| B-25  North Russia, Water | 5 | 0 | 0 | 5 | 0 | 0 | 5 | 5 |
| Total Medium Bombers | 870 | 1 | 3 | 866 | 4 | 0 | 862 | 862 |
| **Heavy Bombers** | | | | | | | | |
| B-24  Alsib | 1b/ | 0 | 0 | 1 | 0 | 0 | 1 | 1 |
| **Cargo Planes** | | | | | | | | |
| C-46  Alsib | 1 | 0 | 0 | 1 | 0 | 0 | 1 | 1 |
| C-47  Alsib | 709 | 2 | 0 | 707 | 0 | 0 | 707 | 707 |
| Total Cargo Planes | 710 | 2 | 0 | 708 | 0 | 0 | 708 | 708 |
| **Observation Planes** | | | | | | | | |
| O-52  North Russia, Water | 30 | 0 | 0 | 30 | 11 | 0 | 19 | 19 |
| **Advanced Trainers** | | | | | | | | |
| AT6-C  North Russia, Water | 8 | 0 | 0 | 8 | 0 | 0 | 8 | 8 |
| AT6-C  Persian Gulf, Water | 22 | 0 | 0 | 22 | 0 | 0 | 22 | (1)** 20 |
| AT6-F  Alsib | 54 | 0 | 0 | 54 | 0 | 0 | 54 | 54 |
| Total Advanced Trainers | 84 | 0 | 0 | 84 | 0 | 0 | 84 | (1)** 82 |
| PBN  Navy Patrol Planes | 138 | 1 | 0 | 137c/ | – | – | – | – |
| PBY-6A  Navy Patrol Planes | 48 | – | – | 48d/ | – | – | – | – |
| Total Navy Aircraft | 186 | 1 | – | 185 | – | – | – | – |

\*    At Fairbanks
\*\*   Water shipments received at Abadan washed out before delivery to U.S.S.R. pilots.
a/   Does not include 186 PBN and PBY Patrol Planes.
b/   One heavy bomber carrying a U.S. mission became stranded in Siberia and was transferred to the Soviet government.
c/   Departed Elizabeth City, N.C.
d/   Fifteen departed Kodiak, Alaska, 33 departed Elizabeth City, North Carolina.

## Vergleich der Kampfstärken ausgewählter Flugzeuge

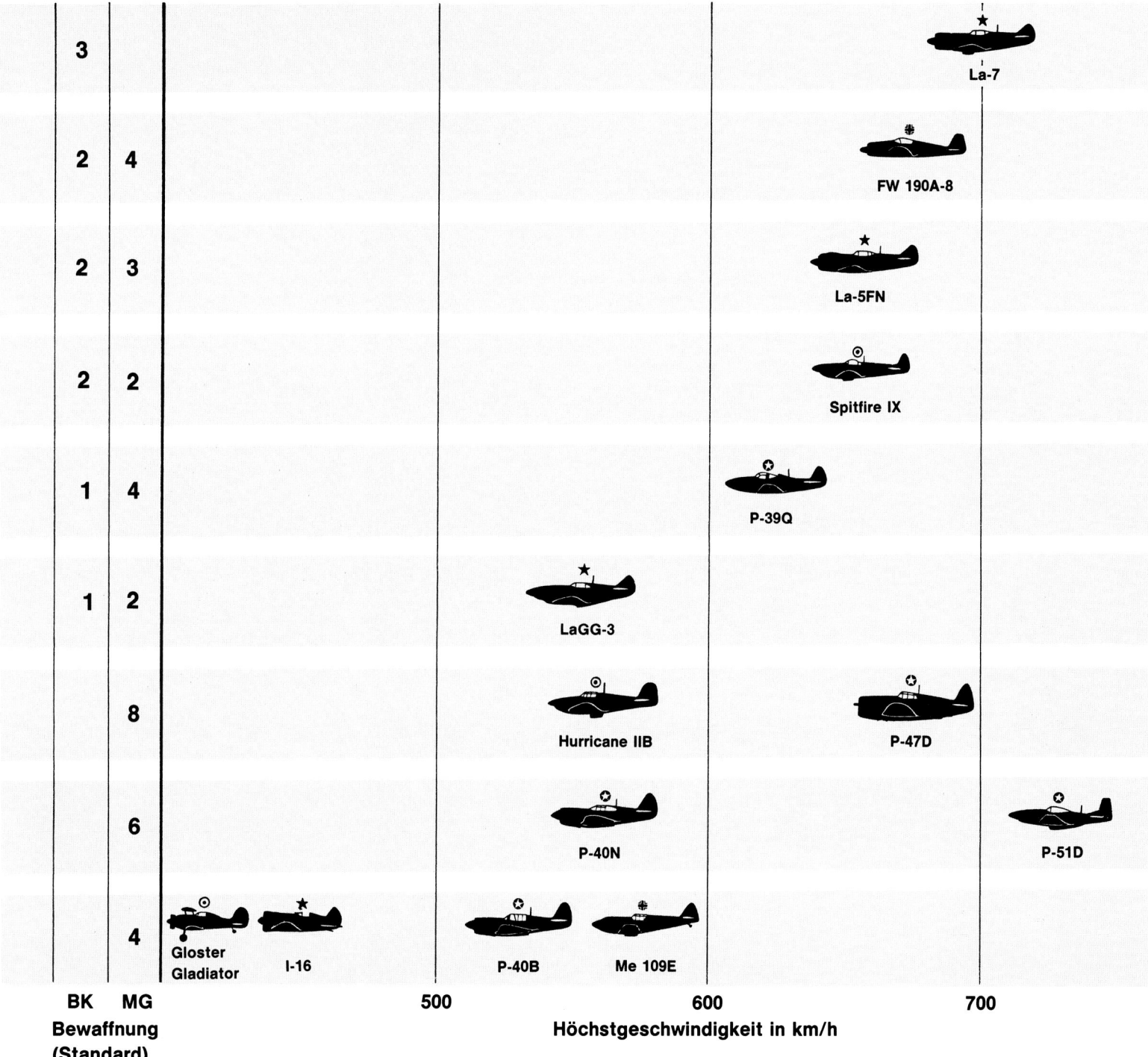

## Sowjetische Kennzeichen an Lend-Lease-Flugzeugen

Die ersten Kampfflugzeuge, die von Großbritannien an die UdSSR geliefert wurden, hatten in der Regel noch die Kennzeichen des Lieferlandes. Die Bemalung wurde frühestens nach der Abnahme auf den Übergabeplätzen, oft sogar erst in den Einsatzeinheiten, denen diese Maschinen zugeteilt wurden, geändert. Die roten Sterne wurden bis Ende des Jahres 1943 mit einer dünnen schwarzen Linie eingefaßt.

Mit sowjetischen Kennzeichen übermalte Kokarden.

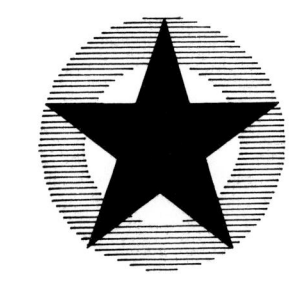

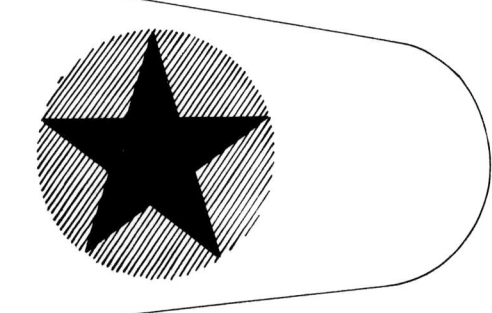

Die Trikolore am Seitenleitwerk wurde übermalt. Teilweise wurde der rote Stern neu aufgemalt.

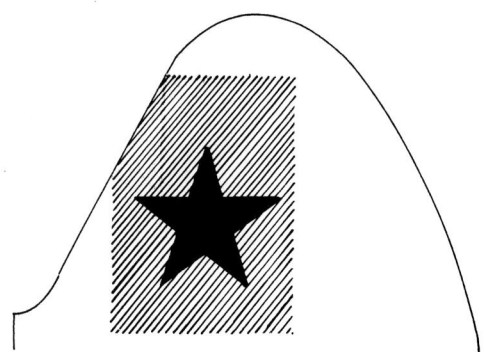

Kokarden auf allen Tragflügel- und Rumpfpositionen wurden übermalt und der rote Stern neu aufgebracht. Meist entfielen, entsprechend der Vorschrift bei den sowjetischen Fliegerkräften die Kennzeichen auf den Tragflügeloberseiten.

Dieses Verfahren praktizierte man in einigen Fällen auch bei amerikanischen Flugzeugen, die ursprünglich für Großbritannien vorgesehen waren, dann aber kurzfristig an die UdSSR abgegeben wurden.

### Amerikanische Kennzeichenschablonen für den roten Stern

Alle in den USA produzierten und für eine Lieferung an die UdSSR vorgesehenen Flugzeuge wurden bereits beim Hersteller mit sowjetischen Kennzeichen versehen.
Bis etwa Ende Herbst 1944 bestand dieses sowjetische Kennzeichen grundsätzlich aus einem weißen Rondell mit einem roten Stern. Damit waren Lend-Lease-Flugzeuge für den Hersteller, die Luftüberwachungsbehörden in den USA, in Kanada und in anderen Ländern sowie für die verbündeten Streitkräfte eindeutig als „eigene", für den Bündnispartner Sowjetunion vorgesehene Flugzeuge identifizierbar.

Da es üblich war, in den Flugzeugwerken die Kennzeichen aufzuspritzen, verwendete man die Schablonen der amerikanischen Kennzeichen. Das Rondell wurde weiß gespritzt (bei US-Flugzeugen Insignia Blue 47 – Insignienblau) und der Stern in Rot (bei US-Flugzeugen Insignia White 46 – Insignienweiß).
Das sowjetische Kennzeichen kam in der Regel auf die Steuerbordposition (links) der oberen und unteren Tragflügel und auf beide Rumpfseiten. Teilweise wurden die Kennzeichen auch auf alle vier Tragflügelpositionen aufgemalt.

Auf dem Seitenleitwerk jeder neuen Maschine wurde die Seriennummer (Werknummer) in der Farbe Identification Yellow 48 (Identifikationsgelb) aufgebracht. Die Seriennummer bestand aus einer zweistelligen Jahreszahl (ohne Jahrhundertangabe), die das Haushaltsjahr auswies, und der laufenden Produktionsnummer, die eigentlich die Auftragsnummer war, also die soundsovielte, im jeweiligen Haushaltsjahr bestellte Maschine.
Beim Aufbringen der Seriennummern auf die Leitwerke wurde die Ziffer für das Jahrzehnt in der Regel weggelassen.
Beispiel: Seriennummer 230 080 bedeutet 42-30 080, also die 30 080ste im Haushaltsjahr 1942 bestellte Maschine. Diese Jahreszahl war in vielen Fällen nicht mit dem tatsächlichen Produktionsjahr identisch, da das amerikanische Haushaltsjahr jeweils von Jahresmitte zu Jahresmitte zählte.
Auch Flugzeuge, die ausschließlich für andere Länder bestimmt waren, erhielten die Seriennummer. Beispielsweise traf das für die Bell P-63 Kingcobra zu, die an die UdSSR und das Freie Frankreich geliefert wurde.
Vereinzelt kennzeichneten die Hersteller die laufende Baunummer eines Typs mit weißen oder gelben Zahlen an den Seiten des vorderen Rumpfes. Diese Nummern wurden im Einsatz meist entfernt. Die zusätzliche Numerierung wendete Douglas beispielsweise bei der Produktion der A-20 Havoc an.

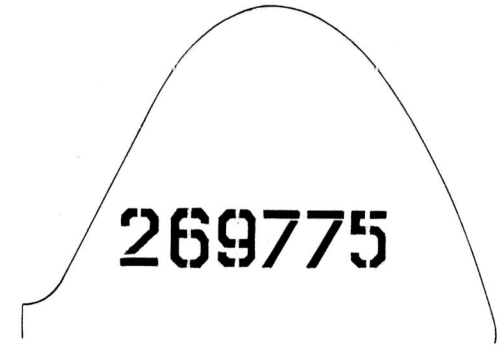

### Weitere Veränderungen

Für die sowjetische Seite war die praktizierte Kennzeichnung unannehmbar, da die weißen Rondells auf den Kampfflugzeugen sehr auffällig waren. Bereits auf den Übergabeplätzen in Alaska und im Iran wurden deshalb die weißen Flächen meist mit entsprechend dunkler Farbe, oft Oliv (Oliv Drab 41), übermalt. Teilweise wurde der rote Stern dann mit schwarzen Linien umrandet.

Ab dem Jahre 1944 führten die sowjetischen Luftstreitkräfte eine neue Art des Kennzeichens ein: Der rote Stern wurde mit einer weißen Linie eingefaßt. Es ist bekannt, daß dieses Kennzeichen an Lend-Lease-Flugzeugen erst in der zweiten Hälfte des Jahres 1944 Verwendung fand.

Ab Herbst 1944 lieferten die Hersteller Douglas die C-47 Skytrain und Bell die P-63 Kingcobra mit dem weiß eingefaßten roten Stern aus, während die anderen Typen weiter mit dem roten Stern im weißen Rondell ausgeliefert wurden. Nur in Ausnahmefällen kam es zu einer Veränderung der Kennzeichen erst bei sowjetischen Fliegereinheiten. Sowjetische Kennzeichen auf dem Seitenleitwerk wurden in der UdSSR nachträglich angebracht.

Eine gelbe Einfassung, Kennzeichen der Garderegimenter, wurde grundsätzlich nur innerhalb der Roten Armee vorgenommen.

Bei amerikanischen Flugzeugen, die nicht aus der Produktion kamen sondern aus Beständen der US Army Air Force oder der Navy an die UdSSR übergeben wurden, übermalte man auf allen Positionen das blaue Rondell, und der weiße Stern erhielt eine rote Farbgebung. Fehlende Kennzeichen wurden ergänzt.

Andere Kennzeichnungen, die von diesen Regeln abwichen, entstanden aufgrund besonderer Bedingungen in den Einsatzräumen oder an der Front. Sie sind nicht im einzelnen belegbar.

Taktische Nummern erhielten die Flugzeuge nur in den Einheiten der Fliegerkräfte der Roten Armee, und sie folgten deren Festlegungen.

Flugzeuge (meist Transportmaschinen), die von der staatlichen sowjetischen Fluggesellschaft AEROFLOT für besondere Aufgaben übernommen wurden, behielten bei offiziellen Auslandsflügen den üblichen Auslandskenner USSR.

## NATO-Codes (ASCC-Reporting-Names) für Lend-Lease-Flugzeuge

Da die US Air Force in der Zeit nach dem zweiten Weltkrieg kein genaues Bild über die sowjetischen Flugzeugmuster, die Musterbezeichnungen und ihren Einsatz gewinnen konnte, nutzte man einen auf eine fortlaufende Numerierung basierenden Zahlencode zur Klassifizierung und Katalogisierung der sowjetischen Flugzeuge.

Diese Kennzeichnung erwies sich schon bald als mangelhaft. So führte man 1955 ein neues Melde- und Identifizierungssystem ein. Dabei wurden die Code-Nummern durch Code-Namen ersetzt, deren Anfangsbuchstaben bereits die Haupteinsatzcharakteristik jedes Typs kennzeichnet (B — Bomber, also Bombenflugzeuge; C — Cargo, also Transportflugzeuge; F — Fighter, also Jagdflugzeuge; M — Miscellaneous, also eigentlich gemischte Flugzeuge, gemeint sind Verbindungs- und Schulflugzeuge, Flugboote, Lastensegler u. a.). Einsilbige Wörter wurden für Flugzeuge mit Kolbenmotoren und mehrsilbige Wörter für strahlgetriebene Flugzeuge verwendet.

Die Vergabe der Code-Namen erfolgt durch das Air Standards Coordinating Committee ASCC (Koordinierungskomitee für Luftfahrt-Standards), dem seit Gründung der North Atlantic Treaty Organization (NATO) auch Vertreter anderer NATO-Staaten angehören. Alle Code-Namen sind so gewählt, daß sie phonetisch voneinander unterscheidbar sind und auch bei schlechter Funkverbindung keine Übermittlungsfehler entstehen.

Mit diesen Code-Wörtern werden fast ausschließlich sowjetische Flugzeugtypen bezeichnet. Es gibt nur wenige Ausnahmen, wie der aus tschechoslowakischer Produktion stammende Trainer Aero L-29 Delphin, der den Code-Namen Maya trägt. In diesem Verzeichnis lassen sich auch Code-Namen für Lend-Lease-Flugzeuge finden, was darauf schließen läßt, daß sich noch wenige Exemplare dieser Flugzeugtypen zum Zeitpunkt der Einführung der ASSC-Reporting-Names im Bestand der sowjetischen Luftstreitkräfte befanden:

| | |
|---|---|
| **Bank** | **North American B-25 Mitchell** |
| **Box** | **Douglas A-20 Havoc** |
| **Fred** | **Bell P-63 Kingcobra** |
| **Cab** | **Li-2** (Lizenzmuster der Douglas DC-3), gilt auch für die C-47 aus Lend-Lease-Lieferungen |
| **Mop** | **GST** (Lizenzmuster der Catalina), gilt auch für die gelieferten PBN-1 und PBY-6A. |

### Bücher

**Alafusov, V.A.:** Vojna na more 1939–1945. – Moskva, 1956

**Angelucci, E.:** Enzyklopädie der Flugzeuge. – München, 1980

**Charlamov, N.:** Difficult Mission. – Moskva, 1983

**Churchill, W.S.:** The second World War. – London, 1954

**Der zweite Weltkrieg.** – Berlin, 1985

**Deutschland im zweiten Weltkrieg.** – Berlin, 1984

**Diplomatische Chronik des zweiten Weltkrieges.** – Berlin, 1946

**Geschichte des zweiten Weltkrieges.** – Berlin, 1982

**Golley, J.:** Hurricanes over Murmansk. – Wellingborough, 1987

**Green, W.:** Civil aircraft. – London, 1978

**Groehler, O.:** Geschichte des Luftkrieges. – Berlin, 1986

**Gunston, B.:** Kampfflugzeuge. – Köln, 1977

**Jones, L.S.:** US-Bombers. – Fallbrook, 1976

**Jones, L.S.:** US-Fighters. – Fallbrook, 1976

**Kolyškin, I.A.:** In den Tiefen des Nordmeeres. – Berlin, 1987

**Lanitzki, G.:** Kreuzer Edinburgh. – Berlin, 1988

**Noveišaja istorija.** – Moskva, 1987

**Pokryškin, A.:** Himmel des Krieges. – Berlin, 1974

**Schlauch, W.:** Rüstungshilfe der USA 1939–1945. – Koblenz, 1985

**Siefring, Th.:** US-Air Force in WW II. – London und New York, 1977

**Voznešenski, N.A.:** Voennaya ekonomika USSR. – Moskva, 1948

### Berichte und Dokumente

**Falin, V.:** Aus der Geschichte der sowjetisch-amerikanischen Beziehungen. – Moskau, 1988

**Jasov, D.:** Eine Armee vom Großen Oktober geboren. – Rede vom 28. Februar 1988. – In:

**Operational Order 619.** – 28.8.1942

**Report.** – Ltn. Col. G.F. Brewster. – 30.4.1942

**Report of ATC Headquarter.** – September 1942

**Russian Master Lend-Lease-Agreement.** – Washington, Juni, 1942

**The Middle-East-Corridor to Russia.** – Maxwell AFB-HRC

**The 7th Ferrying Group.** – Maxwell AFB-HRC

War Department Lend-Lease shipments and theater transfers by country and purpose classification 1941–1949. – o.O.

**White, B.:** So you want to go to Alaska. – o.O., o.D.

### Reihen und Zeitschriften

**AAHS-Journal**
**Aeroplane monthly**
**Aircraft modelworld**
**In action.** B-24 Liberator, B-25 Mitchell, F4F Wildcat, Hawker Hurrican, P-39 Airacobra, Curtiss P-40, P-47 Thunderbolt, P-51 Mustang, PBY Catalina, Spitfire
**Krylja Rodiny**
**Letectvi i kosmonautika**
**Morskoy Sbornik**
**Scale aircraft modeler**
**Skrzydlata Polska**
**TUB-TYPY BRONI i UZBROJENIA** A-20, B-25, P-39, Spitfire

Allgemeiner Deutscher Nachrichtendienst/ Archiv Zentralbild, Berlin (2)
Seite 36 o, 36 ul

Archiv A. Morgla (1)
Seite 88 m

Archiv H.H. Stapfer (90)
Seiten 2/3, 9, 11 o, 15 ol, 15 or, 15 m, 18, 22, 25 ml, 26 or, 26 ml, 26 mr, 26 u, 31 u, 33, 34/35, 41 u, 43 u, 47 o, 48 o, 48 ul, 49 u, 52, 53 or, 53 ml, 53 ul, 53 ur, 54 u, 55, 56, 57, 60, 62, 63, 67, 68 o, 72 o, 72 m, 76, 79, 80 o, 84 u, 87, 88 u, 92, 94 u, 100 u, 102, 104, 106/107, 108, 110 u, 113 u, 116, 118, 124, 132, 134, 135, 136, 140, 142, 143, 147, 148, 150/151, 154, 160

Archiv H.-J. Mau (1)
Seite 128

Archiv H.J. Nowarra (2)
Seiten 88 o, 94 m

Archiv transpress (3)
Seiten 27 ul, 139, 144

Bundesarchiv Freiburg (2)
Seiten 27 o, 36 ur

Credit National Archives (1)
Seite 126

Imperial War Museum London (15)
Seiten 10, 25 o, 25 mr, 25 u, 39, 40, 53 ol, 54 o, 72 u, 110 o

Keski-Suomen Ilmailumuseo (Air Museum of Central Finland) (15)
Seiten 11 m, 15 u, 26 ol, 53 mr, 68 u, 84 o, 84 m, 85, 90, 94 o, 96, 113 o, 115, 138

McDonnell Douglas Photo (8)
Seiten 1, 6/7, 16, 21 o, 51 o, 64/65, 112/113, 120

Office of Public Information, Lockheed-California Company (3)
Seiten 12/13, 17, 58

Photograph Courtesy of British Aerospace, Hatfield (1)
Seite 100 o

RAF Museum London (1)
Seite 11 u

Robert J. Ruffle Archives (1)
Seite 80 u

Smithonian Institution, Washington, D.C. (17)
Seiten 4/5, 8, 21 ul, 27 ur, 29, 31 o, 31 m, 41 o, 43 o, 44/45, 47 u, 48 ml, 48 mr, 48 ur, 49 o, 51 u

State Institute for War Documentation, Netherlands (1)
Seite 21 ur

## Die Autoren

**Hans-Joachim Mau,** geboren 1929 in Spremberg in der Lausitz, interessiert sich bereits in der Schulzeit für Flugzeuge. Mit Eifer baut er Flugzeugmodelle, liest alles über die Fliegerei und beginnt mit 15 Jahren die Flugausbildung auf Segelflugzeugen. Die letzten Kriegsmonate erlebt er als Flakhelfer in einer Luftwaffeneinheit und als Soldat. Nach Kriegsende beginnt er eine Lehre als technischer Zeichner in Dessau. Dort kommt er wieder mit der Fliegerei in Verbindung. Das technische Büro, in dem er arbeitet, projektiert eine Sechskomponenten-Waage für einen Windkanal als Reparationsauftrag für die UdSSR. Nach Auflösung der verbliebenen Flugzeugindustrie in der sowjetisch besetzten Zone 1947/48 beginnt H.-J. Mau ein Studium und wird Lehrer. Nach weiterer Ausbildung zum Dokumentalisten und Fachinformator lehrt er als Fachschuldozent in Berlin.

Ab 1965 veröffentlicht er in verschiedenen Zeitschriften Typenbeschreibungen von Flugzeugen, und 1980 erscheint sein erstes Buch über den »Flugzeug-Plastmodellbau« als eine Hilfe für junge Modellbauer und Flugzeugenthusiasten.

Von 1984 bis 1987 ist H.-J. Mau Lektor für Luftfahrtliteratur. 1987 erscheint sein erstes Typenbuch »Tschechoslowakische Flugzeuge«. 1990 kommt beim transpress-Verlag der »Junkers-Bildatlas« heraus, zu dessen Autoren H.-J. Mau gehört. Weitere Titel sind in Vorbereitung.

**Hans Heiri Stapfer** wird 1962 in der Schweiz geboren. Er wächst in Horgen am Züricher See auf, und schon als Schüler gilt sein ganzes Interesse der Fliegerei.

Nach einer Lehre als Kaufmann beginnt er zu publizieren, und bereits mit den ersten Zeitschriftenaufsätzen über die Geschichte von Flugzeugen gelingt es ihm, auf sich aufmerksam zu machen.

Von Anbeginn spezialisiert er sich auf sowjetische Flugzeuge, deren Technik und Geschichte in der westlichen Literatur oft verzerrt und spekulativ dargestellt ist. H.H. Stapfer kann sich durch zahlreiche offizielle Kontakte, geknüpft auf Reisen in osteuropäische Länder, ein umfangreiches Wissen über die sowjetischen Flugzeuge aneignen und zahlreiche Fotoquellen erschließen. Aber auch die Luftfahrt seines Heimatlandes, Deutschlands und der USA gehören zu seinen Interessengebieten. Mit »Yak Fighter« in der Reihe »in action« eines amerikanischen Verlages erscheint 1986 eine erste Monographie. Es folgen Publikationen über die Mil-24, die MiG-21 und über die Suchoi Fitter. Sein Buch »Strangers in a strange land« behandelt amerikanische Kampfflugzeuge, die von der deutschen Luftwaffe während des zweiten Weltkrieges erbeutet und zu Versuchszwecken geflogen wurden.

## Impressum

ISBN 3-344-70710-8
1. Auflage
© 1991 by transpress Verlagsgesellschaft mbH
Französische Str. 13/14, O-1086 Berlin
Printed in Germany
Druck: Maisch + Queck, Gerlingen
Bindung: E. Riethmüller, Stuttgart
Lektor: Kai Lange
Gesamtgestaltung: André Wendt
Zeichnungen und Grafiken: Michael Römer


Mau, Hans-Joachim; NF:
Unter rotem Stern.
Berlin : Transpress, 1991. – 160 S.
253 Abb. (44 farb.)

Titelbild:
Douglas A-20 Haroc bereit zur Auslieferung.
Rücktitel:
Bell P-63 Kingcobra auf dem Werksgelände in Buffalo.
Die Aufnahmen stammen aus dem Jahre 1944.

Diese Bell P39Q wurde aus Spenden der
51. Schule in Buffalo gekauft und am
22. Mai 1943 in Ladd Field an den
Bündnispartner übergeben.

An einer Curtiss P-40 werden die neuen
Kennzeichen aufgebracht. Noch im
September 1942 wurde improvisiert und die
Schablone aus Packpapier gebastelt.

Sowjetischer Fliegeroffizier bei der
Übernahme der Douglas A-20G-25-DO
(Baunummer 43-9043).